围棋入门与提高

范孙操 陈启 编著

人民邮电出版社
北京

图书在版编目（CIP）数据

围棋入门与提高 / 范孙操，陈启编著. -- 北京 ：
人民邮电出版社，2024.4
ISBN 978-7-115-62797-1

Ⅰ. ①围… Ⅱ. ①范… ②陈… Ⅲ. ①围棋－基本知
识 Ⅳ. ①G891.3

中国国家版本馆CIP数据核字(2023)第225352号

内容提要

本书紧扣围棋基础知识，讲解了棋盘和棋子、基本规则、吃子、连接与分断、死活、行棋手法、布局、定式、杀气、打劫、攻击与防守、收官等主题。全书分为入门篇与提高篇，入门篇聚焦围棋基础知识的学习与掌握，提高篇聚焦相关知识的训练。本书在写法上力求由浅入深、层层递进，既主题分明又融会贯通。因此，阅读本书犹如聆听课堂传授。本书可以帮助读者启迪思维，适合零基础的围棋爱好者。

◆ 编　　著　范孙操　陈　启
责任编辑　林振英
责任印制　彭志环
◆ 人民邮电出版社出版发行　　北京市丰台区成寿寺路 11 号
邮编　100164　　电子邮件　315@ptpress.com.cn
网址　https://www.ptpress.com.cn
北京市艺辉印刷有限公司印刷
◆ 开本：700×1000　1/16
印张：12.75　　2024 年 4 月第 1 版
字数：200 千字　　2024 年 4 月北京第 1 次印刷

定价：29.80 元

读者服务热线：(010)81055296　印装质量热线：(010)81055316
反盗版热线：(010)81055315
广告经营许可证：京东市监广登字 20170147 号

前　言

AlphaGo的出现让更多的人认识了围棋，围棋爱好者和学围棋的孩子越来越多。许多家长送孩子进围棋培训班习弈，还有许多初学者借助围棋读物自学，从而开始步入领略围棋技艺之魅力的黑白天地。为了帮助大家理解围棋知识并尽快提高棋艺，我们在2021年底出版了《围棋完全自学教程（基础篇）》和《围棋完全自学教程（提高篇）》。时隔两年，我们对这两本书重新做了修订，合订成《围棋入门与提高》这本新书。

《围棋入门与提高》以初学者为对象，适合入门至围棋业余入段的爱好者阅读。本书保留了原来两本书的全部内容。“入门篇”即指《围棋完全自学教程》的“基础篇”，围绕围棋基本功的知识点展开。“提高篇”即指《围棋完全自学教程》的“提高篇”，与入门部分的主题基本对应，针对入门部分的知识点进行了内容深度上的延伸和拓展。本书精选了原来两本书中的经典练习题，其余的练习题及练习题答案以电子版的形式提供，读者扫描封底的二维码后根据本书提示获取。此外，本书保留了原来两本书的写法，即力求由浅入深、层层推进，既主题分明又融会贯通，以真正起到有效传授和启迪思维的作用。

希望这本修订后的《围棋入门与提高》，能够帮助更多读者了解围棋的魅力。

编著者

2024年2月于北京

目　录

入
门
篇

第一讲　棋盘和棋子

棋盘是由纵横各19条线交叉组成。棋子下在线与线的交叉点上。执黑者先下，执白者后下，一人一着，交替而行。

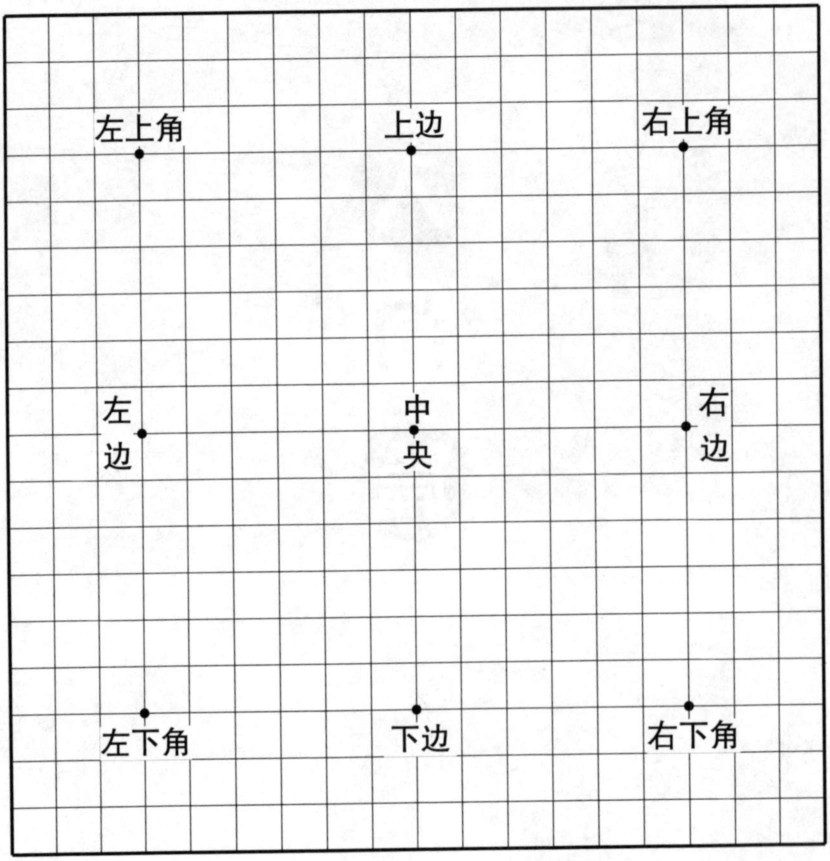

图1

图1　棋盘上共有四个角以及四条边。中央又称中腹，俗语称为肚子。

棋盘上的交叉点共有19×19=361个。所以，黑白棋子的总数也要与361个大体相当。一般来说，黑白棋子各180个，这些棋子足够一盘棋用的。

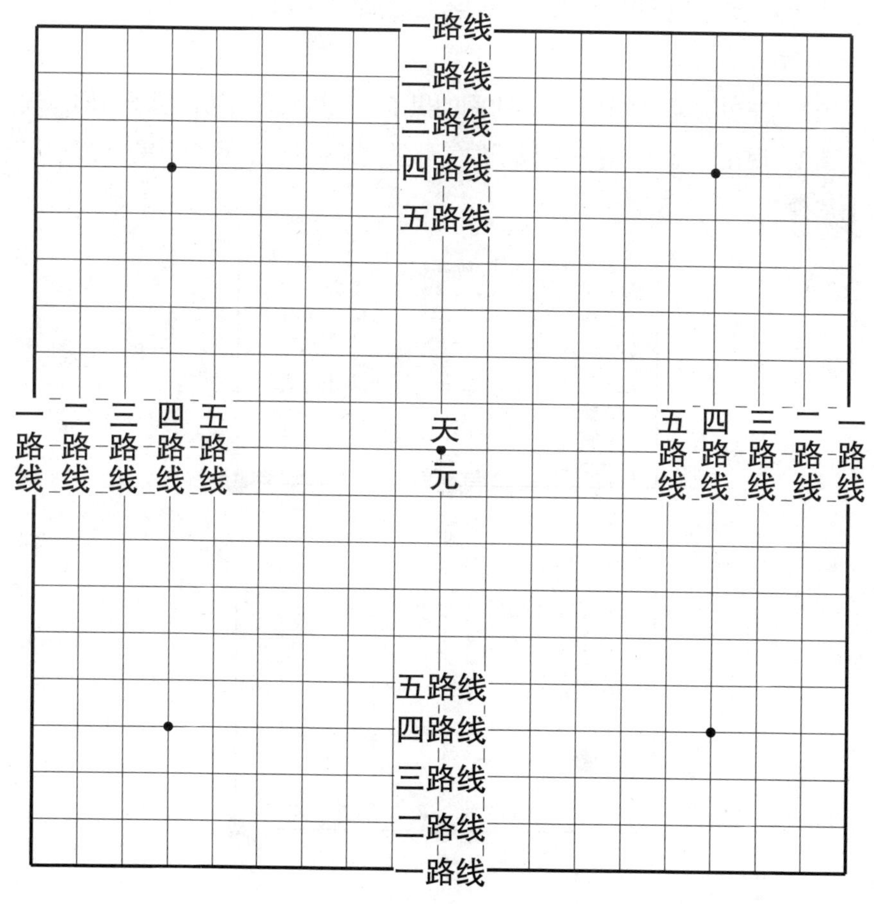

图2

图2　棋盘上的四条边都称一路线，边线里面的一条线称二路线，以后依次为三路线、四路线、五路线……直至中心线。

棋盘上的九个黑点叫“星”，代表了棋盘的九个区域。其中，中央的星称“天元”。天元就像是制高点，鸟瞰着棋盘的各个方向。

棋盘上的九个区域数中央最大。一般指的边和角，都超不过五路线。这样一来，可自五路线算起的整个中央就成了一个大肚皮。

第二讲　基本规则

（一）没有气的棋子要从棋盘上拿掉

1. 气

图1　左边的黑子有四口气，中间的黑子有三口气，右边的黑子有两口气。

图2　现在，白棋把这三个黑子的气都紧上了。于是，这三个黑子就要从棋盘上拿掉。

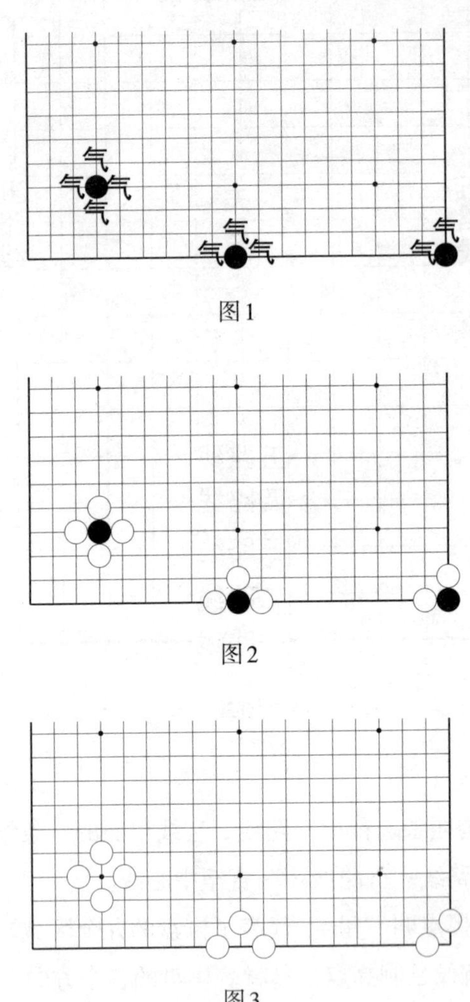

图1

图2

图3

图3　这是已没有气的三个黑子分别从棋盘上拿掉后的盘面。

2. 打吃

图4　白方刚刚下了白1，准备下一步吃掉黑子，白1称打吃，也称叫吃。

图5　接上图，黑2逃出来，不让白棋吃。被打吃的一个黑子只剩一口气，经黑2一逃，两个连在一起的黑子现在有了三口气，白棋吃不住黑棋。

由此可见，打吃并不等于吃。

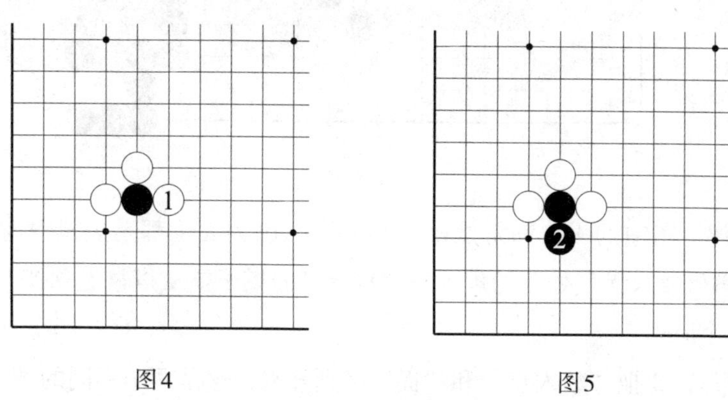

图4　　图5

3. 提

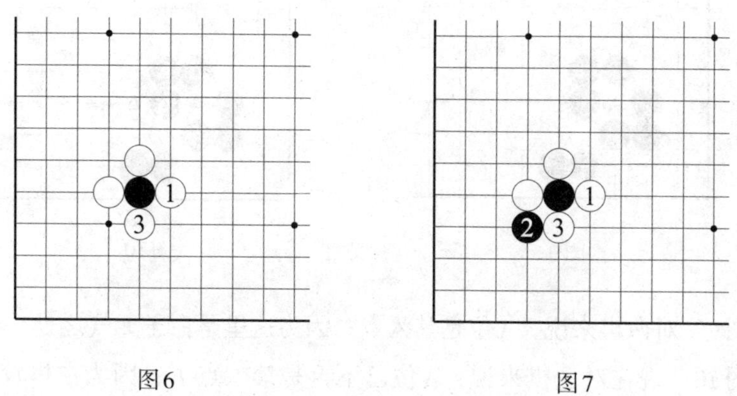

图6　　图7

图6　白1打吃，黑2如不出逃，则白3可吃掉黑子。白3称提或提吃，意指把黑子提出盘外。

图7　白1打吃，黑2企图出逃却摆错了地方，白3照提不误。两个棋子若没连在一起，对方可一个一个地提。

（二）禁入点

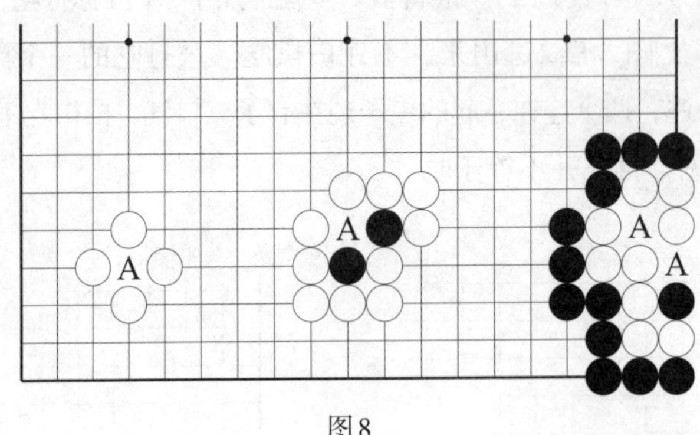

图8

图8　图中的A位都是黑棋的禁入点，因为A位都是黑棋没有气的地方。“不可放入无气处”的规则与“没有气的棋子要从棋盘上拿掉”的规则是同一个原理。

但是，要把“禁入点”和“提”区别开来，这是两个不同的概念。

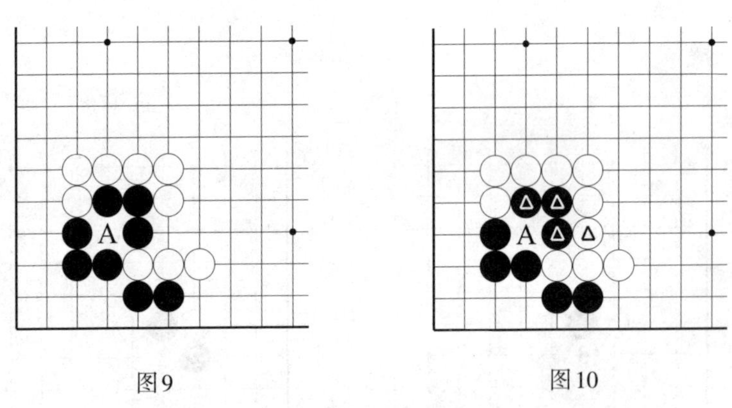

图9　　　　图10

图9　对白棋来说，A位是禁入点，因为这里是白子无气之处。

图10　现在对白棋来说，A位已不再是禁入点了，因为白棋较上图多了白△一子，白棋再放入A位时，正好使黑▲三子无气，白棋走A位变成了提。随着白子放入A位，将立即出现把黑▲三子提出的现象。

所谓禁入点，必须同时具备以下两个条件：（1）下子后，立即出现己方棋子无气的状态；（2）又不能立即提掉对方的棋子。凡同时具备这两个条件的，都是禁入点。

（三）劫

有一种提子的特殊类型。

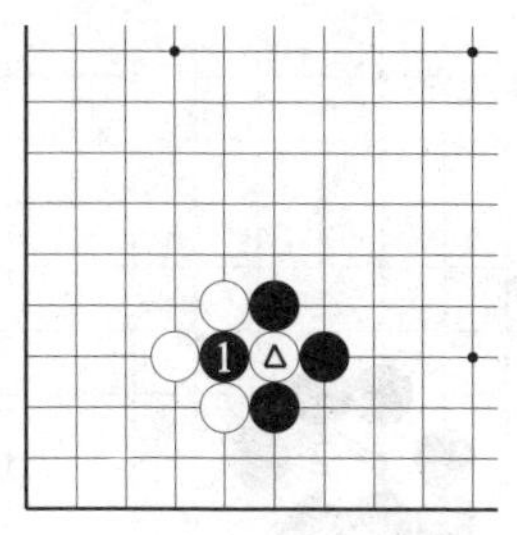

图11

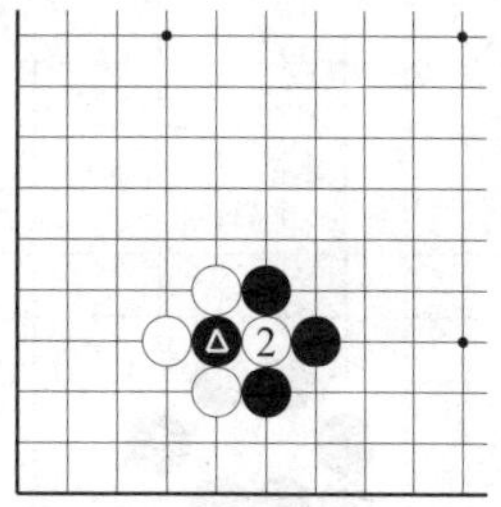

图12

图11　黑1可以把白㊀一子提掉。

图12　如果白2允许马上下，则回过头来又可马上把黑▲子提掉，于是就又恢复到了上图的样子。

如果白2允许反提，那么以后黑3、白4乃至黑5、白6都可以继续提来提去，这局棋恐怕就永无穷尽了。像这种黑白各一子可无休止地相互提来提去的现象称为“劫”。

围棋规则规定，遇到劫的时候，若黑1首先提去白一子，白2不可马上提回，必须停一着方可提回。也就是说，黑1提劫后，白2只能在他处下子，若黑3没有粘劫，白4方可提回。

因为出现了劫以致双方提来提去、打来打去的现象，被称作“打劫”。

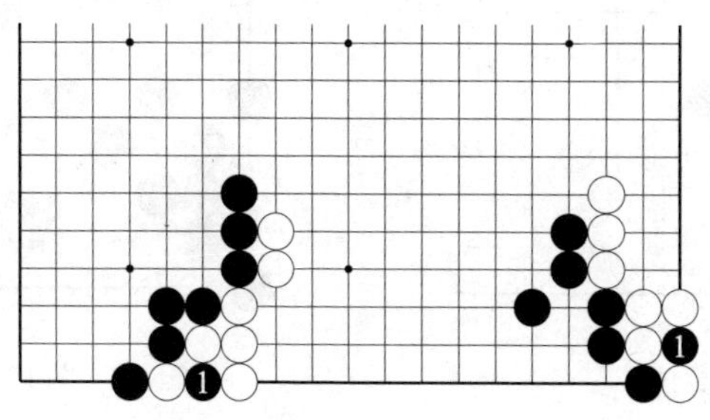

图13

图13　劫可能出现在棋盘上的每一个地方，如本图左侧边线上和右侧盘角上就都出现了黑1提劫。对于诸如此类的劫，如果双方都认为很重要，那么就会出现打劫。

有一种形状，很容易和劫混淆。

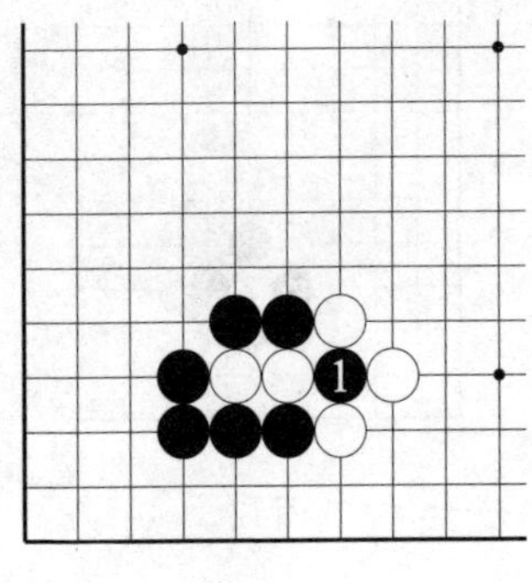

图14

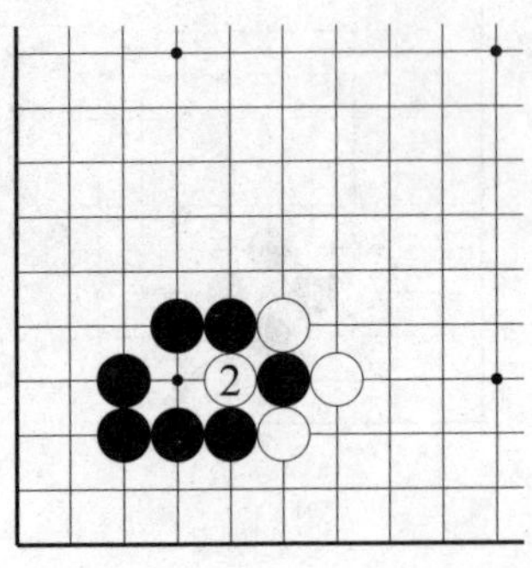

图15

图14　黑1可提去两个白子。

图15　白2可马上再反提一个黑子。

这种现象叫“打二还一”，是允许马上提回的。因为它不像劫那样具有循环往复的特点，所以与打劫毫不相干。

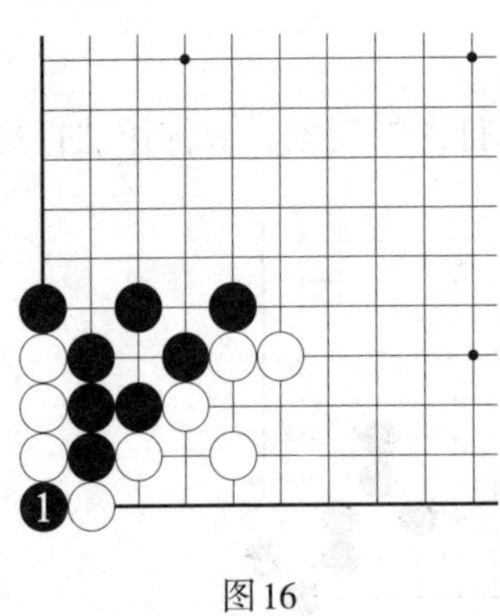

图16

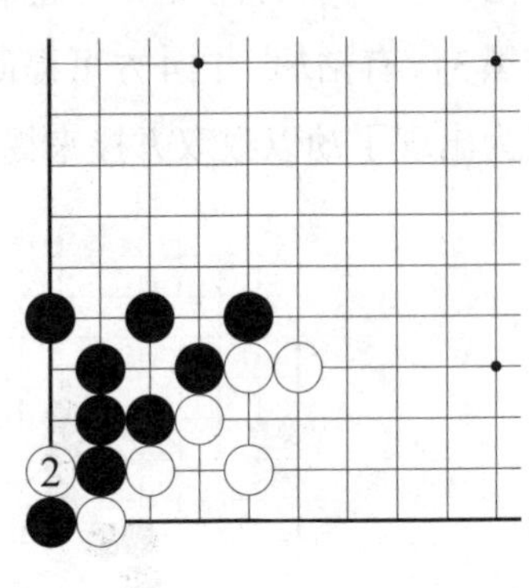

图17

图16　黑1可提去三个白子。

图17　白2可马上再反提一个黑子。称打三还一。

还可能出现打四还一、打五还一，以此类推。

（四）胜负看地盘大小

围棋的胜负，取决于最后双方所占地盘的大小，也就是双方在棋盘上所占交叉点的多少。

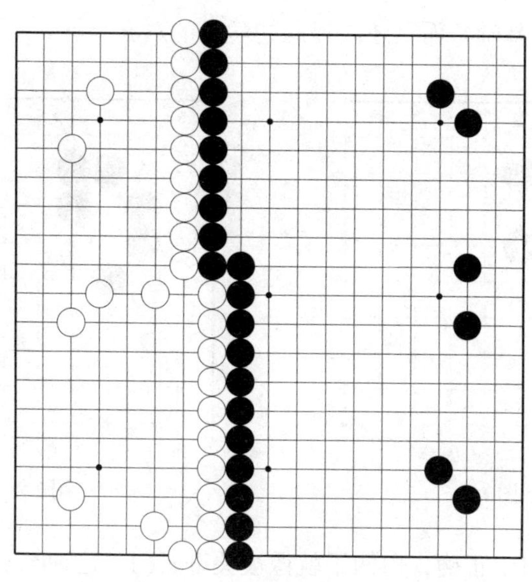

图18

图18　黑棋围住了右侧一大块，白棋围住了左侧一大块，盘上所有的交叉点都有了归属，对局也就结束了。显然，黑棋围的地盘比白棋大多了，这盘棋的结果是黑胜。

一盘棋未及数子，一方便认为自己明显不行了，遂主动认输，这盘棋便随之结束，称胜方为“中盘胜”。如果双方都没认输，棋就要持续走下去，直至收完最后一个单官，对局方告结束。这时就要通过数子，以双方所占子数的多少来决定胜负。

在对子局中，即在分先的对局中，由于黑棋先走占了便宜，所以人为作出规定，黑方局终时要贴若干子给白方，现在规定的贴子数是3又3/4子。棋盘上一共有361个交叉点，半数是180个半。黑贴3又3/4子，意思是说，黑所占子数要超过184又1/4（180个半+3又3/4）才算赢，少于184又1/4则算输。也就是说，局终数子时，白棋只要超过176又3/4子就赢了，要是少于这个子数则输了。

第三讲　吃子

下围棋，首先遇到的是吃子。掌握必要的吃子技术，不仅能为学习其他知识打下良好基础，而且还能提高初学者的对弈兴趣。

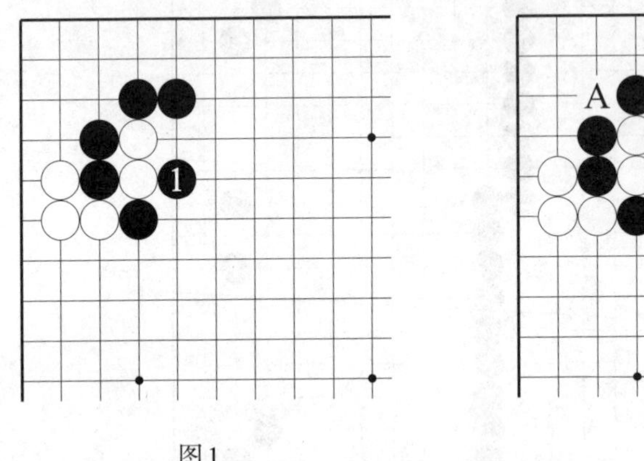

图1　　图2

图1　黑1打吃正确，白两子就像被关进了门。这种吃子法叫门吃。

图2　黑1打吃错误，等于两扇门只关闭了一扇。白2从另扇门逃出之后，黑不但吃不住白子，白棋反而要下A位吃黑两子了。

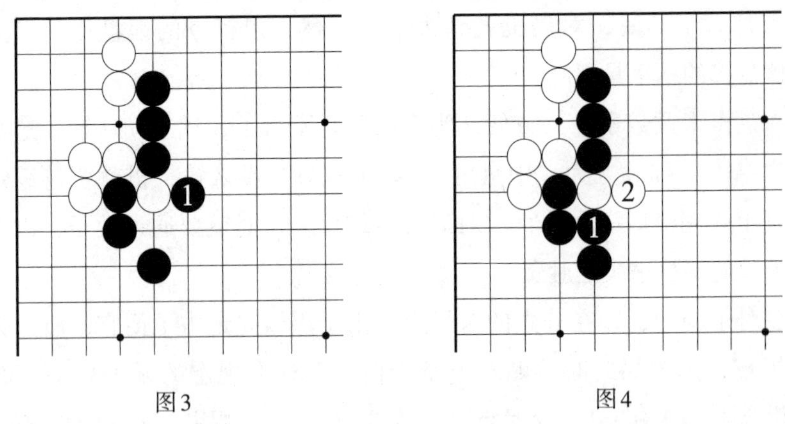

图3　　图4

图3　黑1打吃白一子，这个白子就像被紧紧抱住而动弹不得。这种吃子法叫抱吃。

图4　黑1打错了方向，白子就像被松绑一样，白2得以鱼归大海。

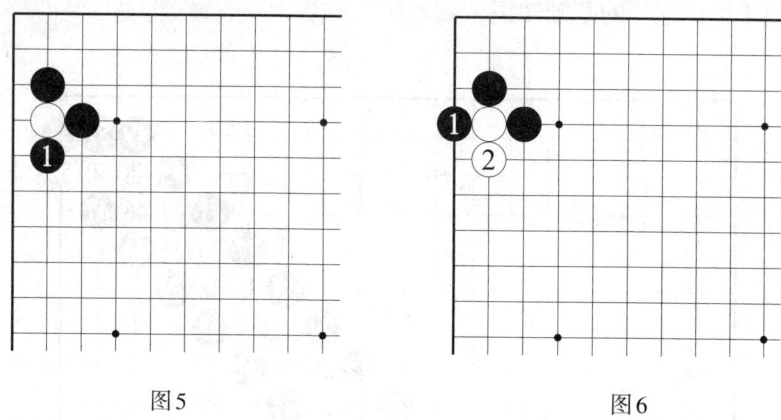

图5　　　　　　　　　　　　图6

图5　黑1打吃，二路线上的这个白子便无路可逃。有三个棋子，就能把对方的一个二路上的棋子吃死，这种吃子法叫二路吃。采用二路吃法，不仅能吃住对方一个子，还能吃住对方两个子、三个子甚至更多的子。

图6　但是要注意，千万不要像黑1这样打吃，这就成一路吃了。白2一逃，黑也就吃不住白子了。

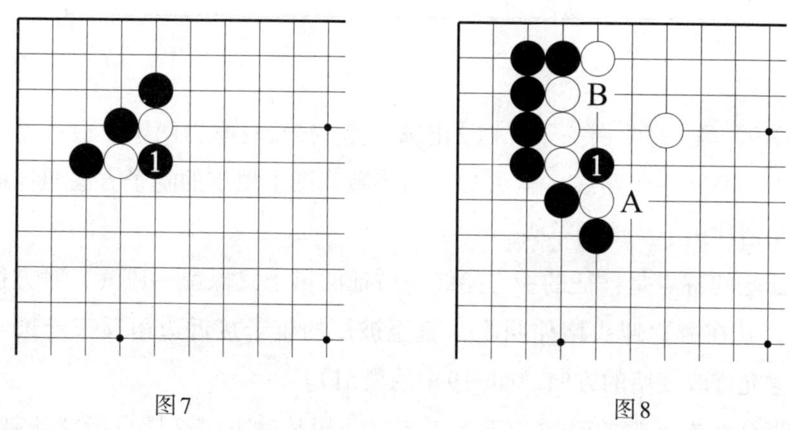

图7　　　　　　　　　　　　图8

图7　黑1同时叫吃对方两处棋子，两个白子必死一个。这种吃子法叫双叫吃，也称双吃、双打吃。

图8　黑1虽然没有直接双叫吃，但白若A位逃一子，黑可B位门吃白三子，这种吃子法也属于双叫吃。

以上介绍的吃子法比较简单。接下来要说的吃子法相对难些，但也同样都属于围棋吃子的基础知识。

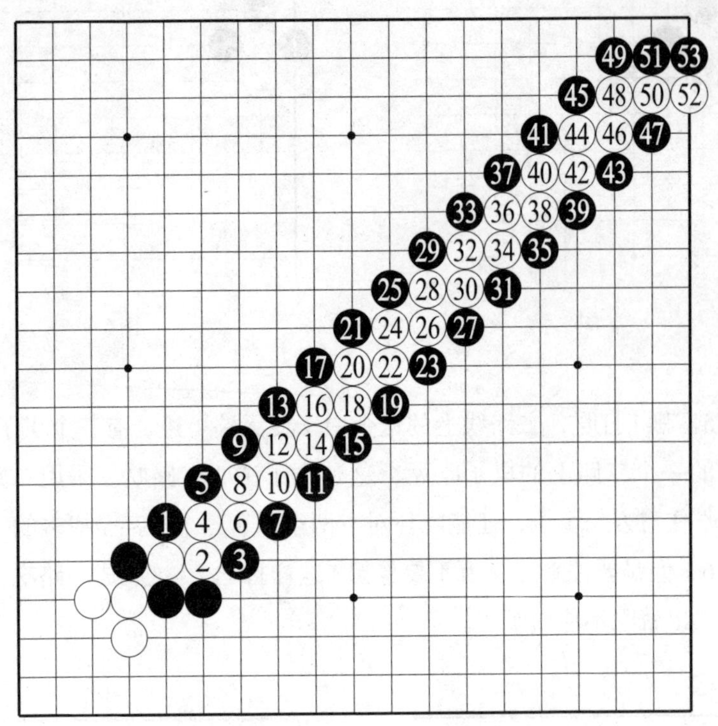

图9

图9　黑1打吃白一子，白2出逃，黑3接着打吃白两子，白不见棺材不落泪，坚持逃跑路线，至黑53，白惨败。图中黑棋的吃子方法叫征或征吃，又俗称扭羊头或拐羊头。

征吃的特点是：征的一方始终使被征的棋子只保留一口气，对方往哪边逃，就在哪边迎头堵住叫吃，直至被征的棋子接近边角反正已逃不掉时，才允许改变堵的方向（如图9中的黑51）。

当被对方征吃的时候，千万不要逃，胡乱逃窜，这样只能越死越多。切莫存有侥幸心理，幻想着对方会堵错方向。一旦出现如图9那种被全歼的情况，对局便可宣告结束。

但是，征又是有条件的，要看征子关系如何。如果在逃征子的路线上有自家的子接应，则征吃不能成立。

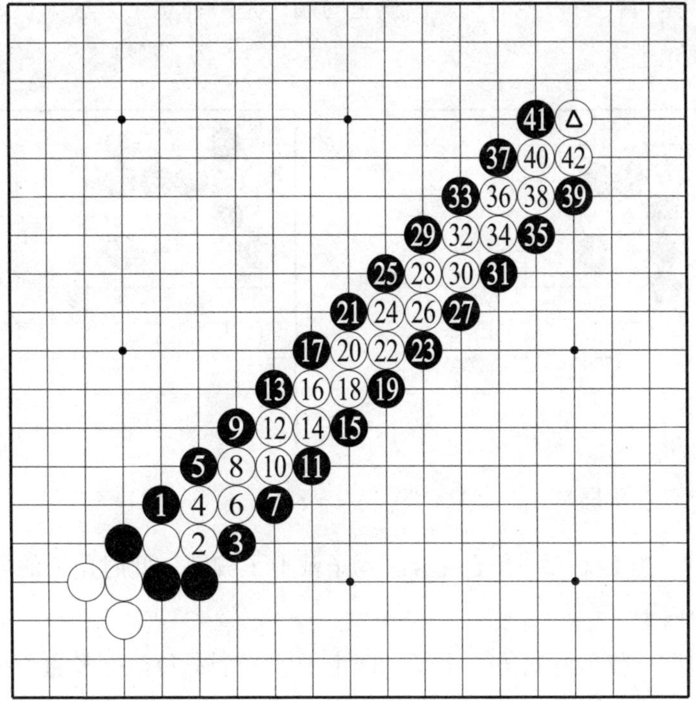

图10

图10　现在，右上角有白Ⓐ一子。黑棋照方抓药，企图征吃。至白42，大串白子已与白Ⓐ子连成一体，征吃企图破灭。黑非但吃不住白子，反而由于长途误征使自身的棋子七零八落，白随便把棋子放在一个地方就能形成双叫吃，对局同样可早早收场。

因此，在运用征的手段时，一定要事先看清楚己方是否征子有利。像图9中白方逃征子没有接应子，为黑征子有利，白征子不利；像图10中白逃征子有接应子，为黑征子不利，白征子有利。在征子不利的情况下，一方面是不要贸然去征，另一方面是不要轻易去逃，二者都极为重要。

区分征子有利还是征子不利，没有别的办法，只能靠眼睛盯住棋盘上征子的逃跑路线，一点一点去查验。

征带有一定的全局性。此处征子能否得手，与他处棋子配置有关。例如图9，当黑1征吃时，为黑征子有利；倘若接下来白2并未逃征子，而是如图10在右上角下了白Ⓐ子，则白Ⓐ子起到了引征的作用，征子关系便由此变成了黑征子不利，于是黑就有必要马上采取能确保吃住左下白一子的措施。

枷，是古代的一种刑具。围棋里的枷，是一种吃子方法。棋子被枷住了，便再难逃生。

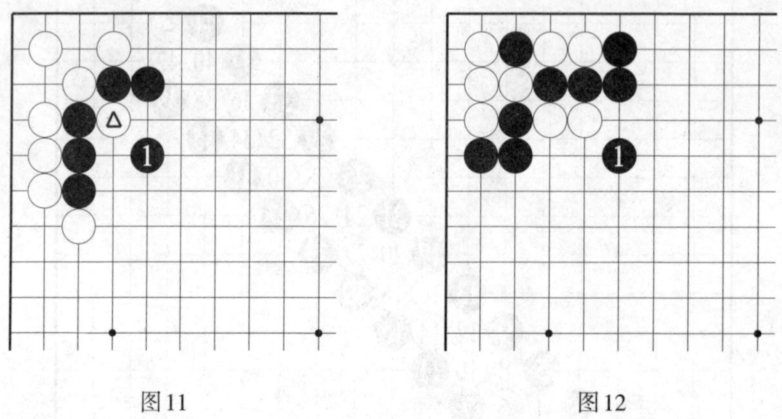

图11　　　　图12

图11　黑1枷，一下子就给白ⓐ子戴上了枷锁。此时用征的方法无法吃住这个白子。

采用枷不仅能吃对方一个子，两个子、三个子乃至更多的子一样照吃不误。

图12　黑1枷住白两子。

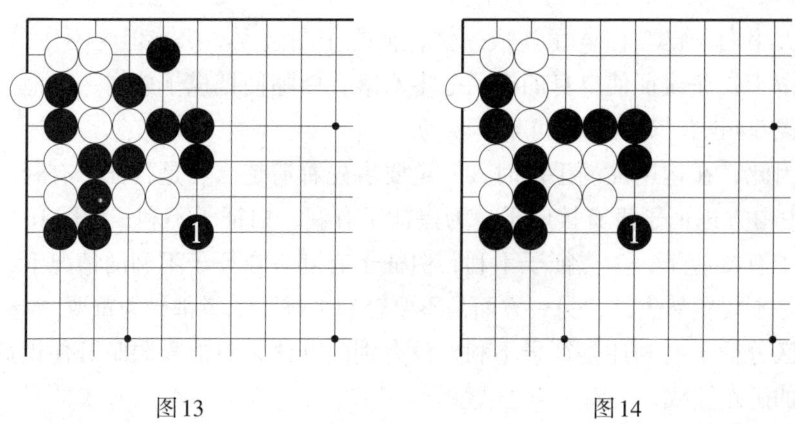

图13　　　　图14

图13　黑1枷住白三子。

图14　黑1枷住白四子。

枷这种吃子方法特别顶用。虽然它不是直接打吃，可它的效果却常常胜过直接打吃。能枷住对方棋子的点在多数情况下是唯一的。

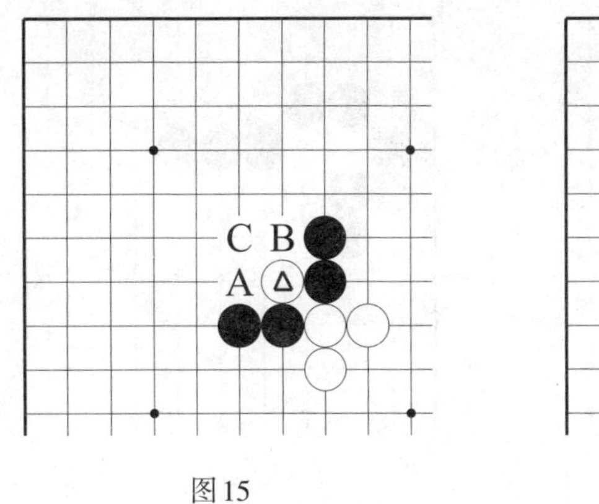

图15

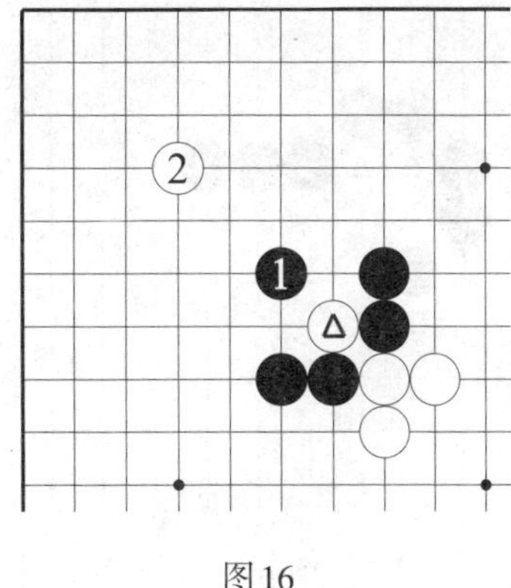

图16

图15　想吃白△一子很简单，既可A或B位征吃，又可C位枷吃。

图16　黑1枷吃，白2占角，但白2与白△子之间没有任何牵连。

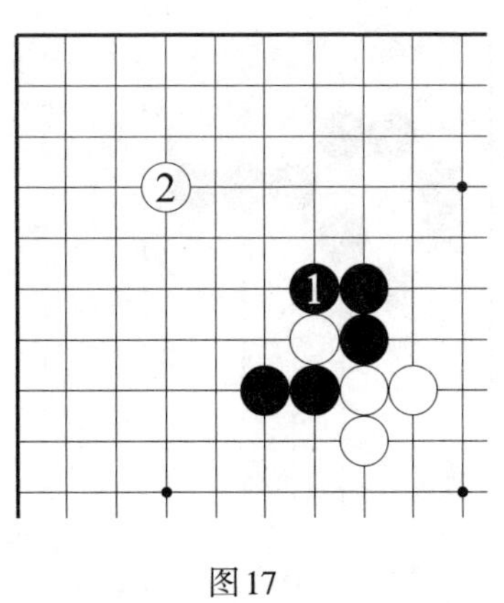

图17

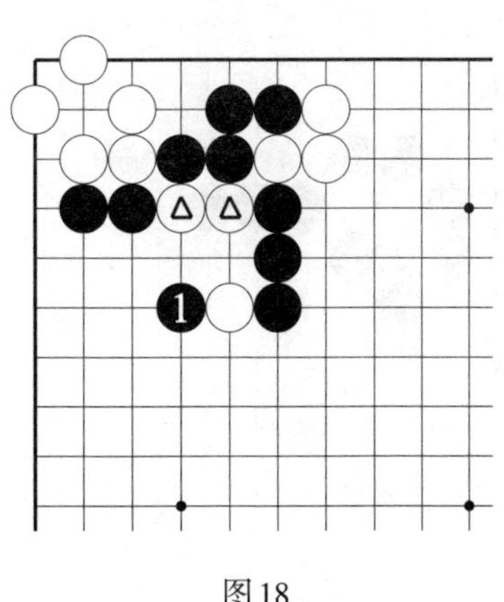

图18

图17　黑1征吃，白2占角，现在情况就不同了。为了防白逃征子，黑棋总要补一手，这样一来黑在局部就花费了两手棋。

吃同一处棋子，当既可用征的方法又可用枷的方法时，通常用枷吃的方法为好。枷只是一种战术手段，带有局部性或区域性的限制。此处枷吃能否得手，与他处棋子配置基本无关。

图18　黑1这样枷比较特殊，被枷住的白△二子已跑不了。黑1的手法也称夹，左右两个黑子把中间的一个白子给夹住了，但黑夹住的却不是要枷吃的两个白子。

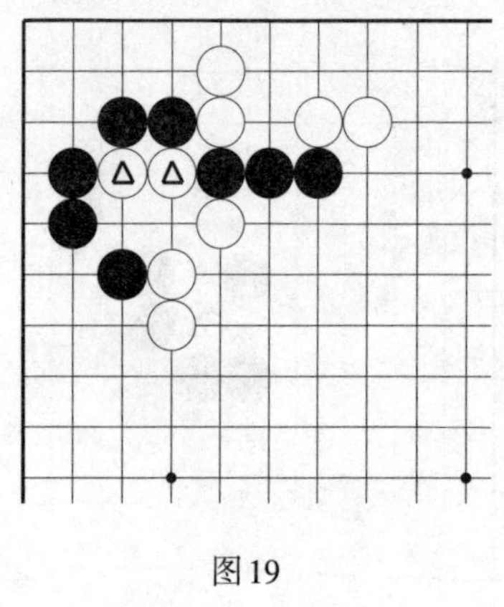
图19

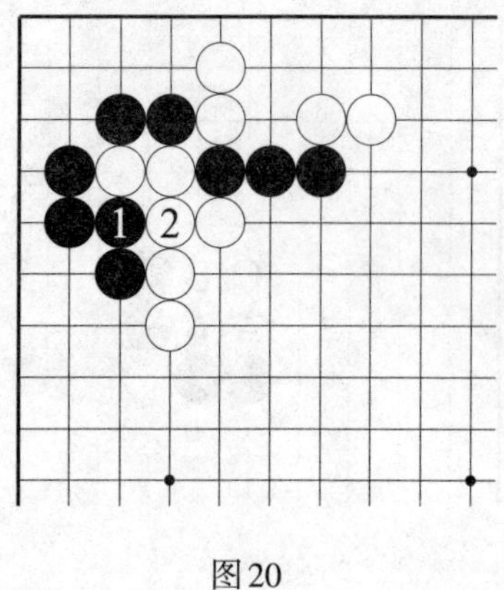
图20

图19　把黑棋分断的是白Ⓐ两子，你有办法把这两子吃掉吗？

图20　要是黑1打吃，白2正好接上，黑就没戏唱了。

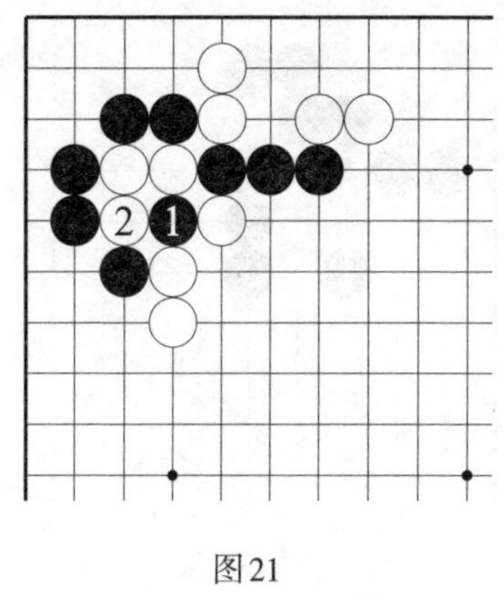
图21

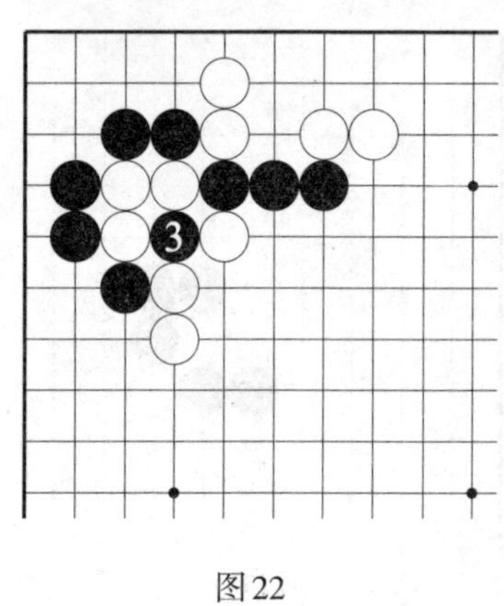
图22

图21　黑1倒扑进去是好棋，白2把黑1这个子提掉。

图22　然后黑3再把三个白子提回来，倒扑过程结束。

黑先让白提一子，继而在被提黑子的那个点上落子再提白数子，这种吃子方法叫倒扑，俗称倒包。

倒扑过程可分为两个步骤，第一是先送吃，第二是把更多的子吃回。但是在实战中，我们常常只看到了第一步骤，却看不到第二个步骤。

仍看图21，因为被倒扑的白二子已经死了，所以白棋已无必要再下白2去提。

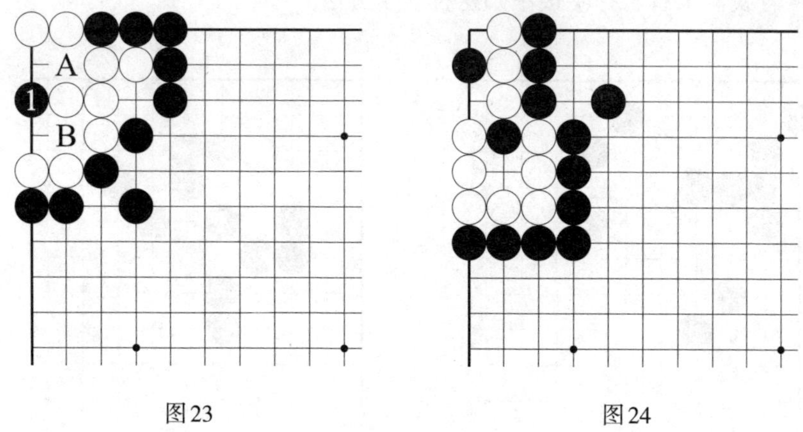

图23　　　　图24

图23　黑1妙，接下来A位或B位均可倒扑吃，二者必得其一。一步棋能同时产生两个倒扑，称为双倒扑。

图24　本棋例更妙，围棋技艺之魅力由此可见一斑。

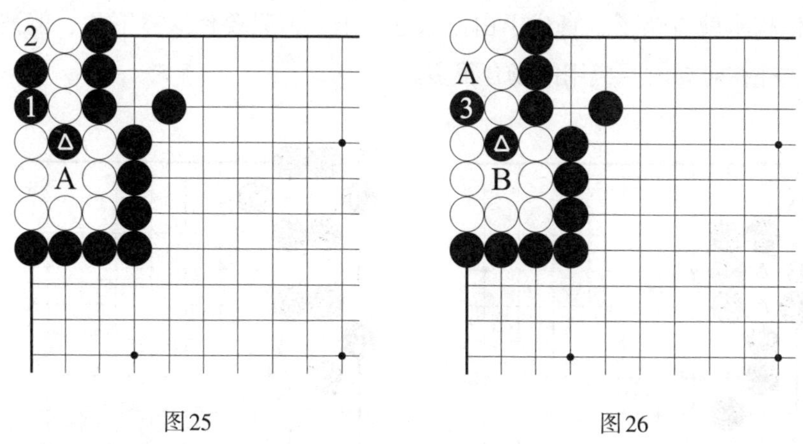

图25　　　　图26

图25　黑1扑吃，白2只能这样提。白2若改在A位提，则黑下▲位可提白下半部子。

图26　接上图，黑3成双倒扑，白技穷。接下来，白若下A位，则黑3位提；白若下B位，则黑▲位提。

倒扑是具有代表性的吃子技巧之一，在实战中的应用非常广泛。双倒扑在实际对局时虽应用机会不多，但你也不能不知道。

接着我们来看看扑吃接不归这种吃子方法。

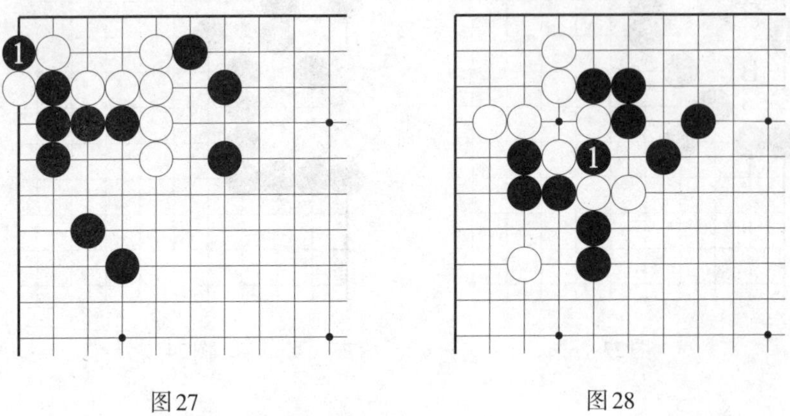

图27　　　　图28

图27　黑1往对方虎口里送，故意送吃一子，称扑。

图28　尽管黑1并不能吃到白子，但黑1的下法是扑。

扑仅指一步棋的走法，而不管这步棋的目的。不管你抱有什么企图，或者你根本就看错了，真成了白白送吃一子，但只要你这样下了，就被称作扑。扑在对局时，应用的场合很多。

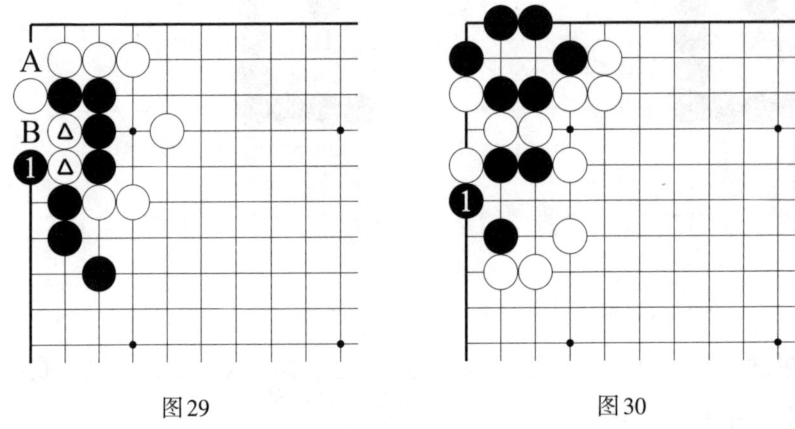

图29　　　　图30

图29　黑1打吃，因白有A、B两个断头，白△两子接不归了。

图30　黑1打吃，白上、下各一子同时接不归。

接不归指棋子被吃的状态，也是棋子被吃的原因。接不归，就是连不回去了。凡属接不归，都至少有两个断头。

扑往往和接不归联系在一起。扑吃接不归，就是以扑为手段，达到使敌子接不归的目的。

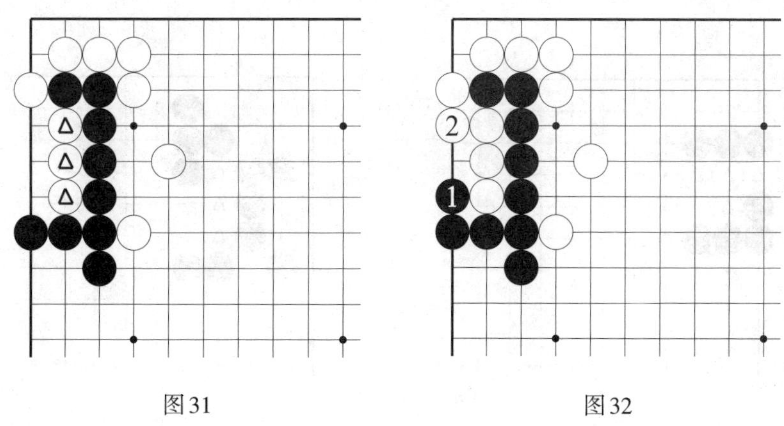

图31　　　　图32

图31　该黑棋走，有没有办法把白△三子吃掉？

图32　黑1从外面紧气，试图下一步在2位倒扑。但黑1之后该白棋走了，白在2位粘上了，黑企图落空。

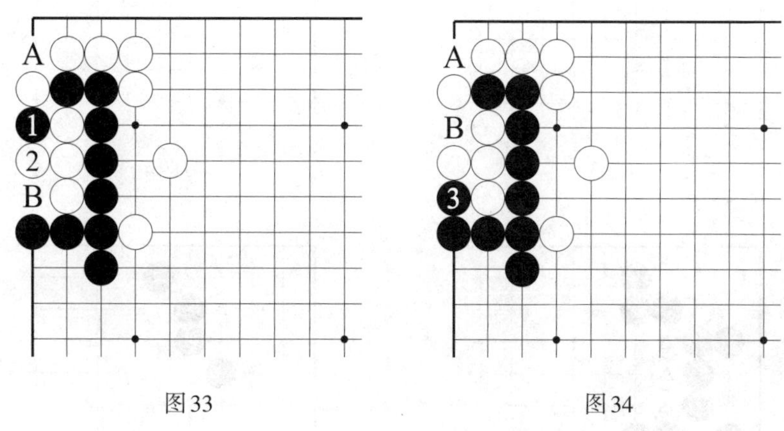

图33　　　　图34

图33　黑1先扑才对，逼迫白2提。若白2改在A位连，则黑3走B位吃倒包。

图34　接上图，黑3再打吃，白棋有A、B两个断点，已来不及都接上。通过上图黑1扑，让白在2位多出了一个子，给吃接不归创造了条件。

练习题

以下各图均为黑先，能吃掉白Ⓐ子吗？

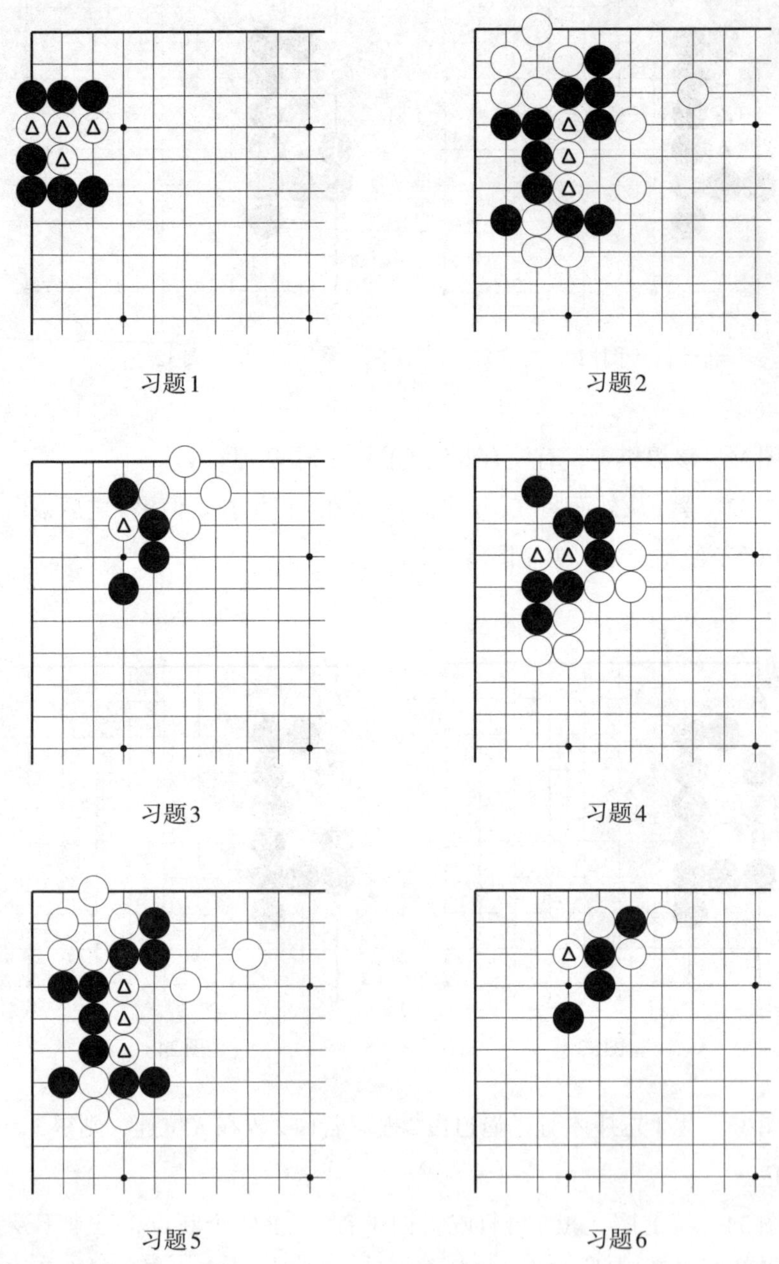

习题1

习题2

习题3

习题4

习题5

习题6

以下各图均为黑先，有没有吃白子的手段？

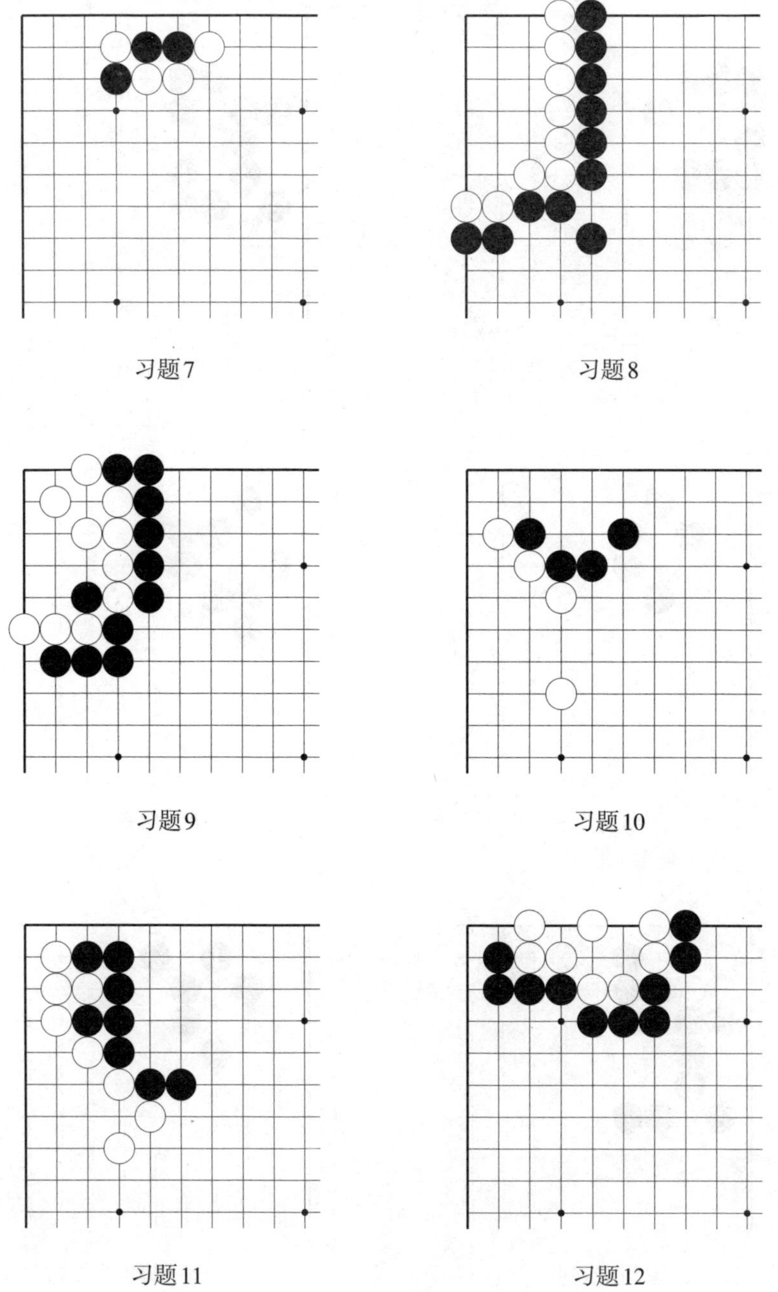

习题7

习题8

习题9

习题10

习题11

习题12

练习题解答

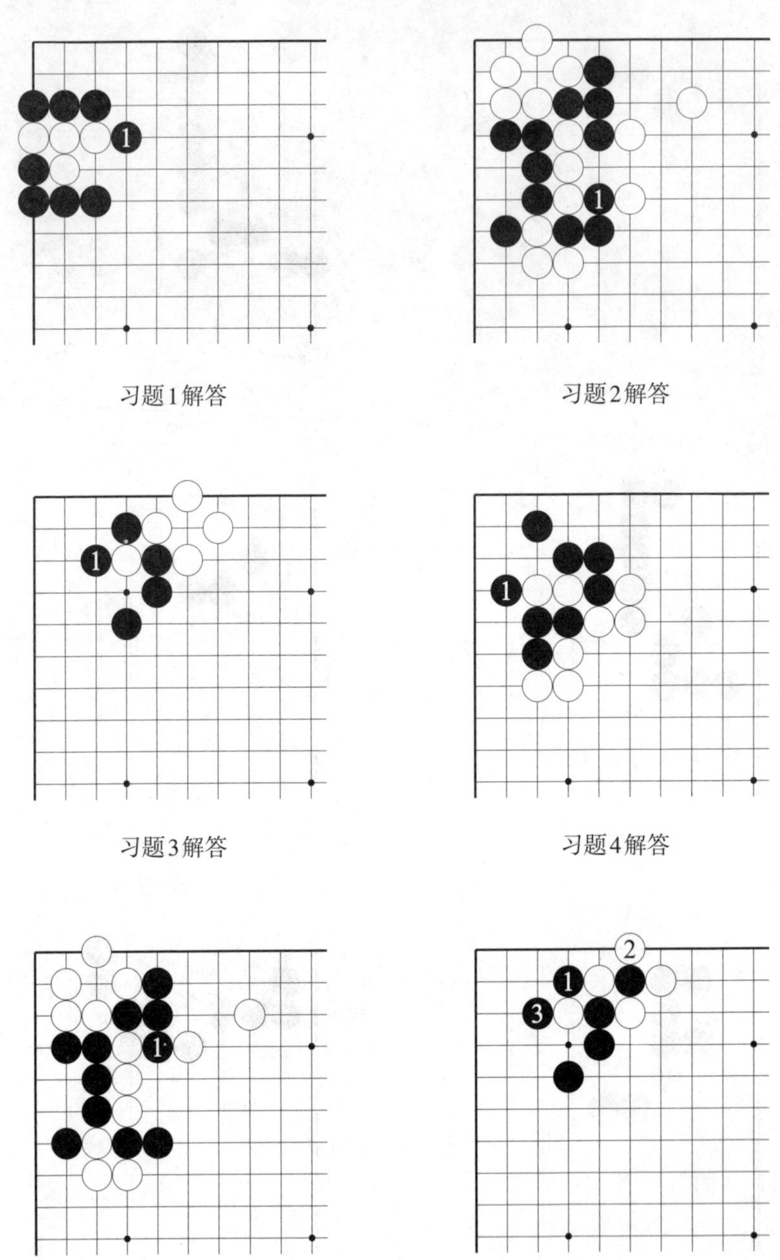

习题1解答

习题2解答

习题3解答

习题4解答

习题5解答

习题6解答

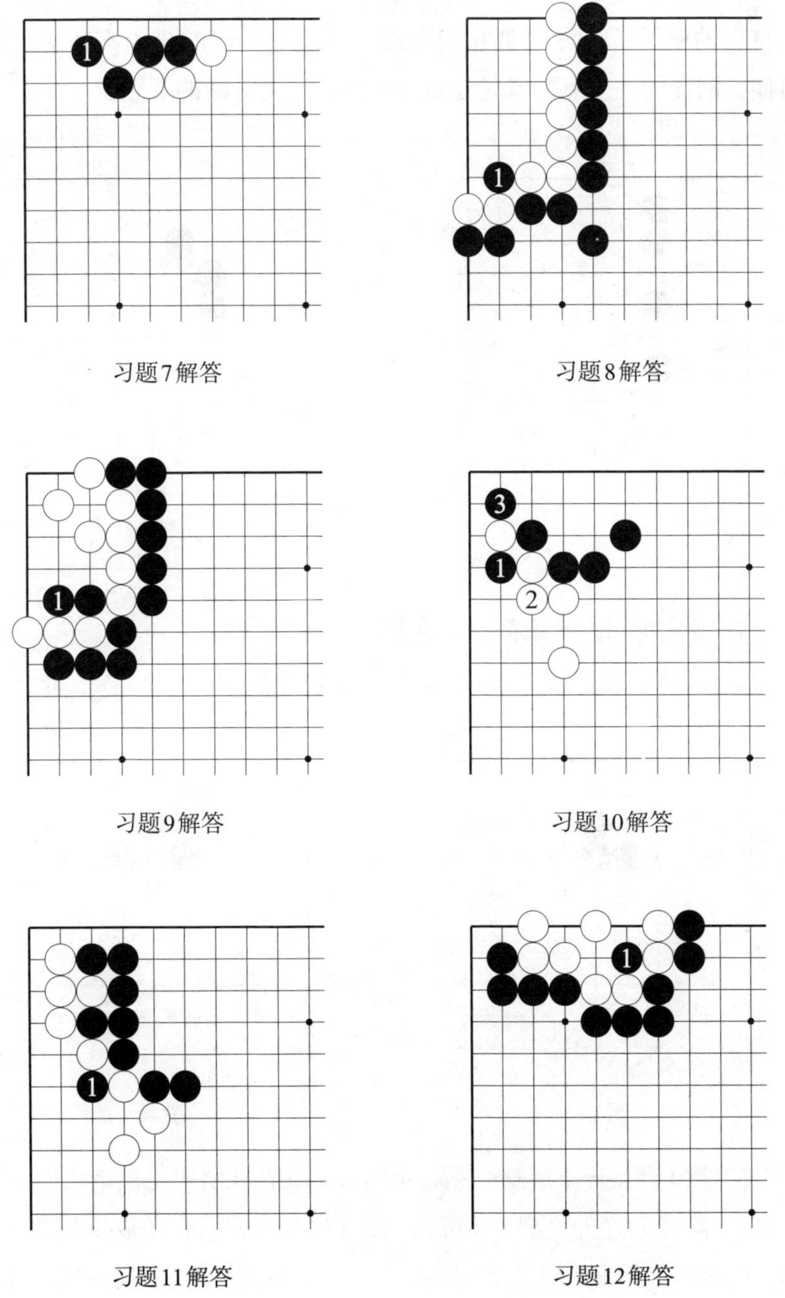

习题7解答

习题8解答

习题9解答

习题10解答

习题11解答

习题12解答

第四讲　连接与分断

自己的棋子，要尽量把它们都连上，连在一起的棋子不易遭受攻击。有时候，同样的一个点，既是连接的要点，也是分断的要点。

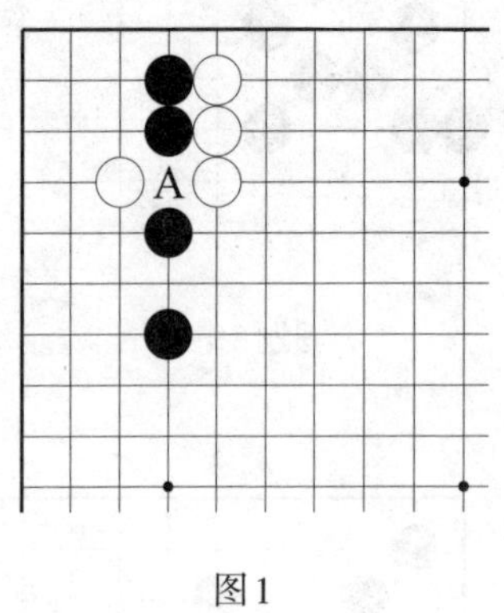

图1

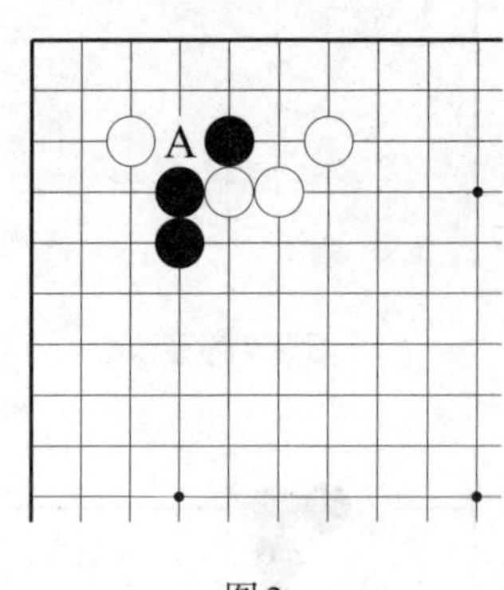

图2

图1　A位对双方来说都至关重要。

图2　同样，谁占据了A位，谁就控制住了角地。

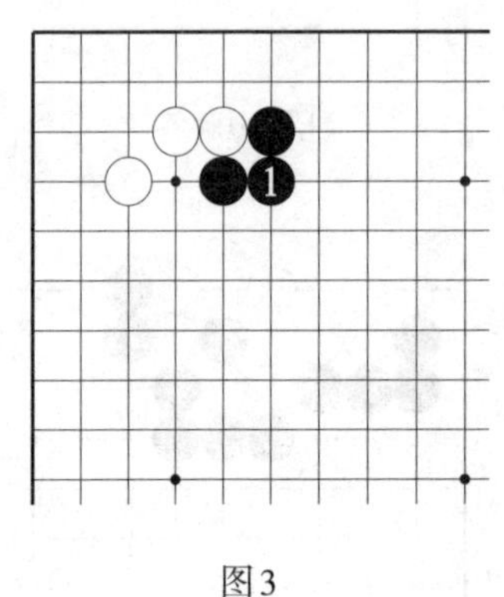

图3

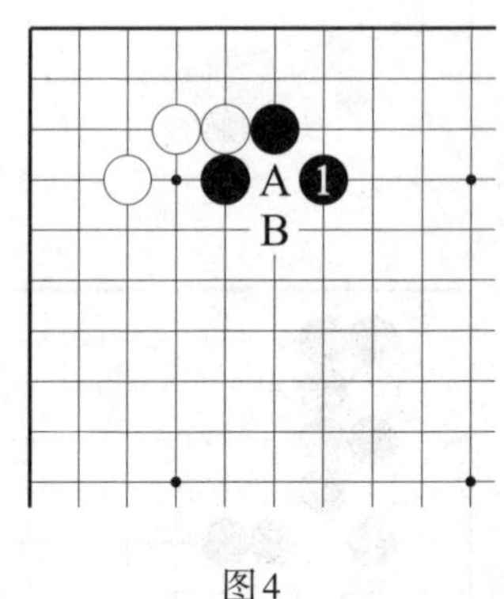

图4

图3　黑1直接连上，这叫粘，也叫接。粘在联络中是最结实的下法。

图4　除了粘之外，黑1还可以虎，A位是虎口，白子放不进去。虎的补断法虽然不如粘那么结实，比如将来白若B位刺，黑还得A位接，但黑1虎对上边的影响要比粘强一些。

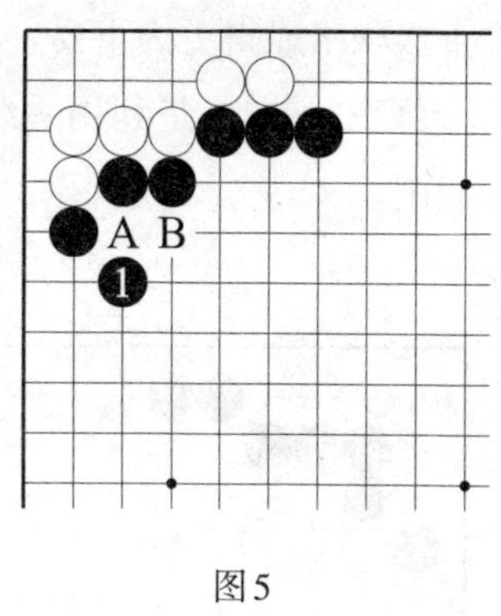

图5

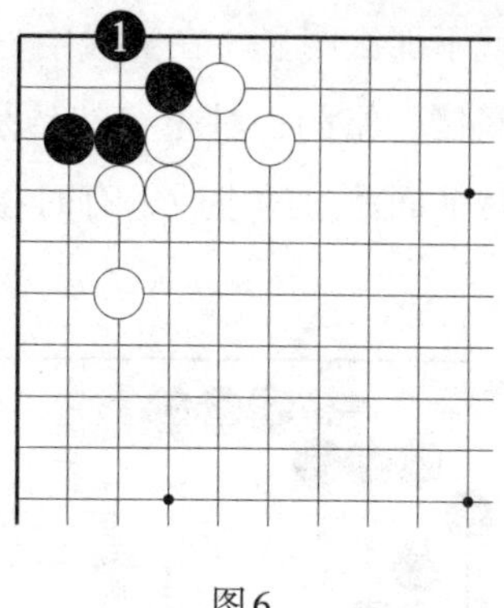

图6

图5　粘和虎相比，应该说各有所长，有时候用粘合适，有时候用虎合适。如本图，黑1虎比起在A位粘就显得舒展多了。另外，虎还有个方向性问题，黑1下在B位也可称虎，不过这样的虎就太差劲了。

图6　人们习惯于把黑1这样的虎称为倒虎，倒虎经常是需要做眼活棋时的有效方法。

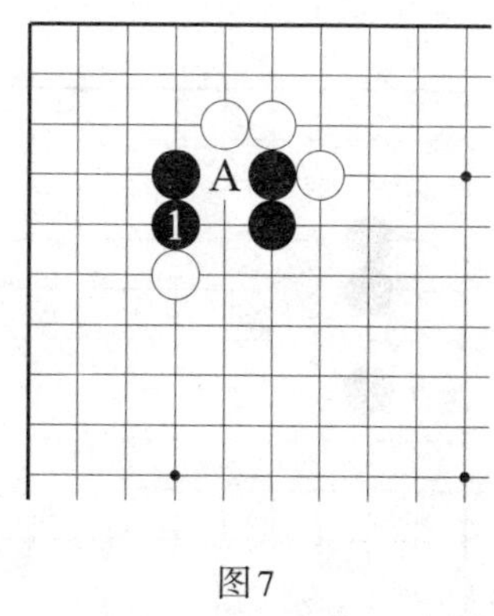

图7

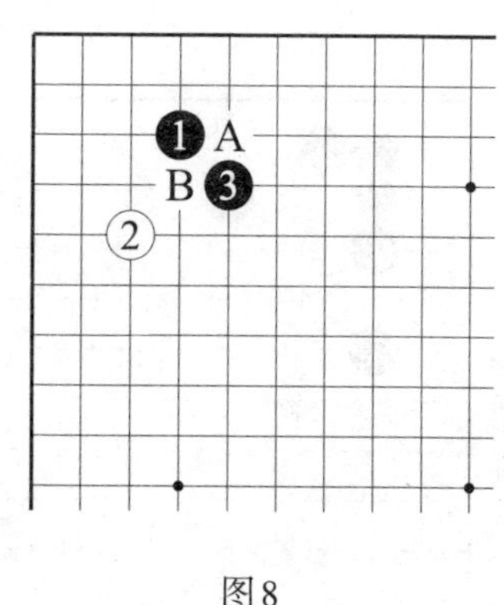

图8

图7　除了粘和虎之外，双也是常用的联络方法。黑1双，将左、右各两个棋子直接联系在一起，比直接在A位连的棋形要强得多。

图8　小尖在实战中的应用非常广泛，如黑1占小目，白2挂角，黑3就是小尖。小尖也称尖，由尖联系在一起的棋子永远不会被断开，因为A、B两点黑总能占到一处。

前面介绍的直接联络我们一下子就看明白了，而下面要说的间接联络有时就不那么明显。在实战中，间接联络比直接联络显得更为重要。

间接联络的一种重要技巧是渡。渡，就像渡河一样，是利用一线和二线的特征而渡过的手段，有时在三线上也能应用。

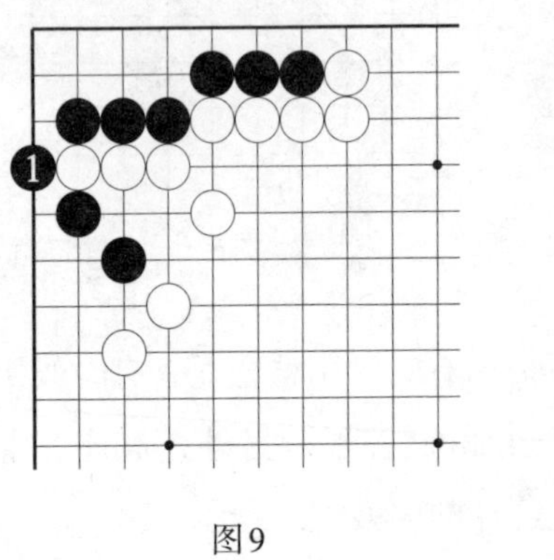

图9

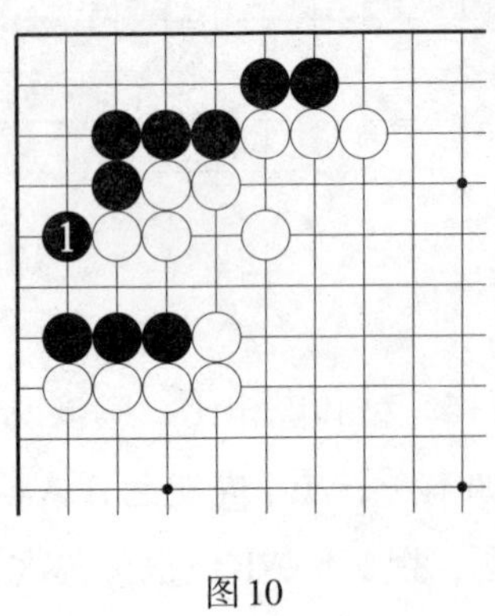

图10

图9　黑1在一线渡，使下面的黑二子和上面的大部队联络上了。

图10　黑1在二线渡过，上下黑棋的联络很稳固。

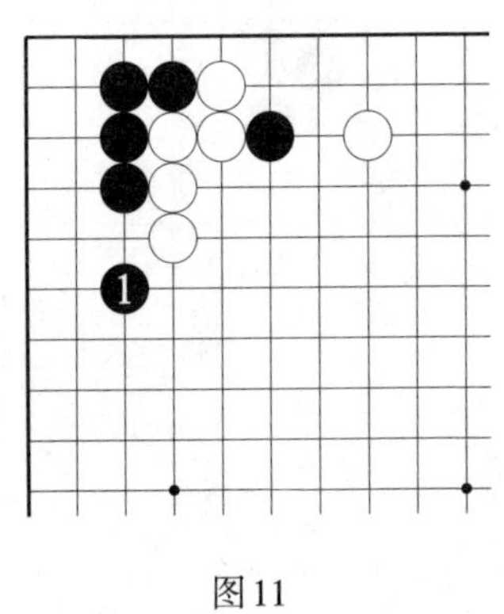

图11

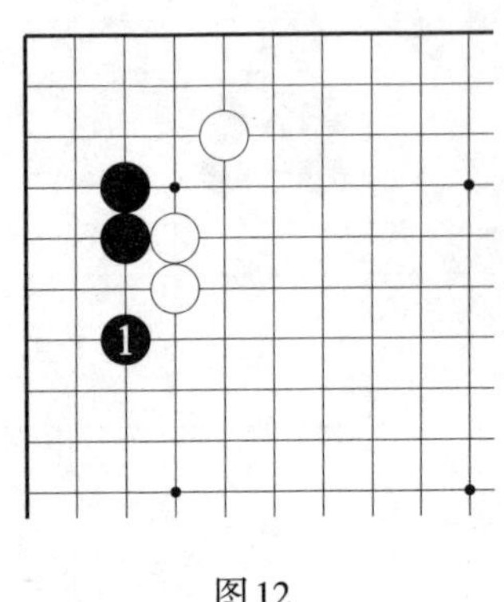

图12

图11　实战中经常能看到像黑1这样在三线上跳，黑1这个子和上侧的黑子虽没直接连着，却保持着完好的联络。

图12　黑1也是在三线上跳，你不妨摆一摆、试一试，看看白棋有没有办法把上下的黑子分裂开。

在很多时候，间接联络的条件并不是明摆着的，这就需要你了解渡过的各种手法，还需要你善于发现渡过的手段。

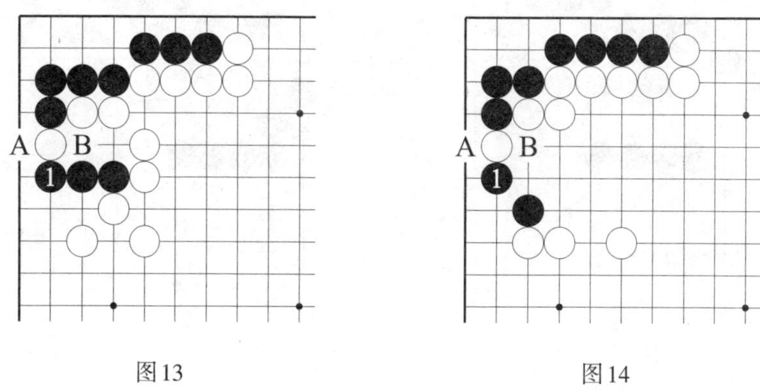

图13　　　　图14

图13　黑1的手法称夹，黑1后，A、B两点黑必得其一。

图14　黑1以小尖来夹，黑1后，A、B两点黑必得其一。

以上两图黑都是以夹的手法来渡过，可简称夹过。

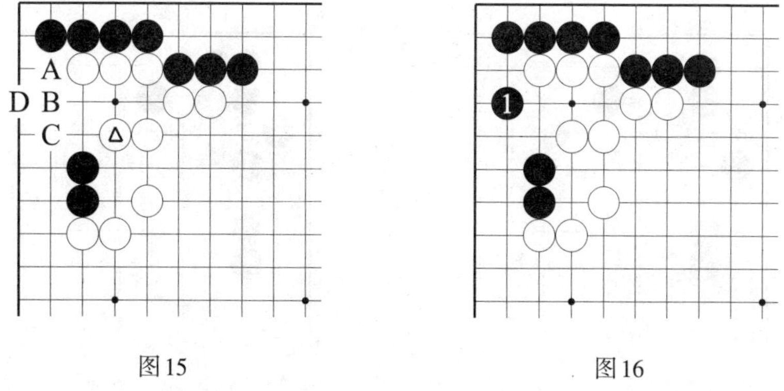

图15　　　　图16

图15　上下黑子能连为一体吗？首先可以告诉你，你别指望刚刚介绍的夹过。例如，黑A、白B后黑C夹，因为白△一子的存在，当黑C夹时，白可D位立下阻渡，于是黑的渡过企图落空。

图16　此时黑可采用黑1跳的手法来渡过，可以把黑1这手棋称为跳渡或跳过。

接着我们来看看大飞渡过和小飞渡过。

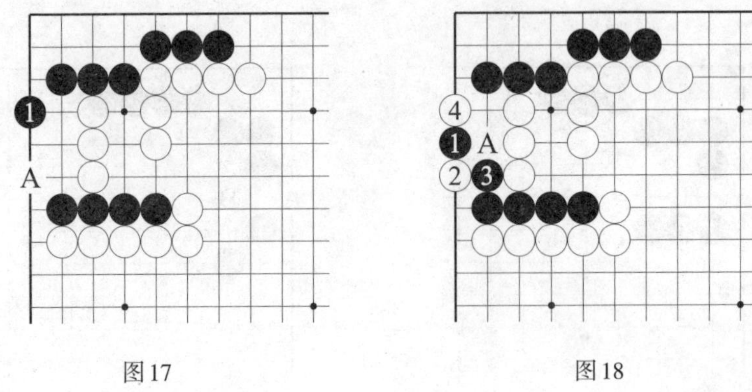

图17　　　　图18

图17　黑1这手棋，对上面的黑棋来说是小尖，对下面的黑棋来说是大飞，可确保上下联络。黑1下在A位的效果是一样的。

图18　也许有人的第一感觉是本图黑1，白只需2、4两搭，黑棋就被分断了。也许还有人想把黑1下在A位去联络，这仍然不能成立。你只要稍微动动脑筋就会明白。

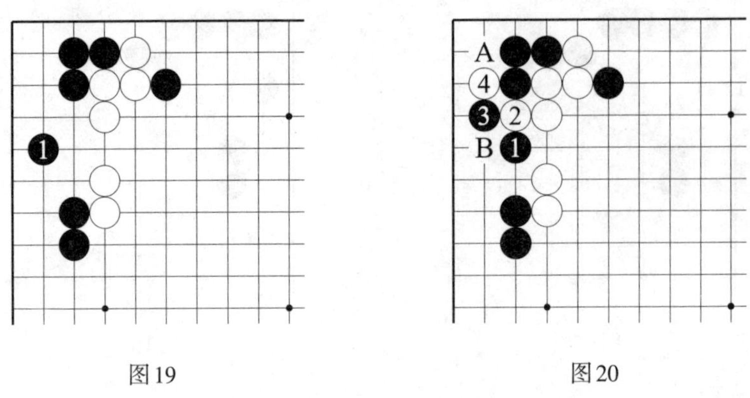

图19　　　　图20

图19　黑1这手棋，对上下黑棋来说都是小飞，可确保联络。除了黑1这一点之外，其他任何下法都不行。

图20　也许有人的第一感觉是本图黑1，可惜不能成立。白只需2冲、4断，接下来A、B两点黑便无法两全。

自己的棋子应尽量都连上，而对方的棋子在适宜的条件下则应予以分断，分断是为了有效地进行攻击。

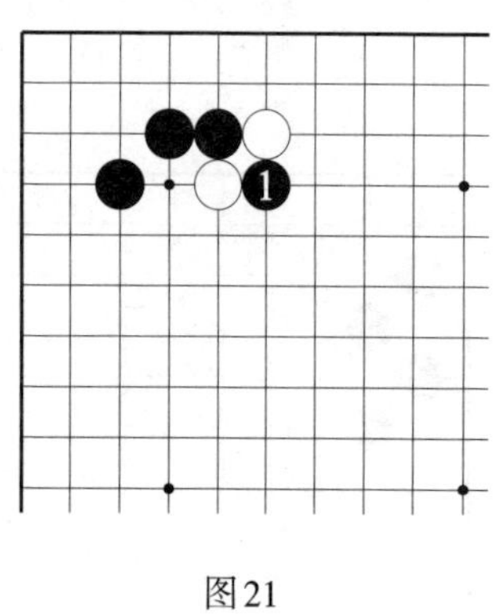

图21

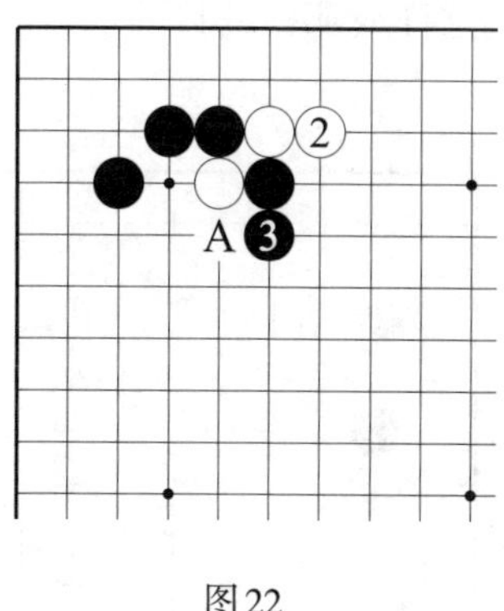

图22

图21　黑1断严厉，白上下已不能兼顾。

图22　接上图，白2拉回边上一子。黑3并不是在A位打吃，而是如图这样长，准备大吃白一子。

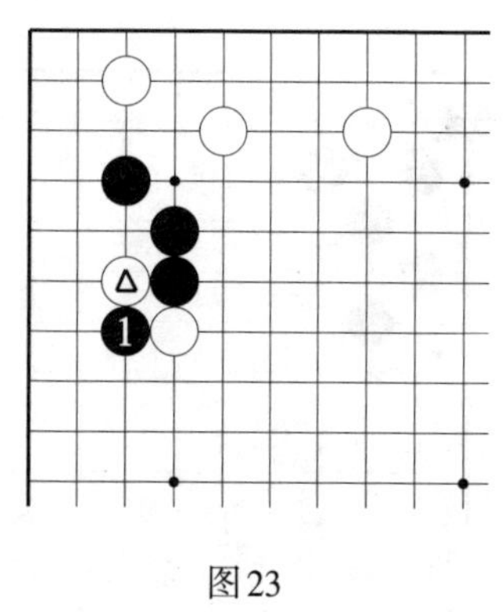

图23

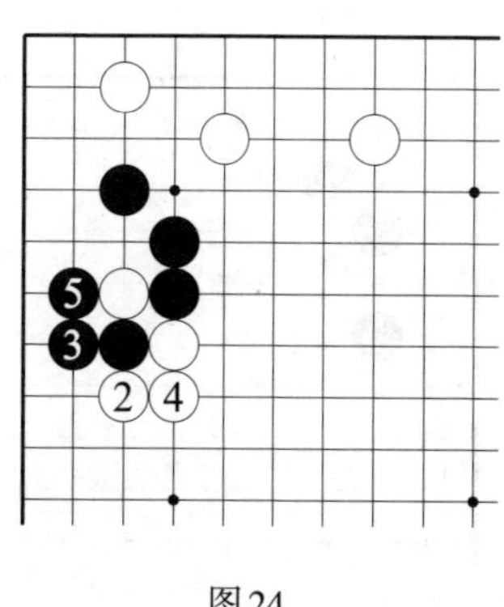

图24

图23　黑1一断，白Ⓐ子就算被吃住了。别看吃住的只是一个子，却有关黑棋的根据。

图24　接上图，白2打、4粘是一般的分寸。白2若改在3位打，会损失更大。白4后，黑5必须补，否则被白下5位，黑二子差一气被吃，整块黑棋还不活。

所谓“棋从断处生”，并不见得一断就能吃到多少子，而是说通过断来捕捉和把握战机。甚至有时切断后非但没有吃到对方的子，反而把自己切断的子给送进去了，这种情况称弃子。凡弃子，只要属于没看错，总是希望达到这样或那样的目的。

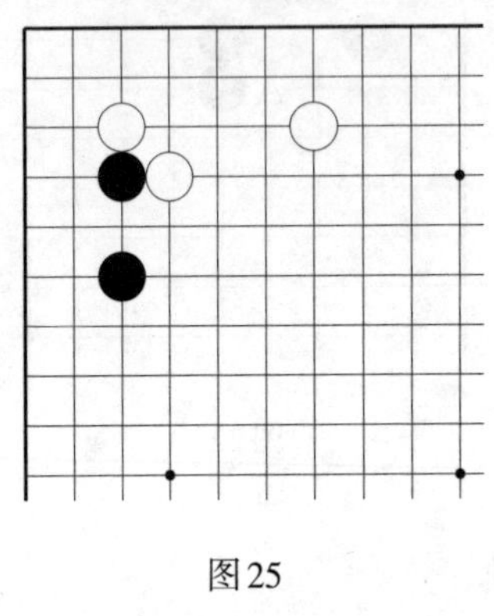

图25

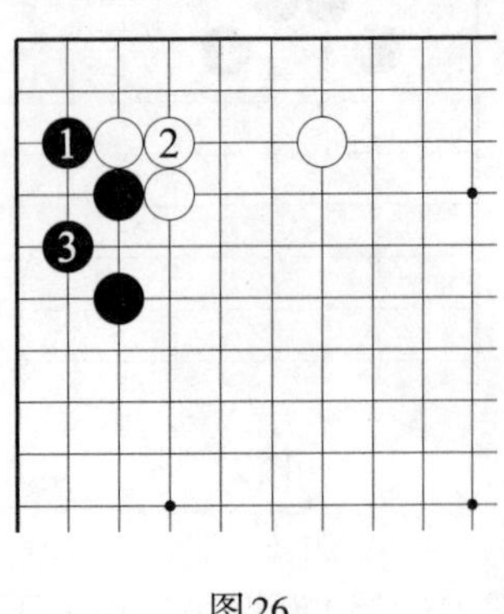

图26

图25　此时轮黑下，你准备下在哪里?

图26　本图是一种选择，至黑3，局部告一段落。

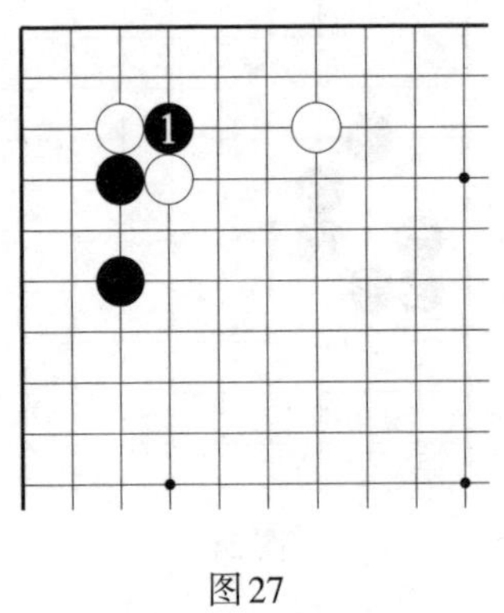

图27

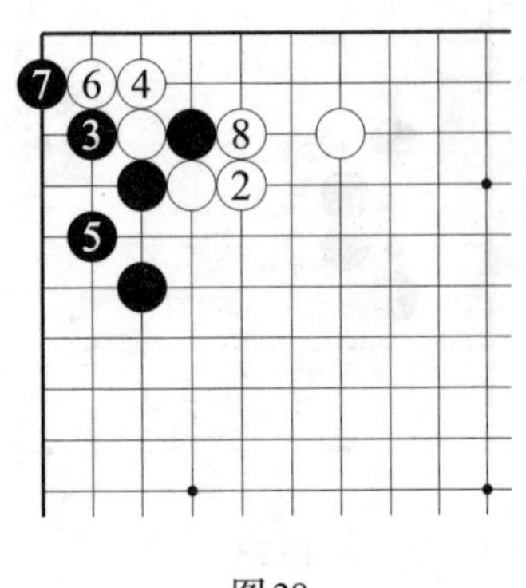

图28

图27　本图是又一种选择，黑1断上去。

图28　接上图，双方弈至白8，局部告一段落。

同样是局部告一段落，图26是黑落后手，图28是白落后手，原来黑送一子给白吃的目的是局部争先。请记住，下棋时争先手是非常重要的。

练习题

以下各图均为黑先，应如何补断和切断？

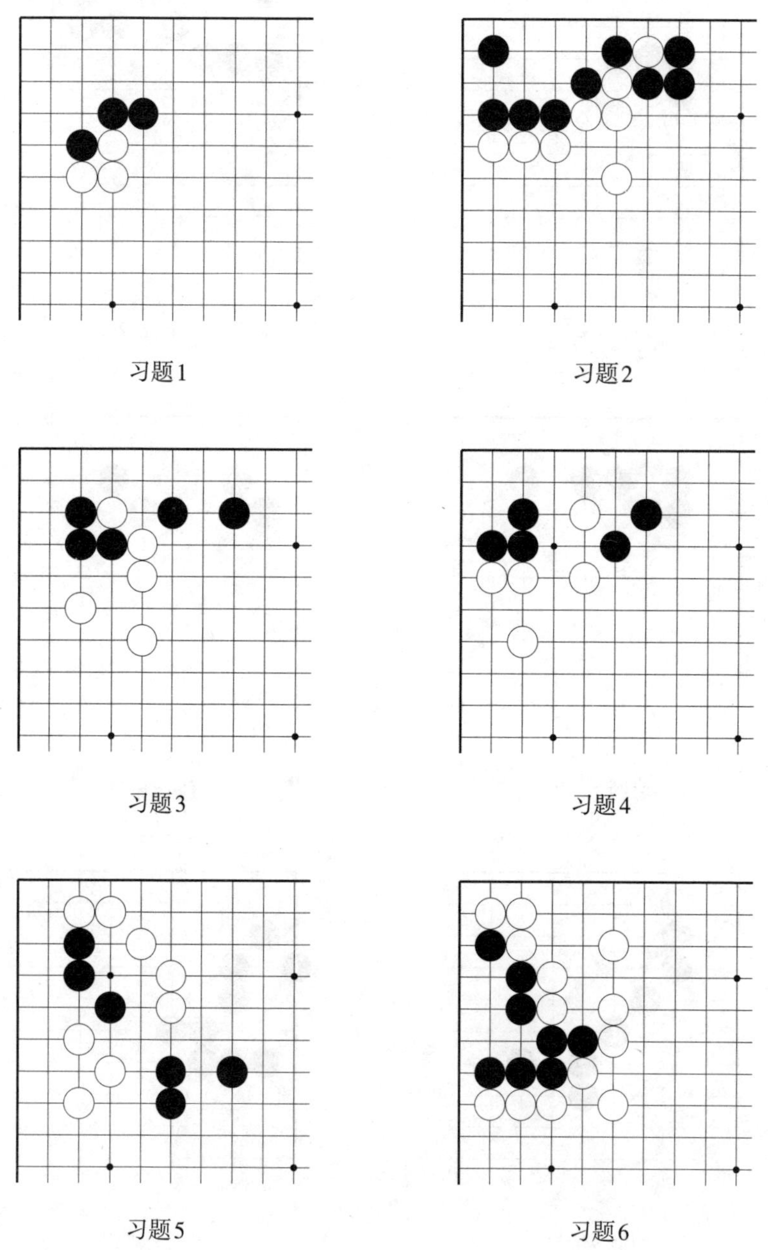

习题1　习题2　习题3　习题4　习题5　习题6

练习题解答

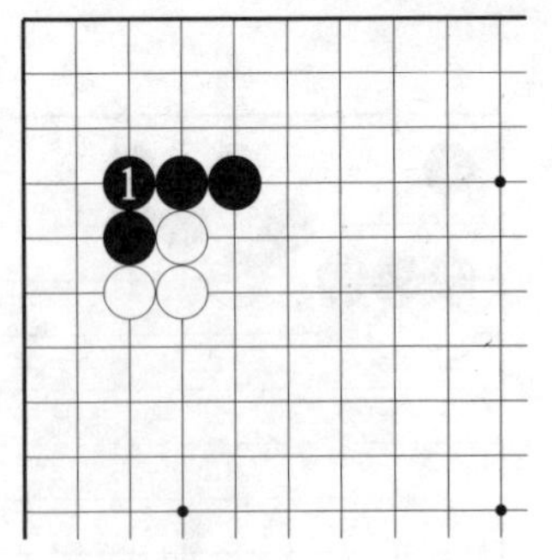

习题1解答

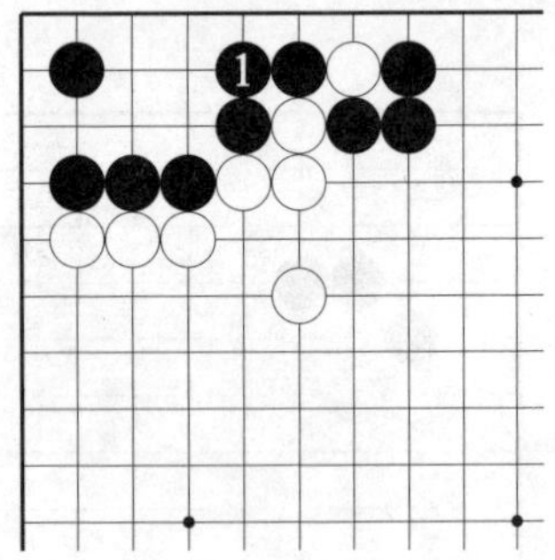

习题2解答

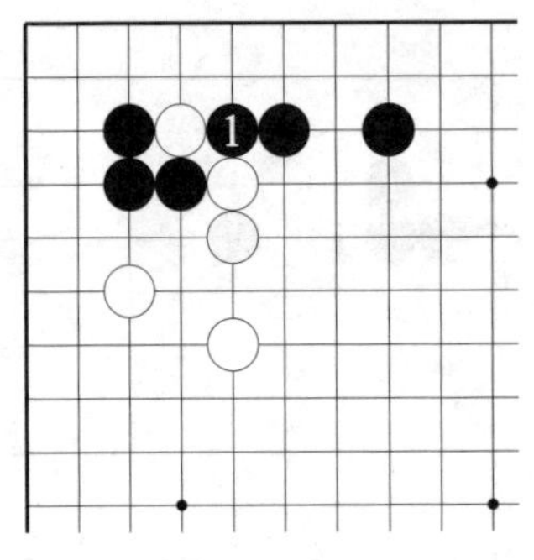

习题3解答

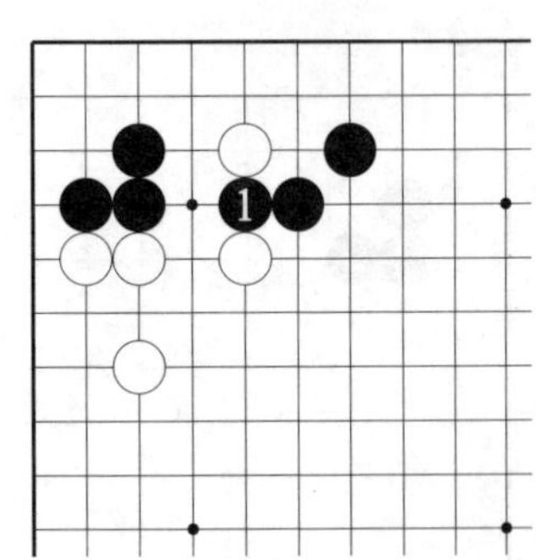

习题4解答

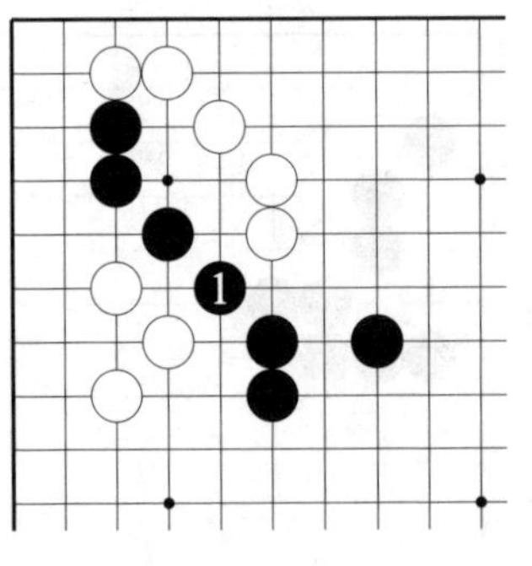

习题5解答

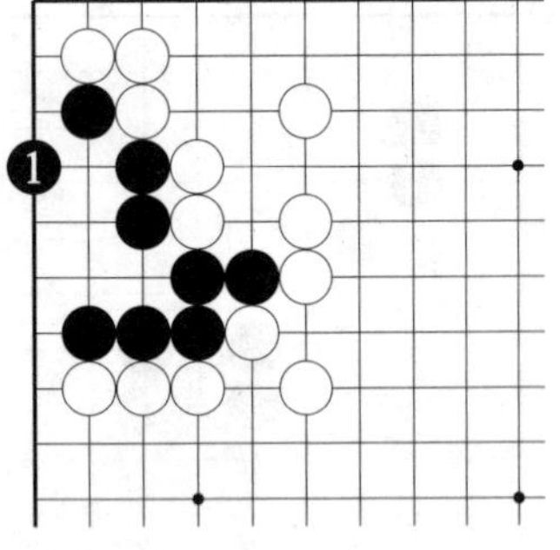

习题6解答

第五讲　死活

下围棋，离不开眼的概念。一圈棋子围住一个交叉点，这个点就是一只眼。要注意，围成眼的一圈棋子是一个整体，对手是无法将这一整体分裂开的。

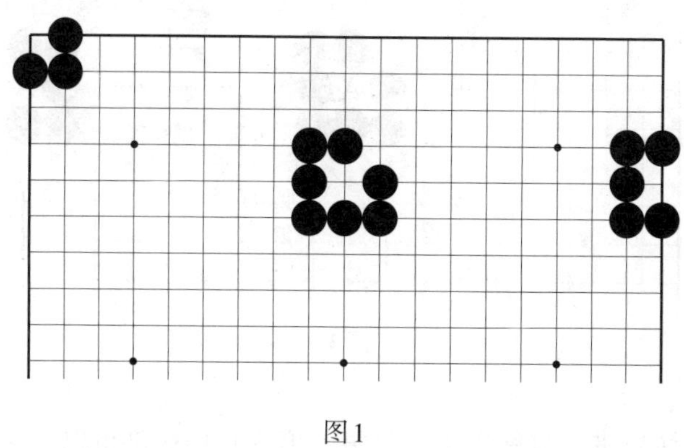

图1

图1　左边，黑棋在盘角做出一只眼；中间，黑棋在中腹做出一只眼；右边，黑棋在边线做出一只眼。

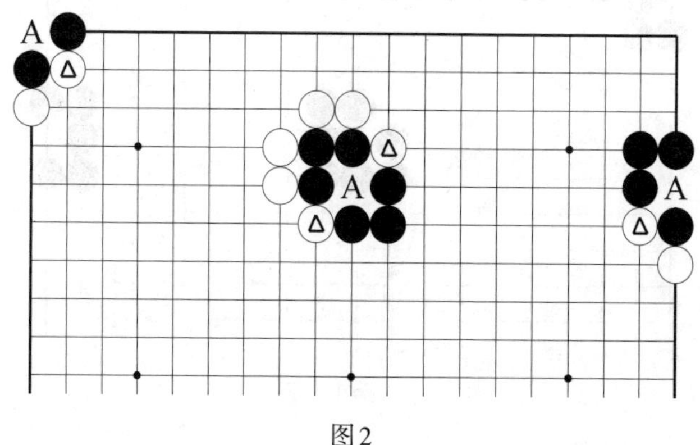

图2

图2　左边，白下A位可提黑一子；中间，白下A位可提黑三子；右边，白下A位可提黑一子。在这里，白棋为什么将围成“眼”的黑子分裂开了呢？因为，这里黑棋所谓的一圈子并不是一个整体，围成的只是一只卡眼，分别被白△子卡住了。

眼有真假之分，图1的眼是真眼，图2的“眼”是假眼。假眼又叫卡眼，不能算眼。区分真眼还是假眼的唯一标准，就是看围成眼的一圈棋子是不是一个整体。

一块棋，即使做出了一只眼，还不能成为活棋。

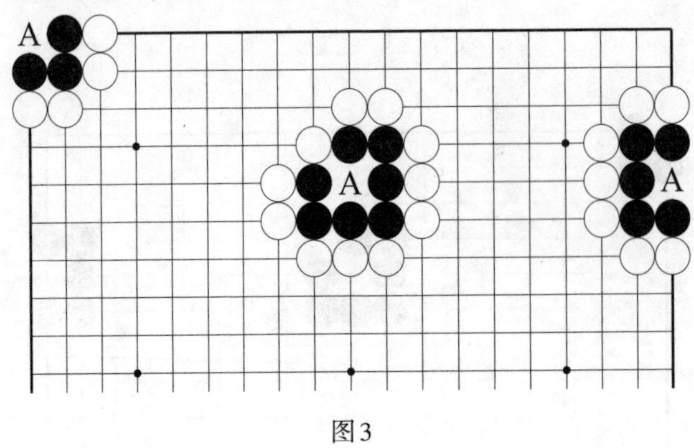

图3

图3　三块黑棋各自做出了一只眼，但现在白棋都可以在A位放子，因为现在A位不是禁入点，成了白棋提黑子。

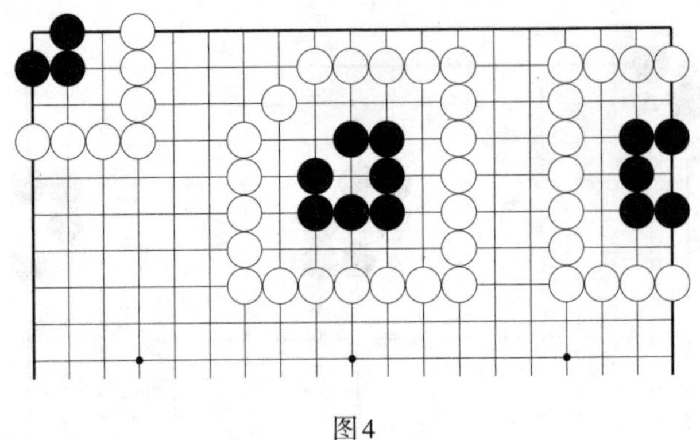

图4

图4　是否本图黑棋就能不被吃呢？绝不是。本图和上图相比，不过是黑棋的外围多了一些气。黑棋已被围了个结实，又没有再做出另一只眼的余地，这些黑棋都是死棋，只是还没被提出盘外。

一块棋，如果具备了两只眼，在任何情况下都是活棋。了解什么样的棋是活棋、什么样的棋是死棋，是至关重要的。

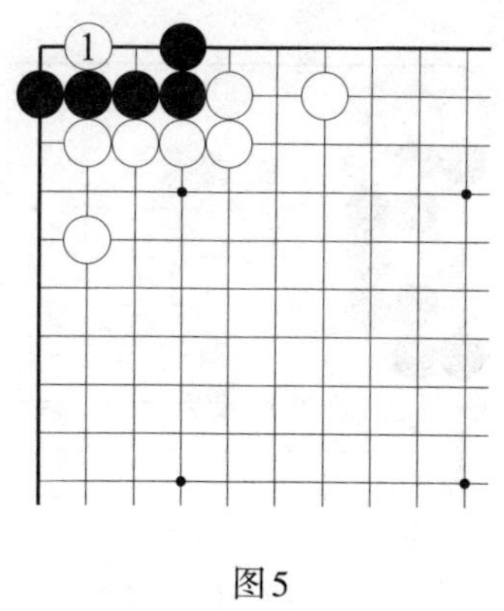

图5

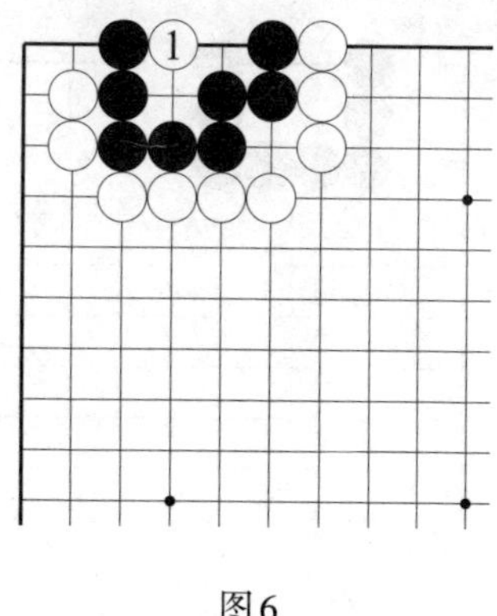

图6

图5 黑棋围起直线形三个交叉点，这种形状叫直三。白1在直三中央点眼，这块黑棋活不了。所以，直三是死棋。

图6 黑棋围起的三个交叉点是弯曲的，这种形状叫曲三，也叫弯三。白1在曲三中间点眼，黑棋就只有一只眼。所以，曲三也是死棋。

我们说直三和曲三是死棋，是指保留着直三和曲三的原貌不动。这是一个很重要的概念。下面说到的所有死活图形，都建立在这一概念基础上。

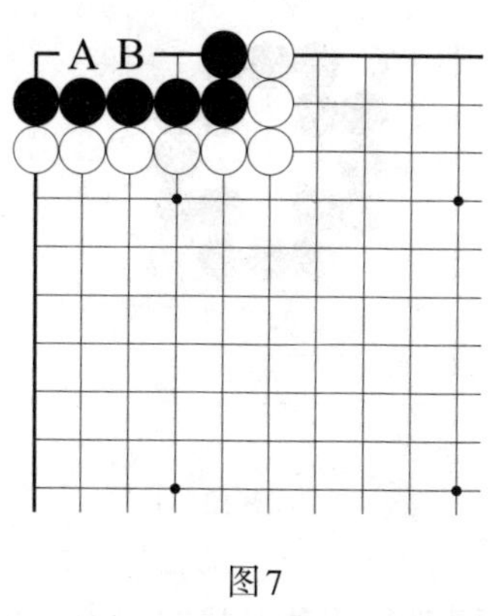

图7

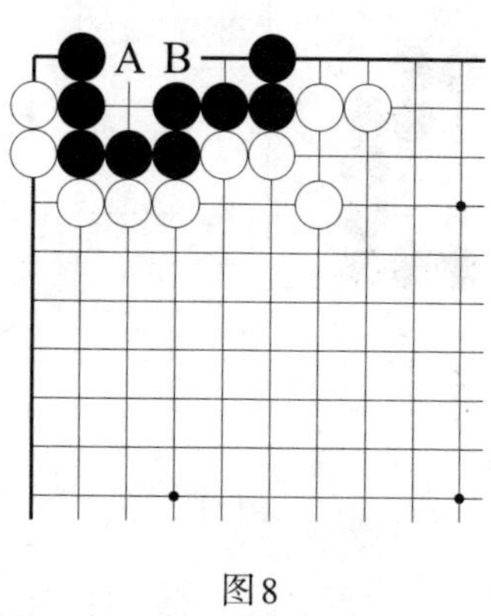

图8

图7 黑棋围起直线形四个交叉点，这种形状叫直四。只要A、B两点不被白都占去，黑总是可以做出两只眼。所以，直四是活棋。

图8 黑棋围起的四个交叉点是弯曲的，这种形状叫曲四，也叫弯四。同直四一样，曲四中的A、B两点要占也是一人一个，白不可能都占去。所以，曲四也是活棋。

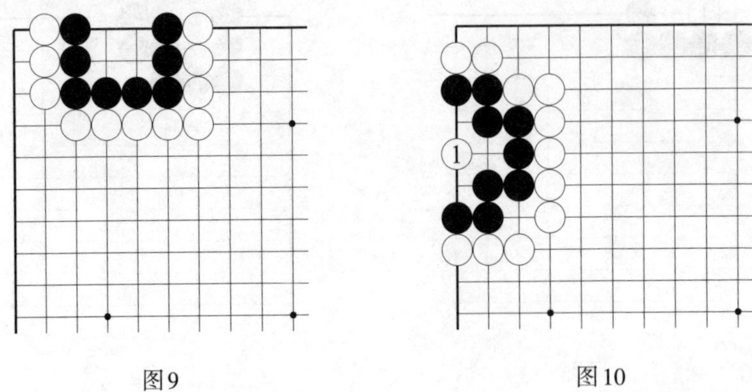

图9　　　　图10

图9　黑棋围起的四个交叉点是个小方块，这种形状叫方四，也有人叫它板四。方四是典型的死棋，不用白棋点眼它也活不了。

图10　黑棋围起的四个交叉点像个“丁”字，又像是顶笠帽，这种形状叫丁四，也叫笠帽四。白1在丁字“路口”点眼，这块黑棋便无法活。所以，丁四是死棋。

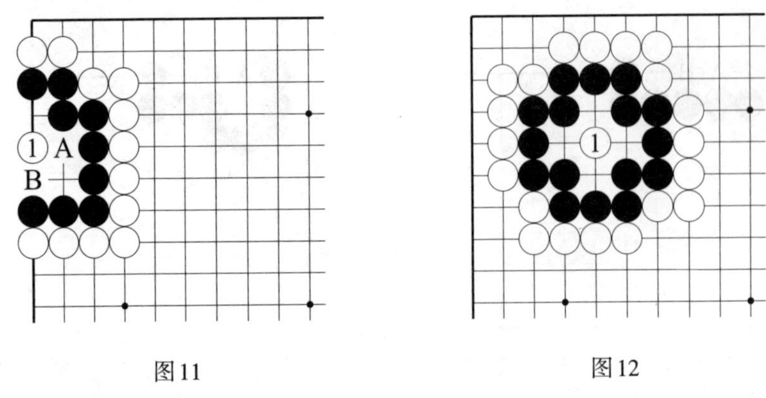

图11　　　　图12

图11　黑棋围起的五个交叉点像是一把刀，这种形状叫刀五，也叫刀把五。白1在刀把接口处点眼，接下来黑若走A位则白走B位，黑若走B位则白走A位，黑怎么也做不出两只眼。所以，刀五是死棋。

图12　黑棋围起的五个交叉点像是一朵梅花，这种形状叫花五，也叫梅花五或花聚五。白1在花心点眼，黑已无做出两只眼的可能。所以，花五是死棋。

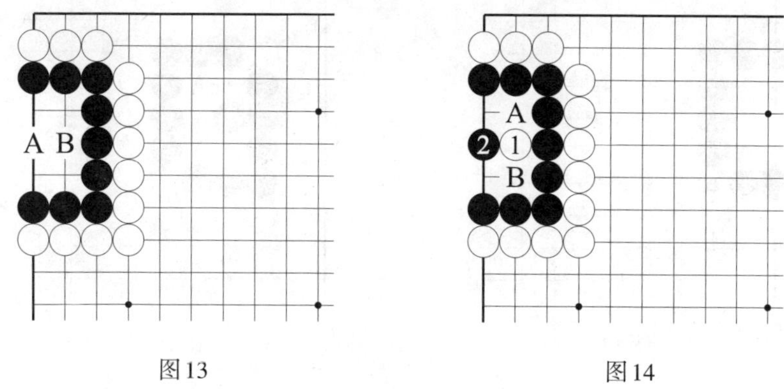

图13　　　　图14

图13　黑棋围起的六个交叉点像是一块木板，这种形状叫板六。A、B两点只要不被白都占去，黑棋就死不了。所以，板六是活棋。

图14　白1占据一个要点，黑2就占据另一个，接下来白A则黑B，白B则黑A，黑两只眼稳做。

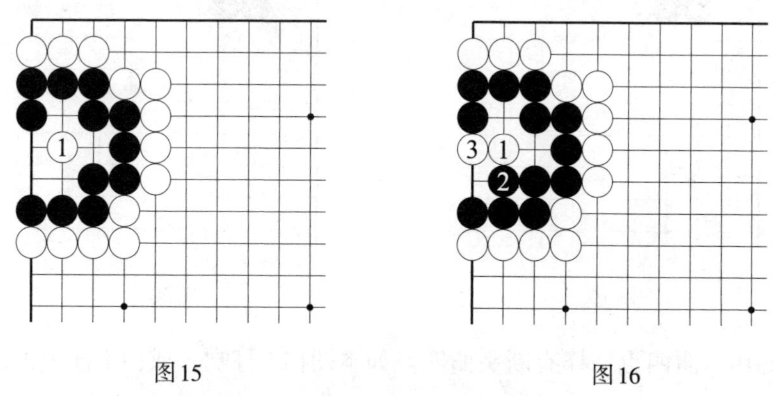

图15　　　　图16

图15　黑棋围起的六个交叉点像是一串葡萄，这种形状叫葡萄六。白1在中心位置点眼后，黑竟做不出两只眼来。所以，葡萄六是死棋。

图16　黑2若接着白1走，则白3继续去眼，黑无应手。黑2若改下3位，自然白3占2位，黑仍只能等死。

有必要说明，板六还有曲四是活棋不假，但围成板六和曲四的棋子必须连为一体，之中不能有断头。

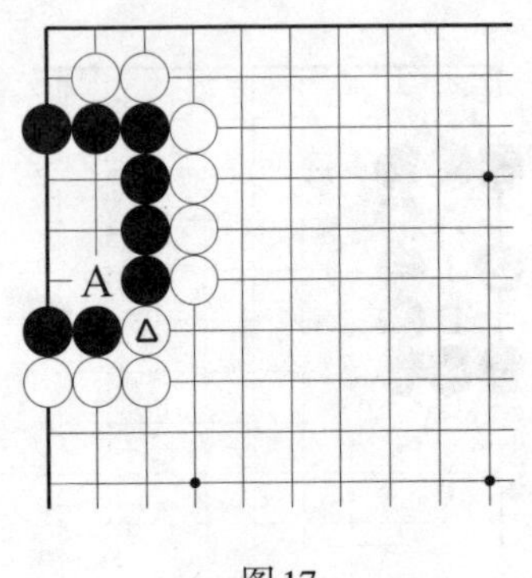

图17

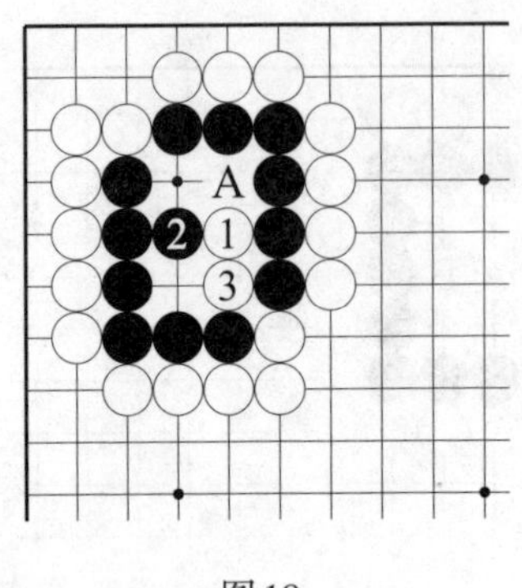

图18

图17　黑棋的这个所谓板六就不用提了，白△子卡断得太明显，白A位一打，黑二子被吃了，自然无板六可言。

图18　白1点眼，黑2应，白3后，黑A位已不能放入，黑死。本图黑棋是断头板六，断头板六不是真正的板六。

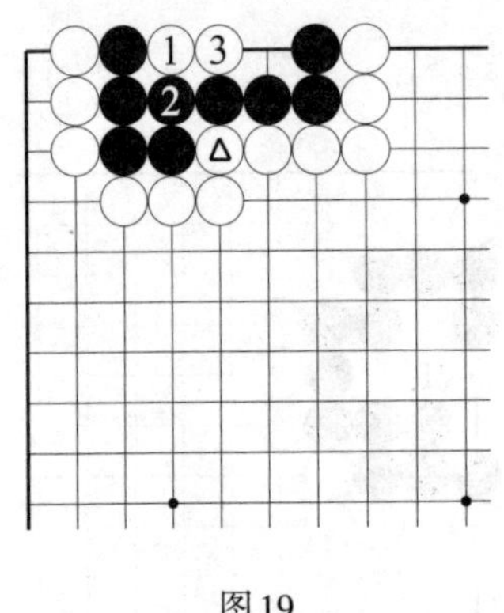

图19

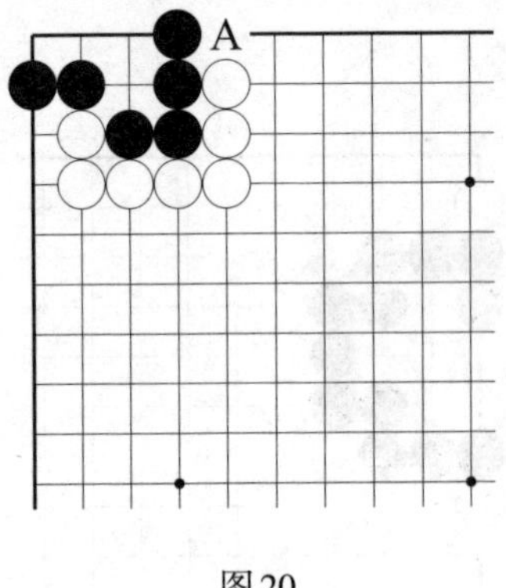

图20

图19　曲四也一样有断头曲四。如本图白1打吃，或白1直接放3位，黑棋都要被吃。白△子若改为黑子，黑棋就没有断头了。

图20　黑角就是一个断头曲四，因为外围A位还松着一口气，所以黑角死不了。一旦白A位闭气，黑必须补活，黑角也就称不上曲四了。

直三、曲三、直四、曲四、方四、丁四、刀五、花五、板六、葡萄六，这些基本死活图形，说明了一个围棋死活的基本道理，那就是：两眼做活需要围起一定数量的交叉点为保证，而所需交叉点数的多少又因其形而不同。

练习题

以下各图均为黑先，怎样做活和杀棋?

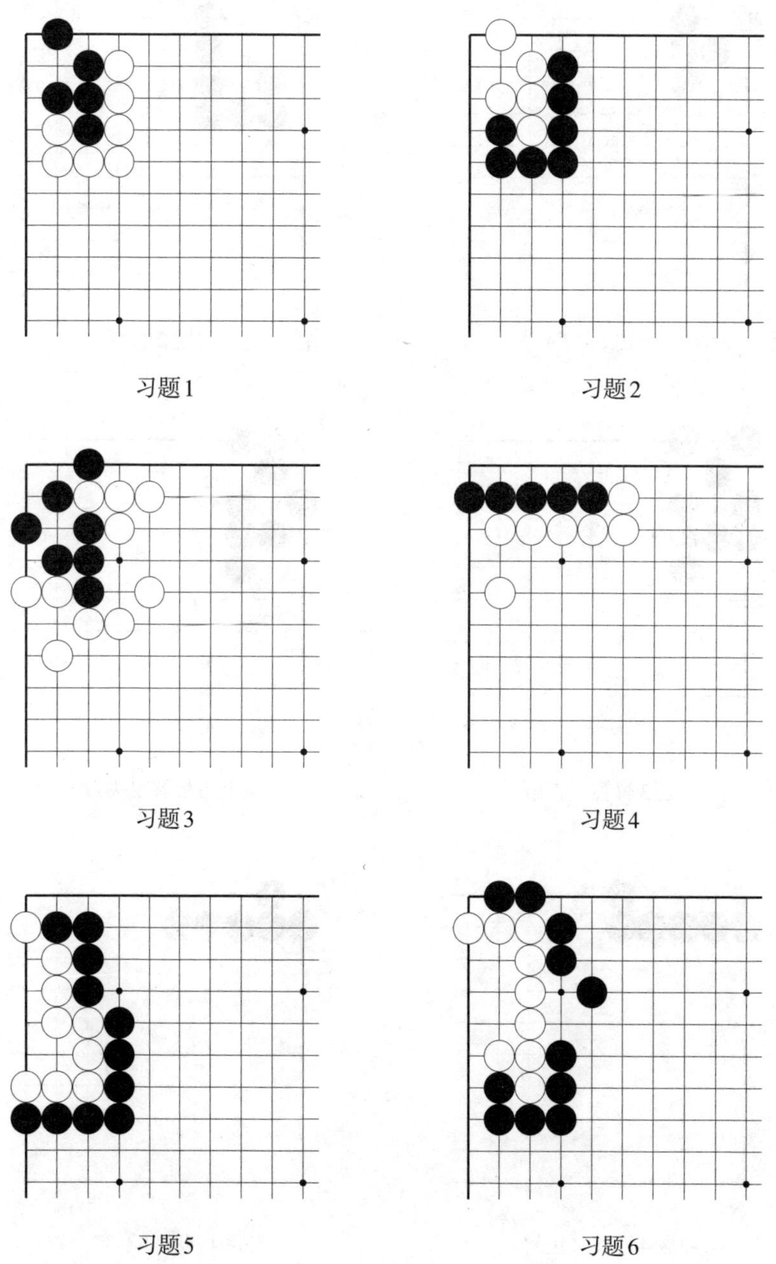

习题1　习题2

习题3　习题4

习题5　习题6

练习题解答

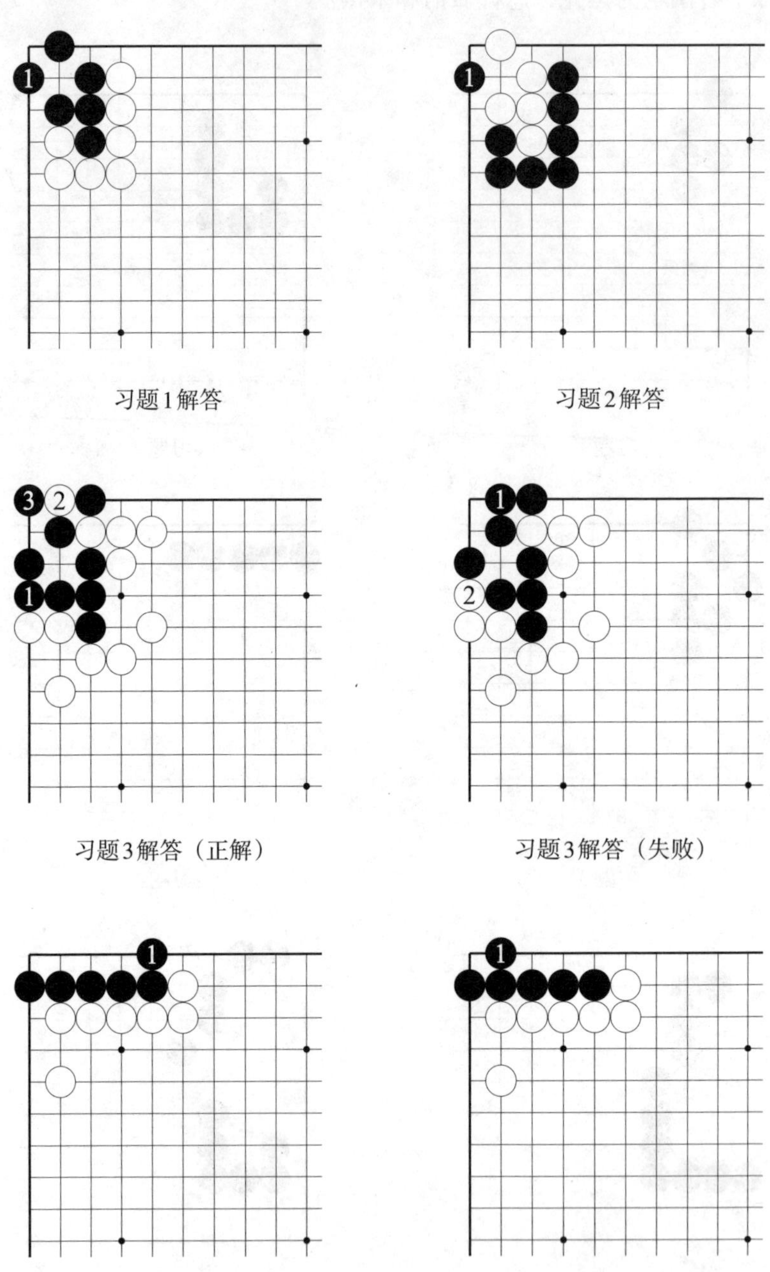

习题1解答

习题2解答

习题3解答（正解）

习题3解答（失败）

习题4解答（正解）

习题4解答（不完美）

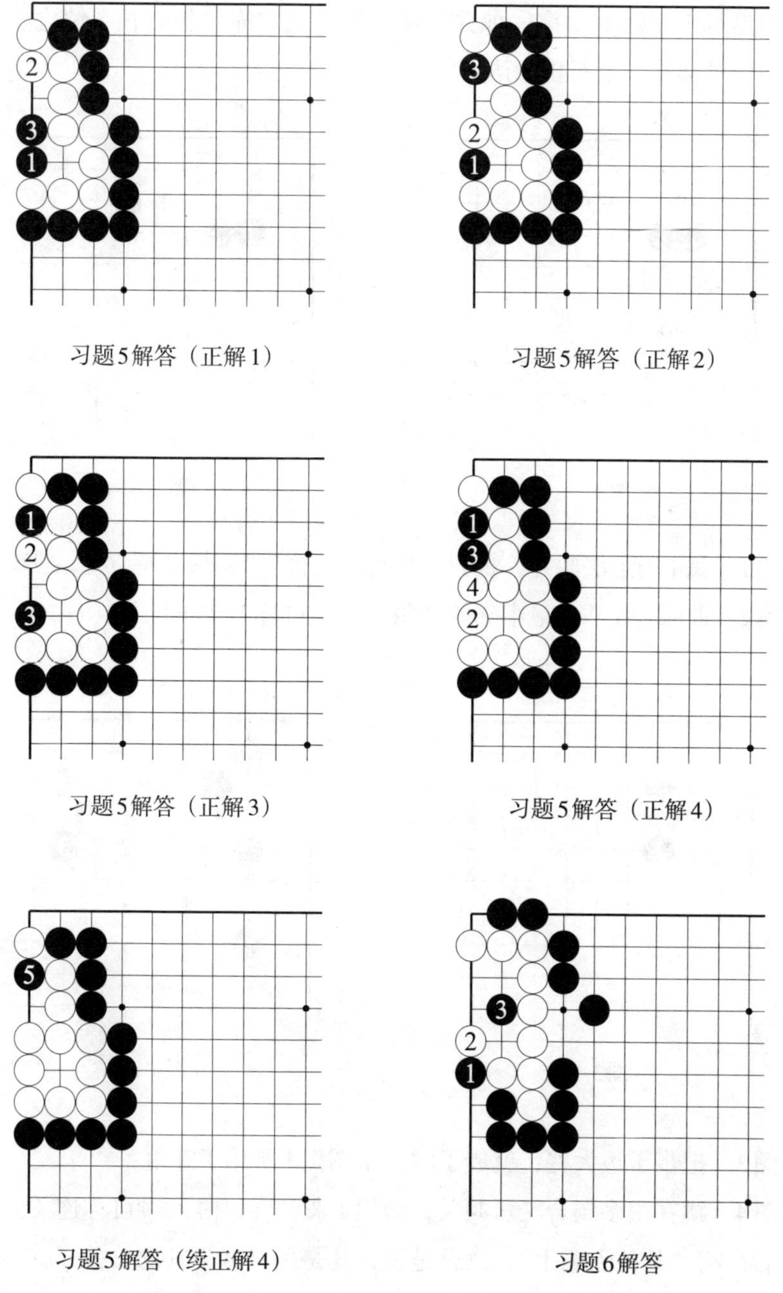

习题5解答（正解1）

习题5解答（正解2）

习题5解答（正解3）

习题5解答（正解4）

习题5解答（续正解4）

习题6解答

第六讲　行棋手法

围棋行棋手法非常多，如并、跳、尖、飞、靠、扳、长、镇之类，几乎每一步棋都有一个行棋术语。

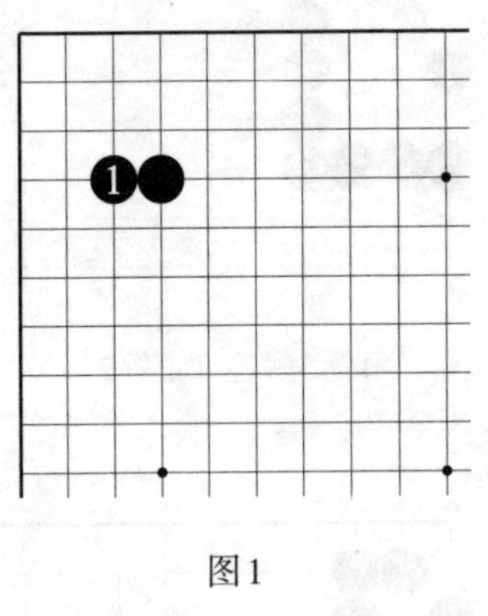

图1

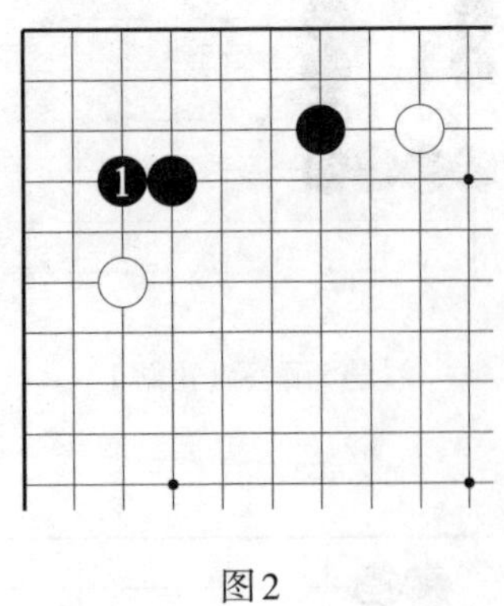

图2

图1　黑1的走法叫并，也叫“砸钉”。并的步调慢，特点是结实。

图2　此时黑1并是最牢靠的守角方法，可称为“玉柱”。

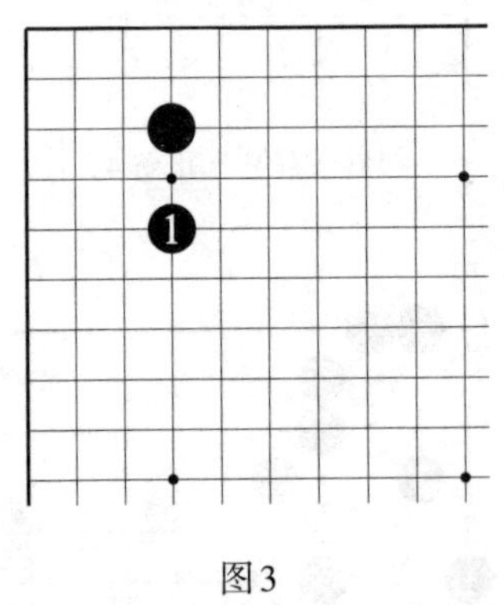

图3

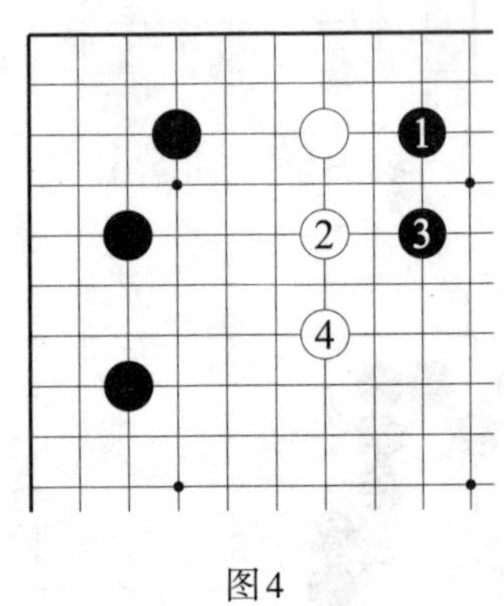

图4

图3　把步子迈大些，就成了跳。本图黑1跳用于守角。

图4　跳在很多场合又可叫关，像黑1来夹攻，白2、4可称连关。有一句棋谚，叫“凡关无恶手”，意思是说，凡是关（或平凡的关关）就不会是坏棋。本图的白2、4就是用跳来向中腹出头。

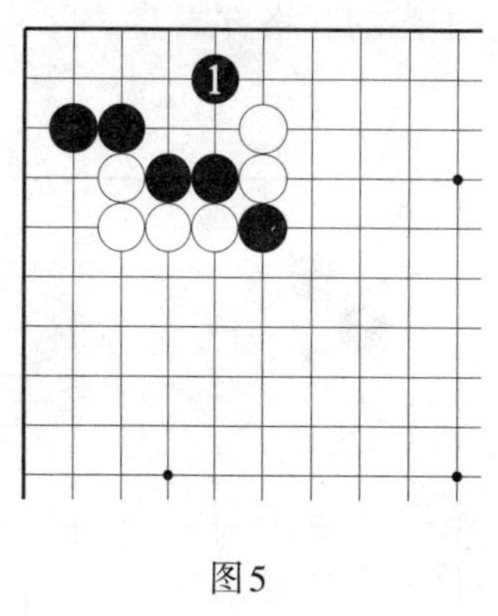

图5

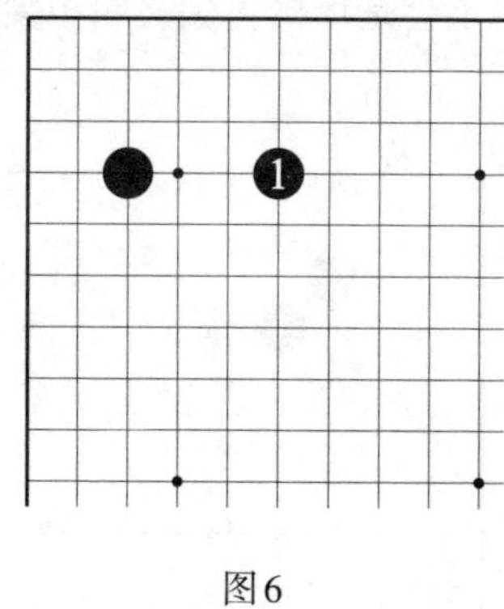

图6

图5　但在有些场合，跳就不能也叫关。本图黑1跳下，使黑角安定，这时的黑1跳就不能称关。

图6　像这样隔着两个格跳叫大跳，又叫二间跳。本图黑1以大跳来守角，此法还颇为流行。

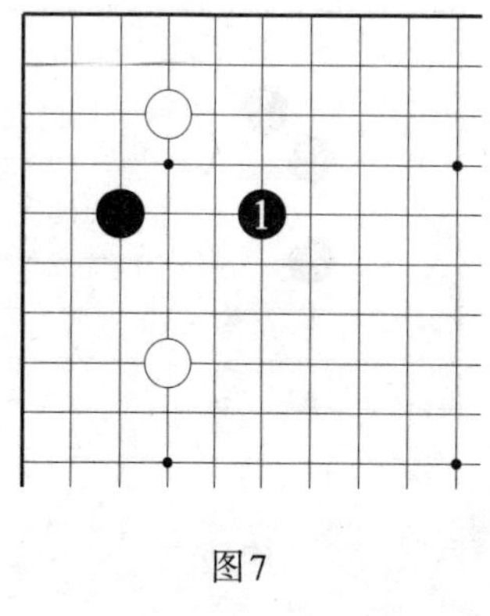

图7

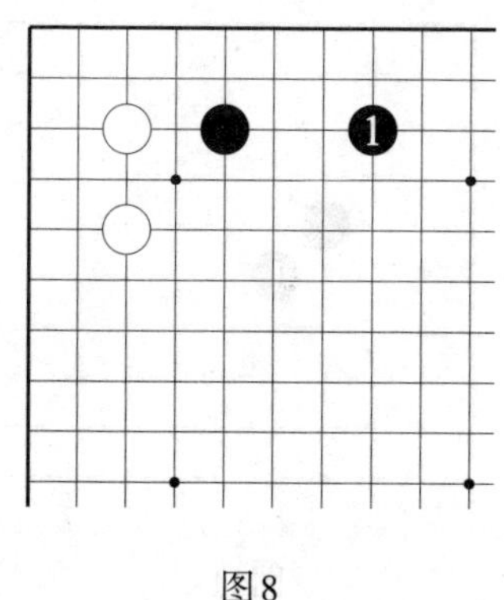

图8

图7　在很多时候，小跳可称单关，而大跳则可称大关。本图黑1便可称大关，其步调比一间跳要快。但有得必有失，虽然步调快了，用大跳来联络的两个棋子却比不上用小跳联络来得密切。不过，既然选择了大跳，就不怕白棋来分断，黑自有应对之法。

图8　但并不是说，凡直线隔一两格下子就都叫跳。本图黑1在边上下子谓拆边，隔两格拆谓拆二，就不用跳来称呼。

还有一句棋谚，叫“凡尖无恶手”，意思是说，凡是尖（或平凡的尖尖）就不会是坏棋。尖又叫小尖，是一种很牢靠的联络方式。

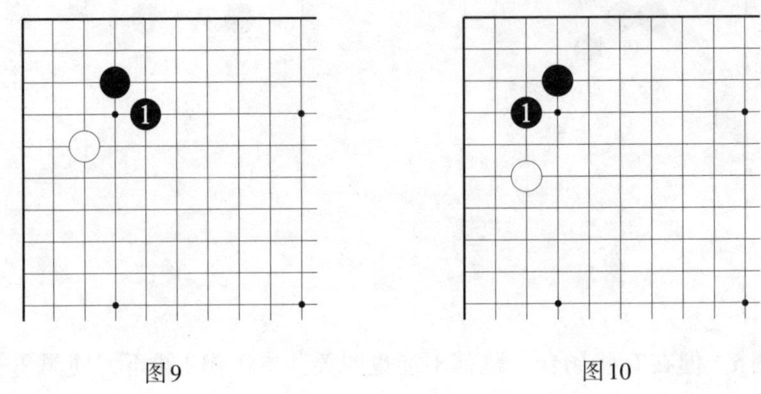

图9　　　　图10

图9　本图黑1用小尖来加高自身，避免被压低。

图10　本图黑1用小尖来守角。

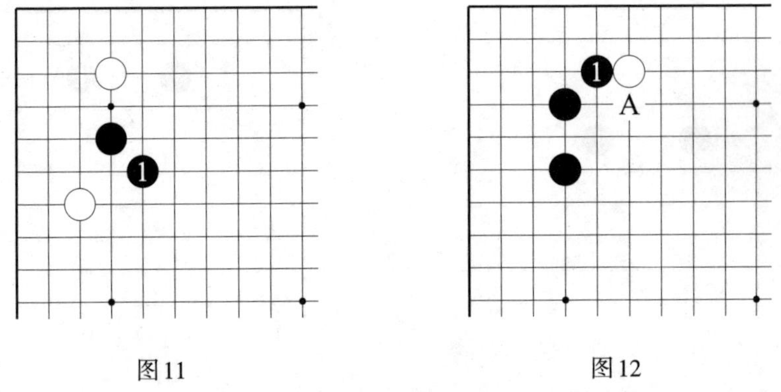

图11　　　　图12

图11　围棋中棋谚很多，还有一句与尖有关的棋谚是：棋逢难处小尖尖。本图的黑棋倒没到为难的地步，黑1用尖的手法坚实地出头，同时又阻断了白二子间的联络。

图12　现在黑1的走法叫尖顶，这步棋兼有防守和进攻的作用，有不让对方脱身的意味。说防守，指防止白进入黑角中来；说进攻，则为紧紧顶住白一子，并准备继续虎在A位。

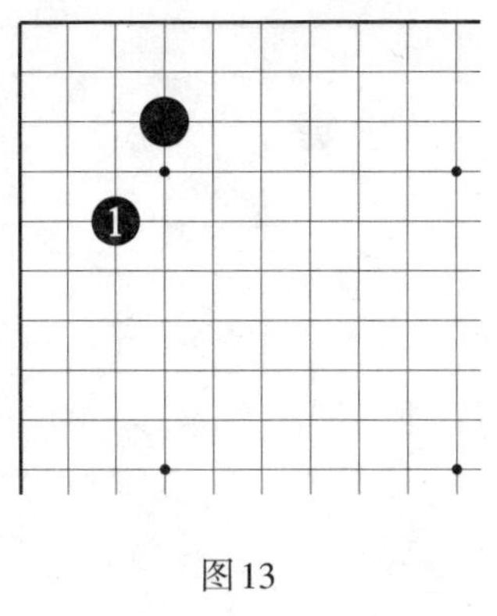

图13

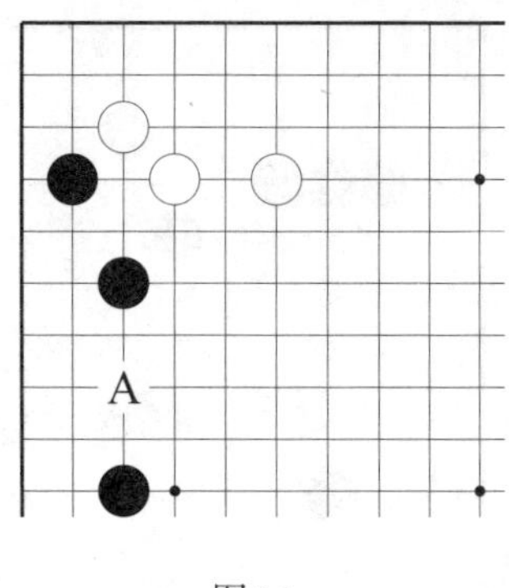

图14

图13　与跳和尖一样，飞也是最为常用的行棋手法之一。飞在很多情况下是用于守空，如本图黑1小飞，走成一个无忧角。

图14　现在黑棋在三路上的两个子是一个拆三，轮黑下，要不要在这里守一手呢？如果不守一手，白会在A位打入，黑有点吃不消。而若守一手，守在哪里最佳呢？要是在A位守，棋形显得偏平，效率不高。

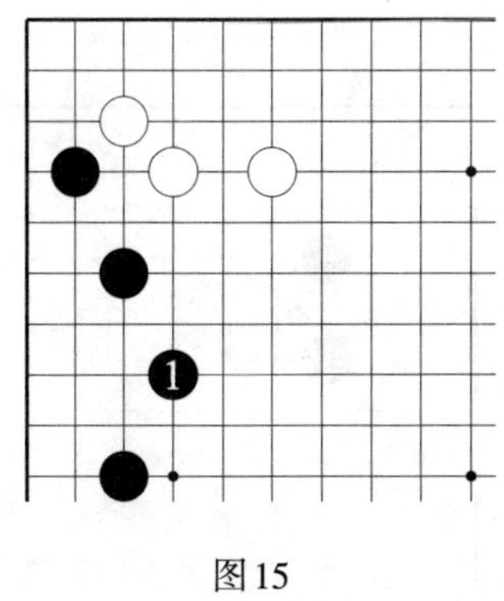

图15

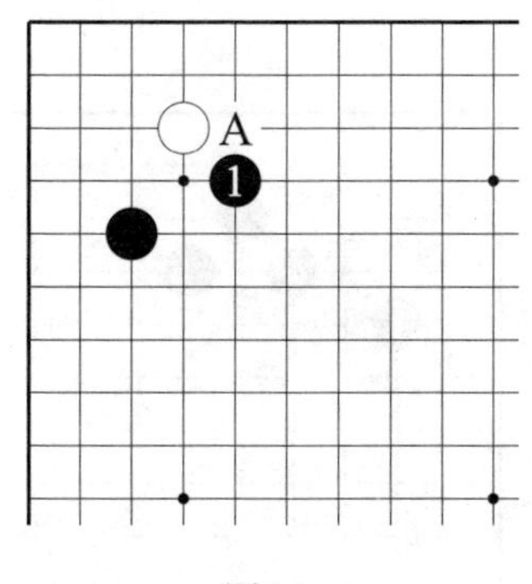

图16

图15　黑1这个子对两边的黑子来说都是小飞，构成两头低、中间高的姿态。有人用“小堡垒”来形容黑1后的棋形，可见其既结实又生动。

图16　飞也经常被应用于进攻。像本图黑1，如白不应，黑可在A位挡下，对角上一个白子含有进攻的意味。黑1后，白大多会在A位爬，则黑在四路上长，黑欲将白压至低位，故黑1这手棋习惯上被称为飞压。

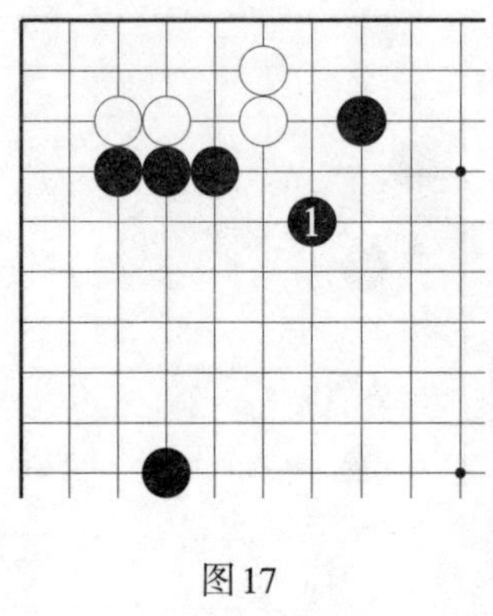

图17

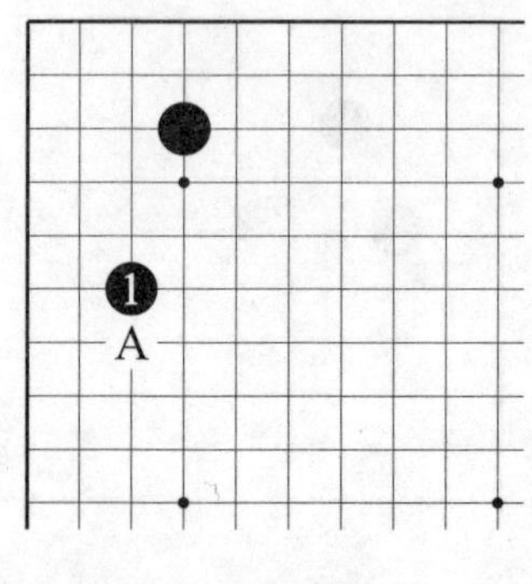

图18

图17　此时黑1的走法叫飞封，把白角封锁在一定的范围内，不让白棋出头。黑1封锁后，黑外围的模样很大，也就为将来这一带的实地化奠定了良好的基础。

图18　与跳有大跳、小跳一样，飞也有大飞、小飞之分。如本图黑1，即大飞守角。还有一种超大飞，若黑1下在A位，就成了超大飞。超大飞虽然相隔更远，但三线和四线两子组成的超大飞也具有一定的联络性。

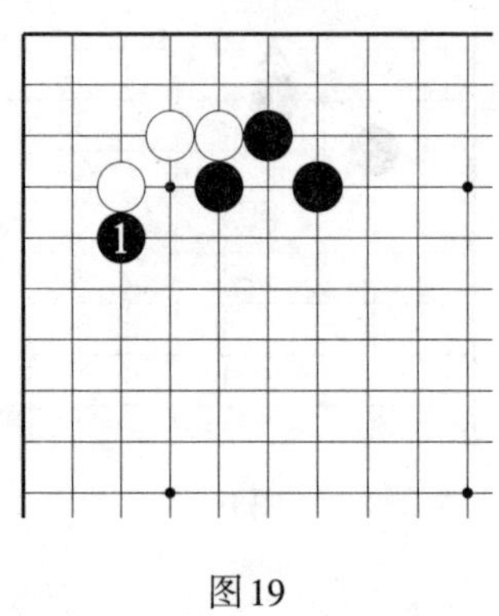

图19

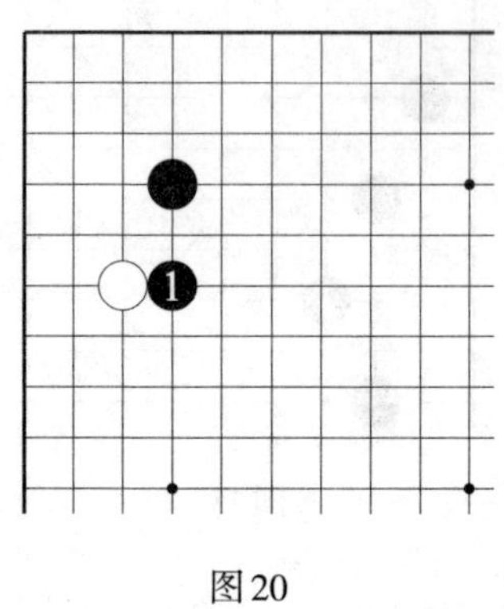

图20

图19　像黑1这样贴着对方的子的行棋手法，可统称为靠。现黑1靠下，欲阻止白角向边上发展，并构筑自己的中腹势力。

图20　靠有时候可以叫压，也叫靠压。像黑1这样从上面靠住下面白一子就叫压。

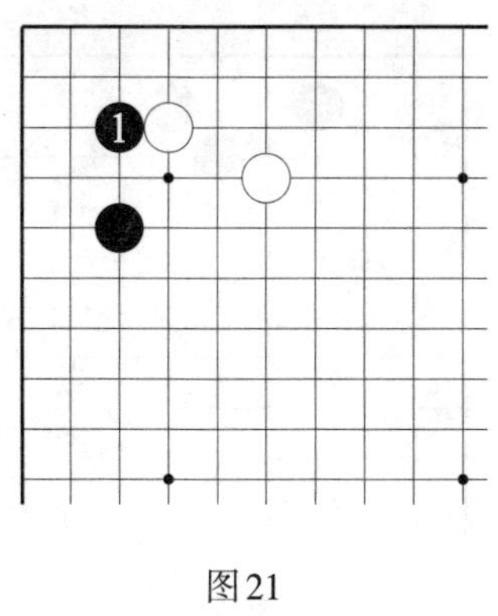
图21

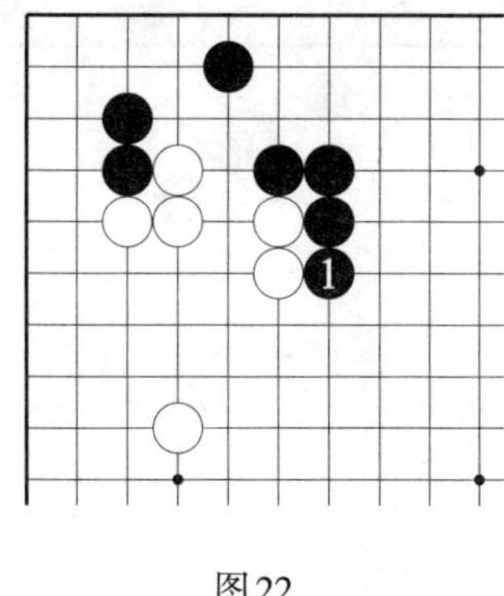
图22

图21　靠有时候又可以叫托，有“上压下托”之说。本图黑1就是托，可称黑1托角，想在角上就地生根。

图22　靠有时候还可以叫贴。如本图黑1贴住白子行棋，是不想让白棋从这里脱身。贴总是指一方几个子贴着对方几个子行棋，可谓特殊的靠。

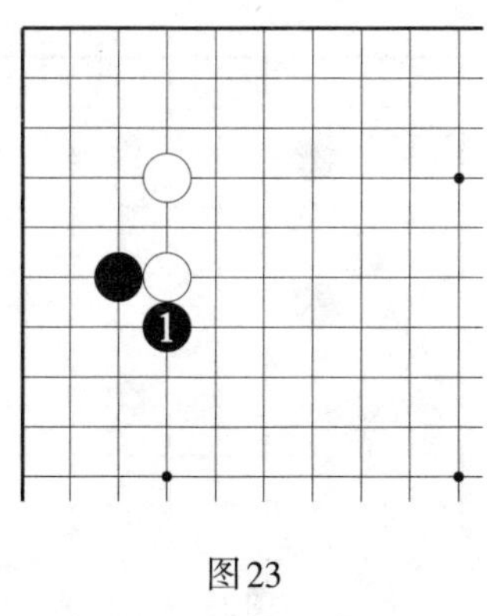
图23

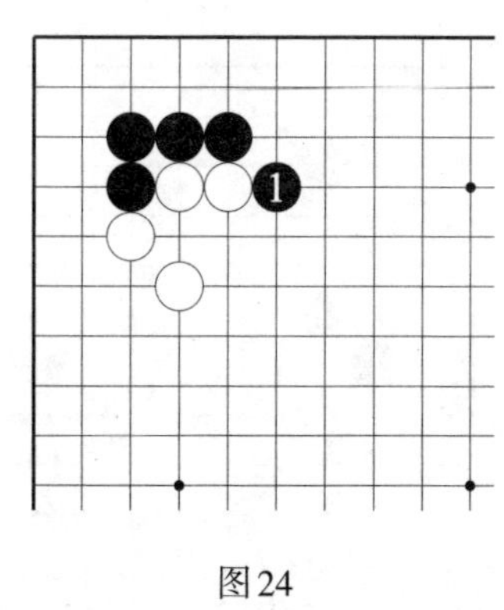
图24

图23　你听说过“逢靠必扳”的围棋格言吗？也有说成“逢压必扳”的。这个格言说的是，当对方来靠压你的棋子时，你应该用扳的手法来应付。扳有不甘示弱的意思，本图黑1就是用扳来对付靠压的典型例子。

图24　扳经常又可叫扳头，像黑1这样就是扳住了白二子的头。此时1位对双方来说都是好点，白在1位挺头可继续将黑压在低位，但现在1位这个头被黑1扳住了。所谓扳头，多指由上向下、由外向里扳。

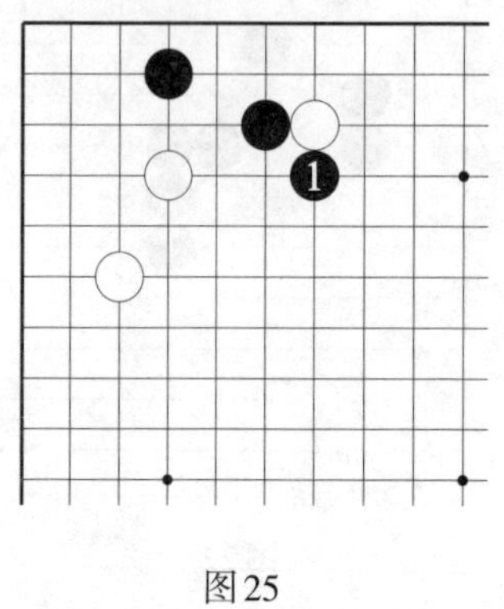

图25

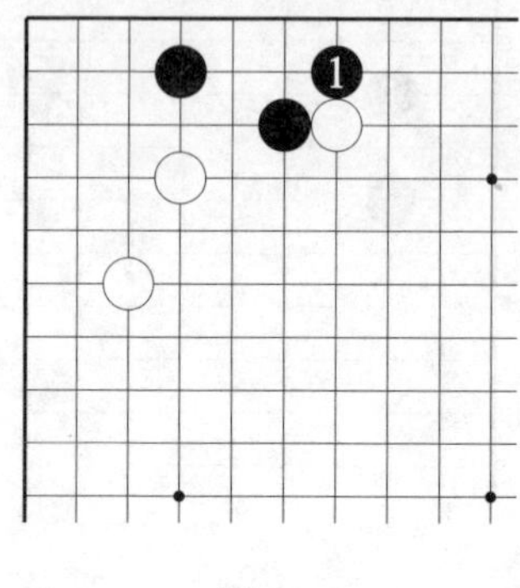

图26

图25　黑1就是由上而下扳，这样的扳可称上扳。上扳从形式上看，自然是希望把对方的棋子压在低位。

图26　现在黑1是在二路扳，这样从下面的扳称下扳。下扳从形式上看，自然是希望建立根据地或占据边角实地。

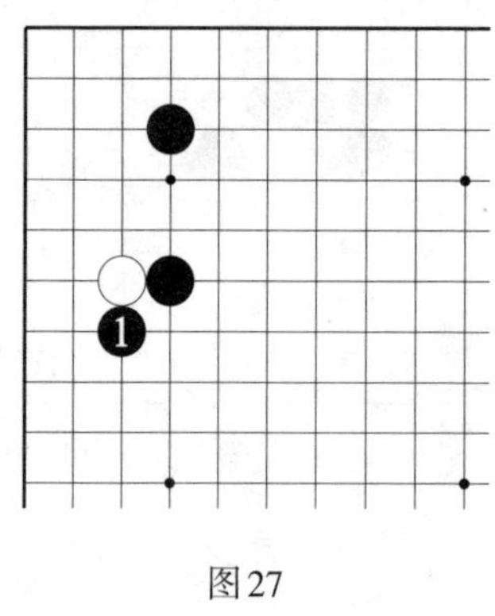

图27

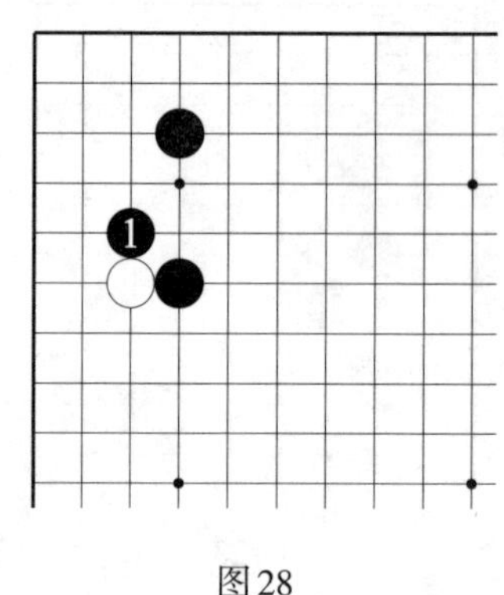

图28

图27　黑1是由外向里扳，这样的扳可称外扳。外扳从形式上看，是要将对方的棋子封锁在一定的区域内。

图28　黑1是由里向外扳，这样的扳可称内扳。内扳从形式上看，是要护住自己的空。

此外，还有反扳和连扳，反扳是用扳的手法来对付对方的扳，连扳则通常是继续用扳的手法来对付对方的反扳。

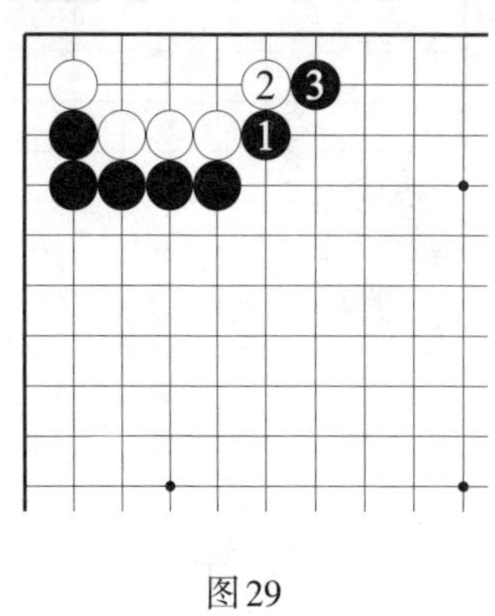
图29

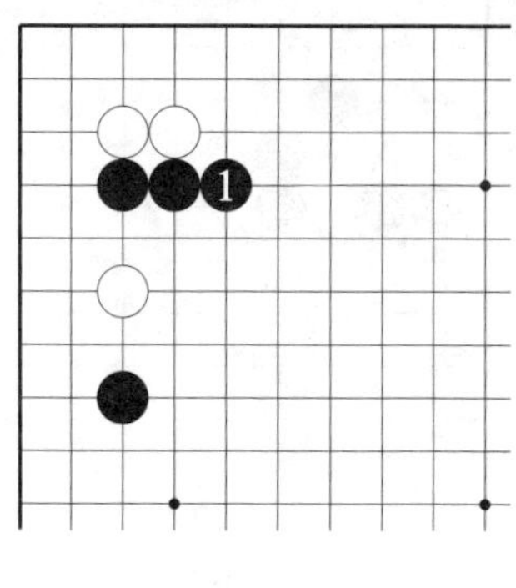
图30

图29　黑1扳，白2也扳，白2称反扳。黑3再次扳，黑3称连扳。黑3的连扳是建立在黑1扳的基础上的，黑1扳了，黑3接着还是扳，故称连扳。

图30　长也属于围棋中最基本的行棋手法。现在这个棋形在实战中经常能遇到，此时黑1长是要着。若被白在1位扳头，黑二子将苦不堪言，因此，黑1非长不可。

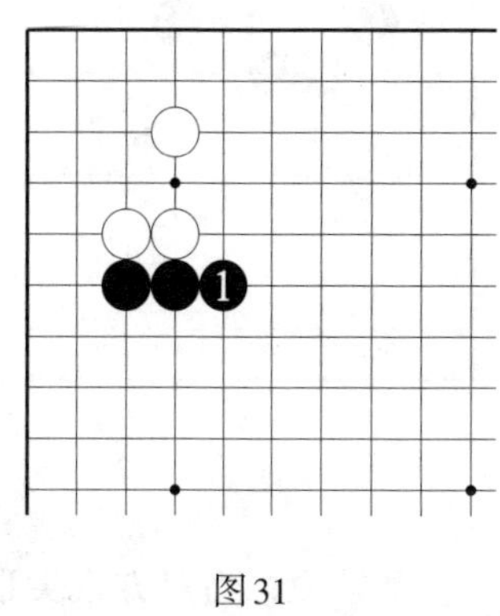
图31

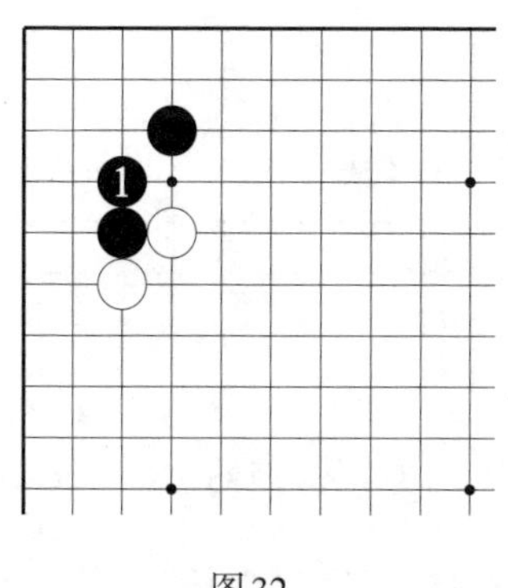
图32

图31　长有时称挺，也叫挺头。本图黑1就是把自己的头挺出去，同时也是不让白在1位扳头。棋谚说，“棋长一头，力大如牛”，说的就是这种情况，表明了挺头的重要性。

图32　长有时又称退，本图黑1就是退。退在多数情况下指拉回自己的棋子，是一种稳健的下法。

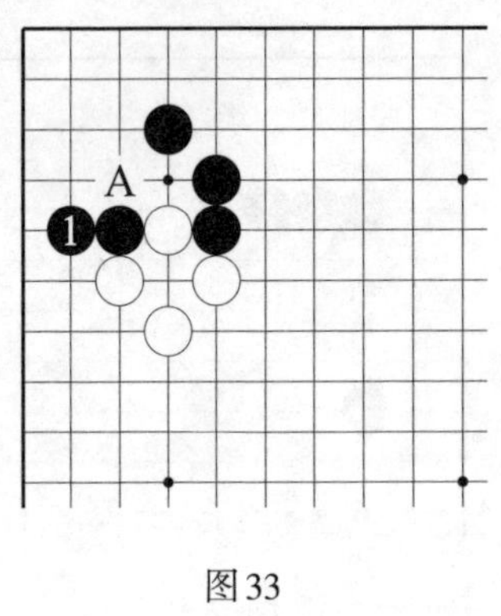

图33

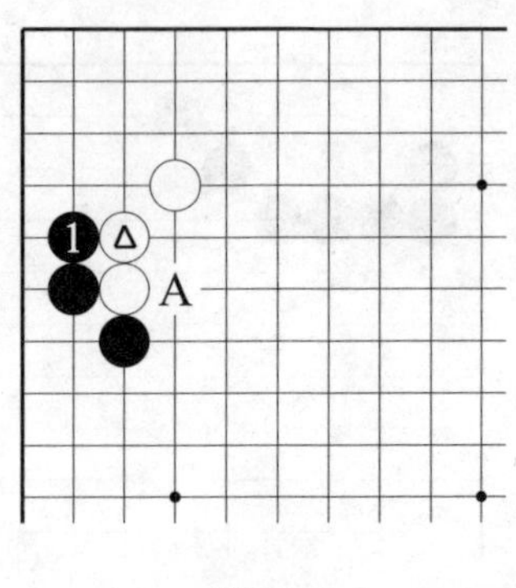

图34

图33　与由下向上、由里向外的挺相反，由上向下的长又称立，或称立下。黑1就是立，也叫立下。若黑1改下A位，则为退。

图34　有时候，长还可以叫爬。如黑1就是在二路爬。爬总是指在低位的长。若白㉧子的位置改放A位，则黑1可称挺，即在二路挺出。

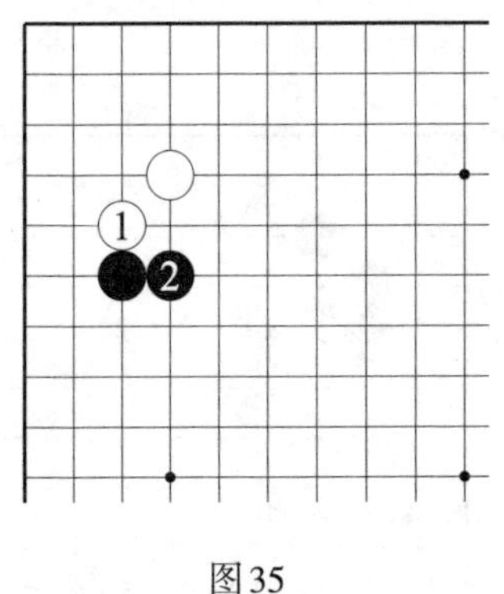

图35

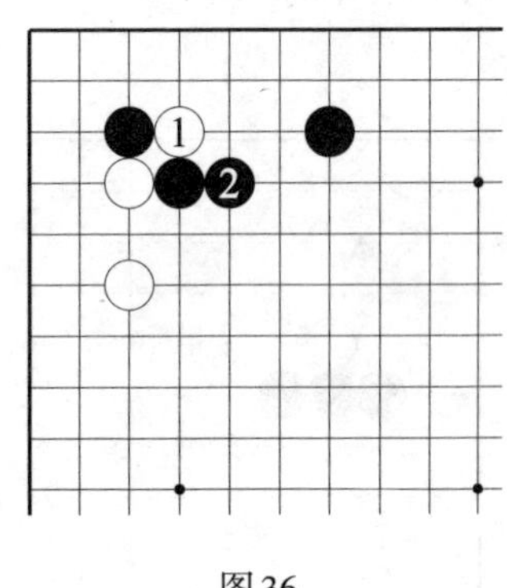

图36

图35　“逢尖必长”，是一句围棋格言，意思是说，当对方来尖顶你的棋子时，一定要用长的手法来应付。本图的棋形在实战中常能见到，就是“逢尖必长”的具体体现。

图36　还有格言说：“扭十字，一边长。”如白1断后，黑白四个子扭在一起，谓扭十字。这时，黑对白哪个子都别打吃，黑2选择从一边长就对了。

格言和棋谚都是长年经验的总结，揭示了围棋行棋的一般规律。

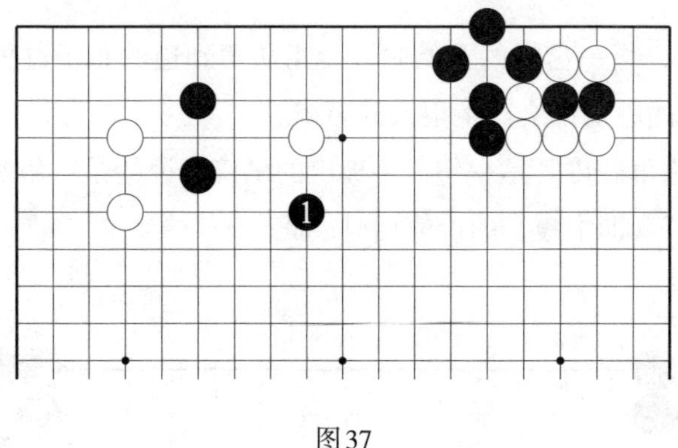

图37

图37　镇在实战中也常被应用。本图黑1就是镇，镇住了白一子。自然，要把整个上边据为己有不容易，但黑通过攻击能获得好处则是肯定的。

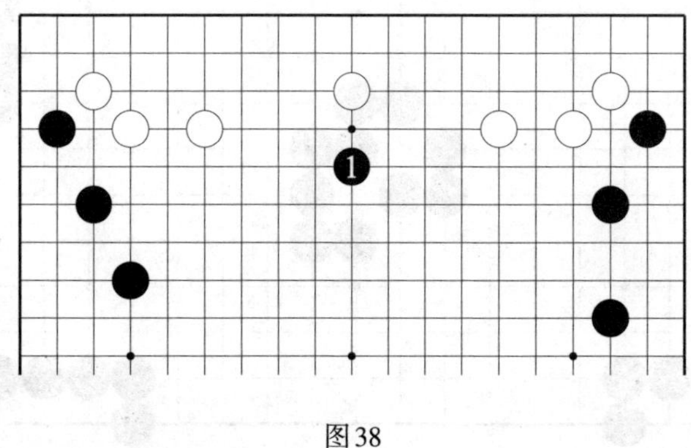

图38

图38　上图的镇是被用来进攻。本图黑1镇则是要把白空限制在一定的范围内，如有可能，黑还可继而打入白阵或构筑自己的外势。

第七讲　布局

所谓布局，指一盘棋的开始阶段，指从角到边的布子过程，对中盘的优劣乃至最后的胜负都会产生很大的影响。

“金角银边草肚皮”是一句流传极广的棋谚。说的是：角最重要，边次之，而“肚皮”（即中腹）的价值相对最低。

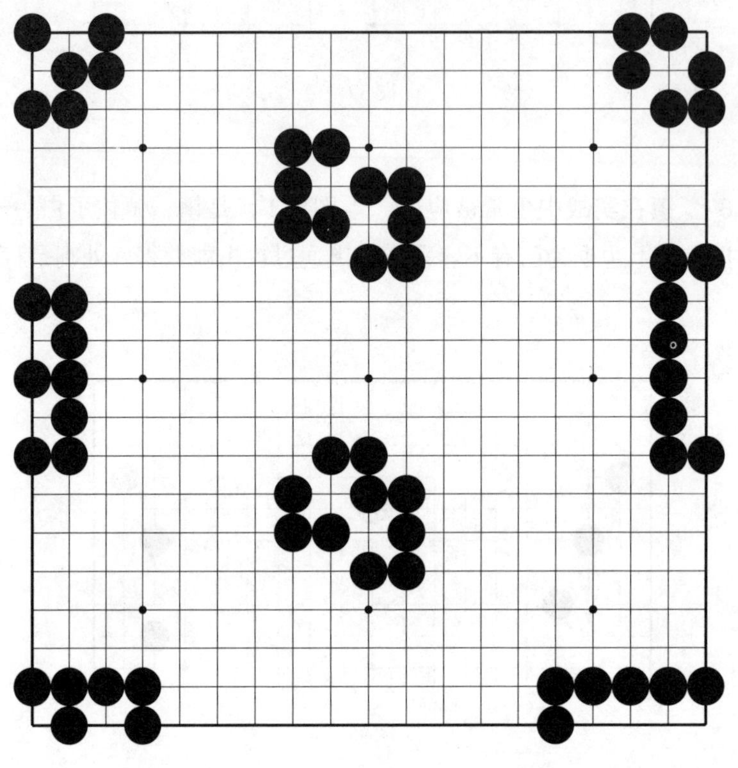

图1

图1　在角上摆出两只眼来只需要六个子，如本图中的四个角；在边上摆出两只眼来就需要八个子了，如本图中的两边；在中腹摆出两只眼来最少得十个子，如本图中中腹的两种摆法。

由此可见，角上做活最容易，边次之，而中腹做活最难。

围棋是围地的游戏，谁的地盘大，谁就赢了。地盘大小的计量单位是目，即每围起一个交叉点就算围住了1目。

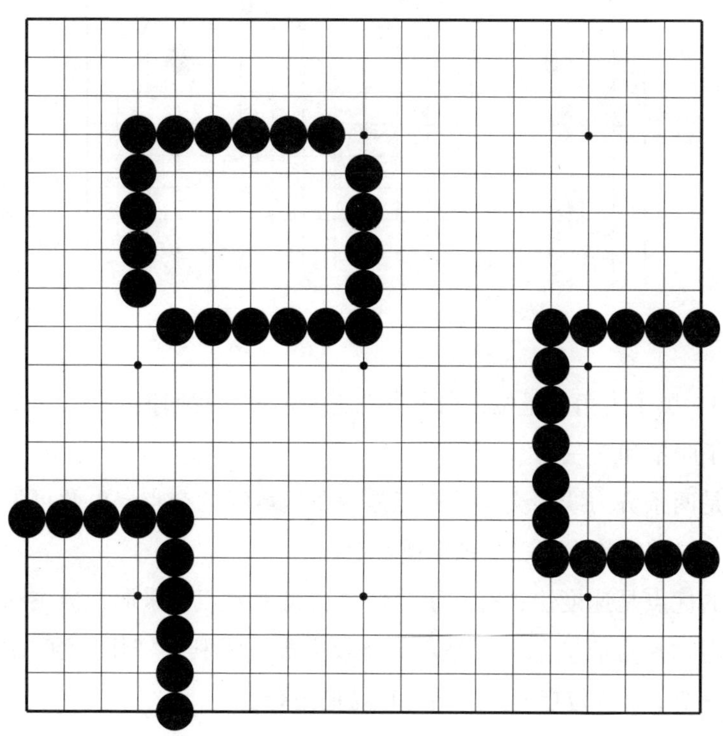

图2

图2　黑棋围了三块空，每块空都是20目棋。从中我们可以看到：角上围地最容易，围20目棋只需要十个子；边上围地也比较容易，围20目棋需要十五个子；而中腹围地就难了，围20目棋至少也得二十个子。

正是由于边角在建立根据地和围地方面所具有的优越性，所以自古以来就有“起手据边隅”的说法，说的就是在布局阶段，刚开始的几手棋总要下在边角上。

由于角的价值最大，所以开始几着双方总是各自占角，接着由角向边进而向中腹发展。边角的棋子大都下在三路线或四路线上。习惯上称三路线为地线或地域线，意思是重在取地；称四路线为势线或势力线，意思是重在取势。

一般来说，占角的位置包括五种，即星、三三、小目、目外和高目。

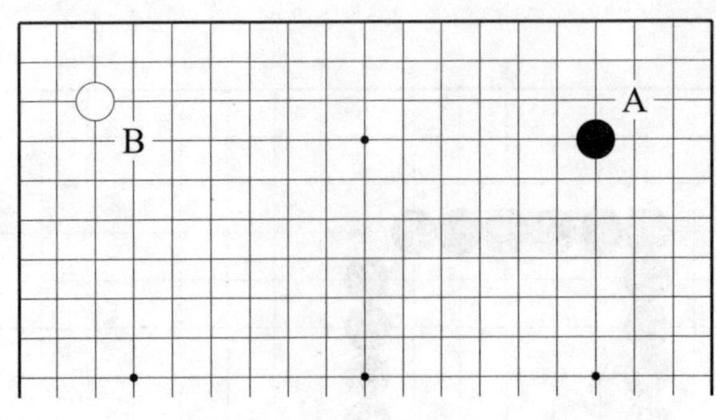

图3

图3　黑子占角上星位，白子占三三的位置，我们把一个角上的这样的第一个子叫星和三三。

星是两条势力线的交点，三三是两条地域线的交点，由此可见，从特点上讲，星偏于势力，三三则重视实地。

星的优点是速度快，有利于尽快抢占盘上要点，采取积极主动的模样作战。但占星也有缺陷，就是角部比较空虚，不利于守住角地。例如图3中，白只要下在A位点三三，便可轻易把角夺去。

三三的优点是一手棋确实占住了一个角。也就是说，三三一手棋便建立了根据地，它已是一块不怕对方来攻的活棋了。三三的缺点则是位置低，不利于扩展势力。仍如图3中，黑只要下在B位尖冲，白就会被压至低位。

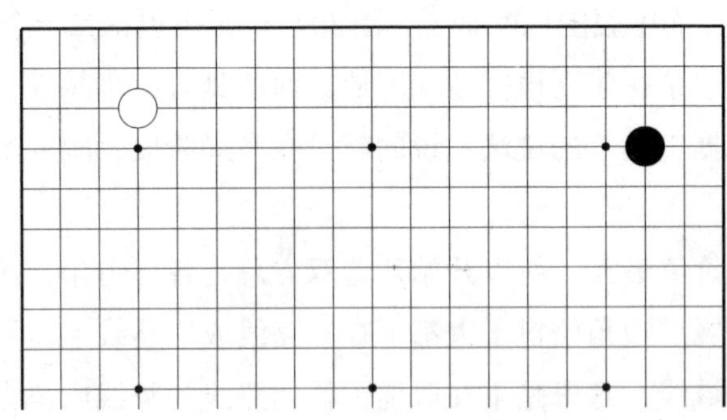

图4

图4　像黑子和白子这样的占角都叫小目。小目是地域线与势力线的交点，位置介于星与三三之间。小目既有取地的一面，又有取势的一面，但总的来看，更偏于实利。小目兼有星和三三的长处，又弥补了星与三三的缺陷，只是在步调上慢了一些。

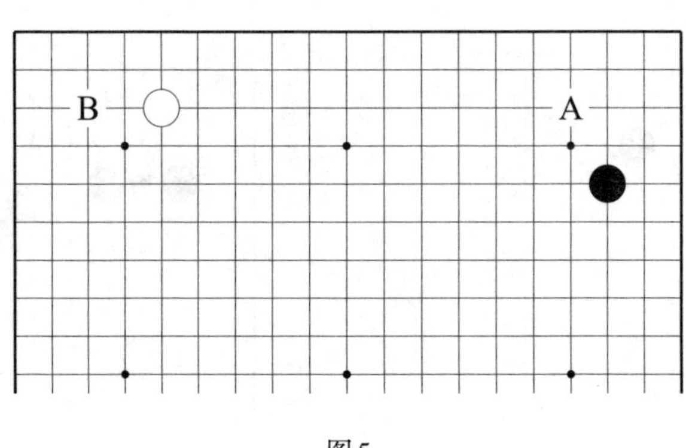

图5

图5　像黑子和白子这样的占角都叫目外。占据目外，有偏重势力和控制边的意图。目外具有富于变化的魅力，但在实地上却不如小目。图中的白子占A位或黑子占B位，都可抢夺角地。

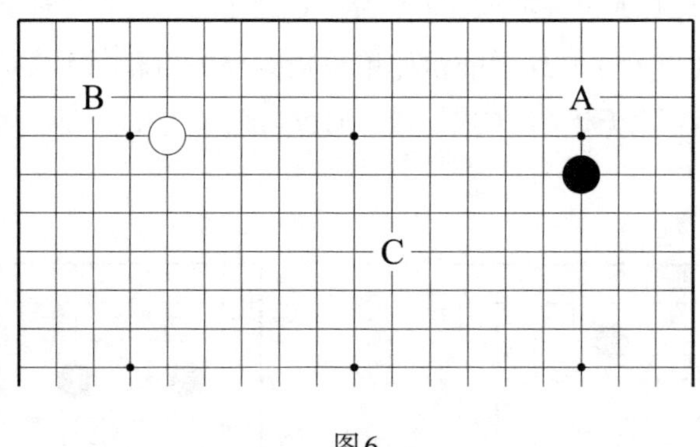

图6

图6　像黑子和白子这样的占角都叫高目。高目是四线和五线的交点，从其位置就可以看出，它把着眼点放在控制中央的形势上。高目有利于取势作战，但不利于实地。占高目后，角上仍很空虚，图中白子占A位或黑子占B位，即可抢夺角地。

除了三三能一手棋占住一个角之外，其他占角方式均不能做到这一点。因此，第一手占角之后，接着还需要守角。守角也称“缔角”，或简称“缔”。

鉴于角地的重要性，如果你不赶紧守角，对方可能马上就会来挂角。从理论上说，最急于守角和挂角的，应首推小目。

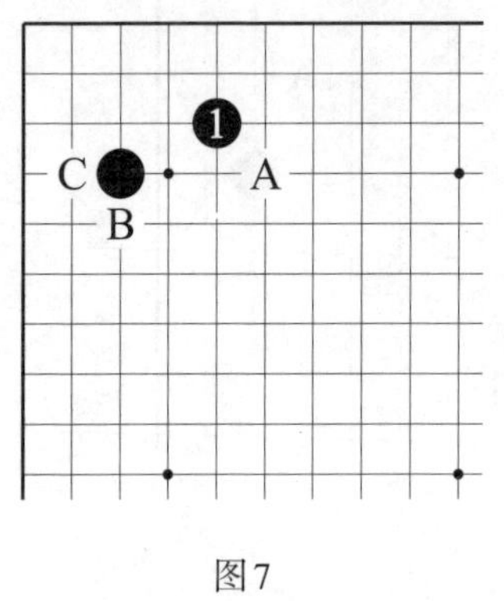

图7

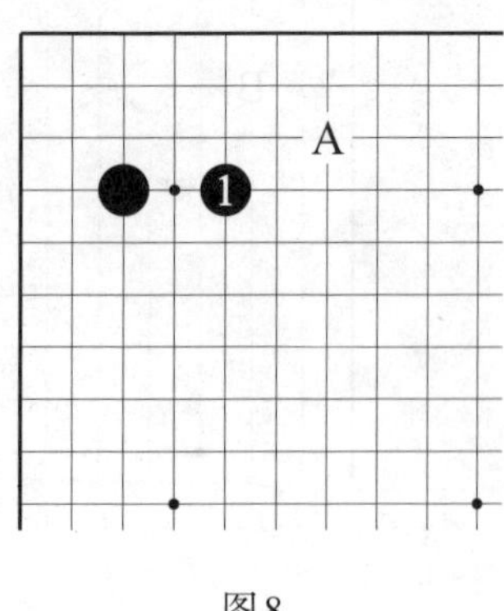

图8

图7　黑1小飞守角，使角地非常牢固，被称作无忧角。无忧角角地确实，喜欢采用这种守角方式的人很多。有这样的一个角地为根基，再加上向两边扩张的潜力，其价值可想而知。不过，近来也发现了它的一些小缺陷，即当白伺机在A位尖冲或在B位靠、C位托时，会有种种利用。

图8　黑1单关守，这样的角称单关角。单关角有利于发展势力，但在角地的牢固性上比无忧角略逊一筹。如以后白下A位，即可对角地构成一定威胁。

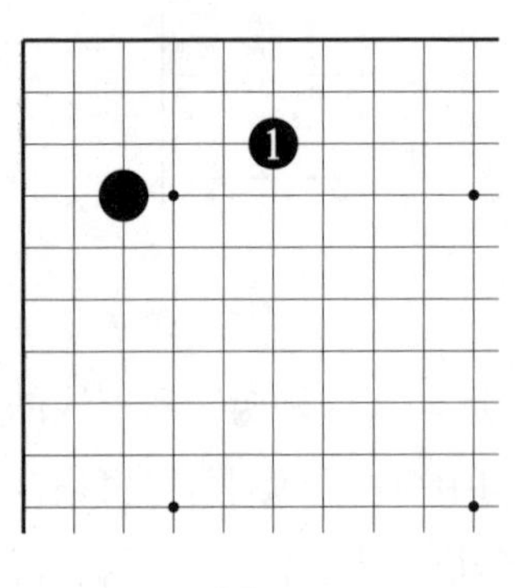

图9

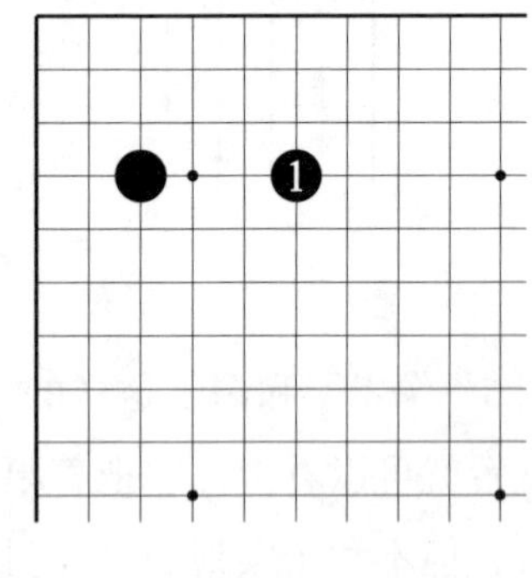

图10

图9　黑1大飞，也是小目守角的常见方式。大飞守角比无忧角多开一路，对于控制边较为有利，但角地相对无忧角却略显空虚。

图10　现在的黑1比大飞高一路，则为大关守角，也可称大跳守角或二间跳守角。过去，以这种方式守角的较少，一般认为在取势为主或照顾周围子力配合的情况下才采用。但随着人工智能下棋方法的出现，人类棋手开始大量模仿，喜欢这样守角的也越来越多了。

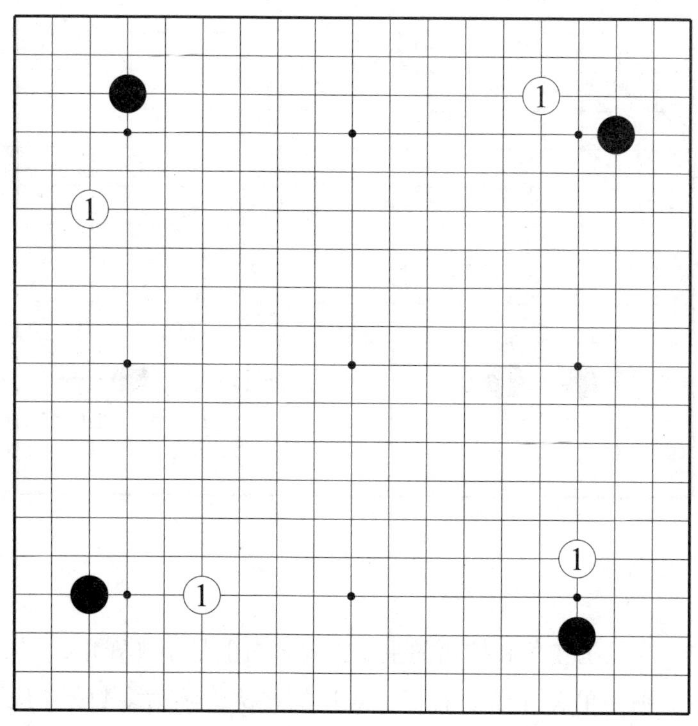

图11

图11　这是白棋对小目的四种挂法，挂角的点和守角的点实际上是同一个。右上小飞挂和左上大飞挂都是低挂，低挂较重视实地；右下一间高挂和左下二间高挂则较偏重势力。这几种挂法都很流行。

守角是要守住自己的角地，挂角则是要侵分对方的角地，守角和挂角都是非常大的棋。

但这并不是说，只有小目守角重要，采用其他方式占角后就不需要守角了。

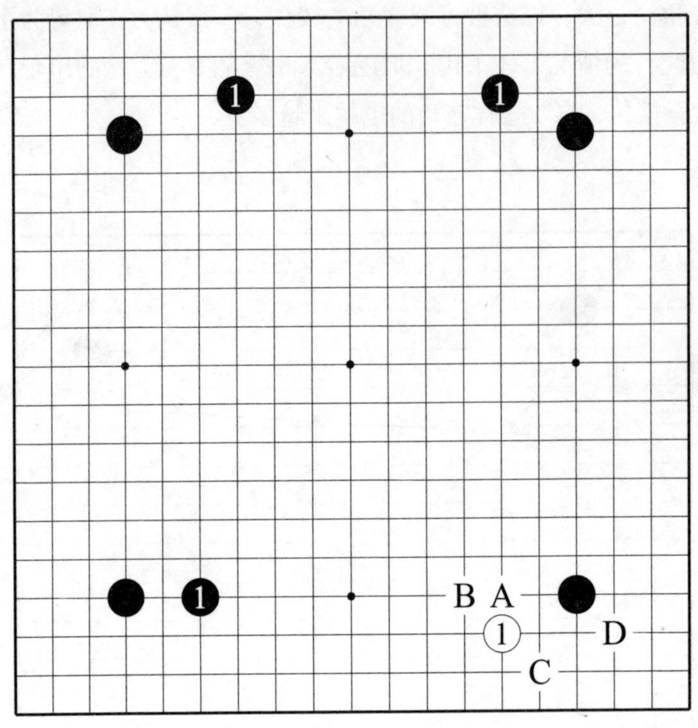

图12

图12　这是星守角和挂角的主要方式。右上是小飞守角，左上是大飞守角，左下则为单关守角。右下是对星的挂法，绝大多数是1位小飞挂，为了照顾势力时可在A位甚至B位挂，特殊情况下可选择C位挂，眼下还流行直接在D位点角。

图13　占目外后，再黑1小飞守，也是一个无忧角。黑1也可改在A位大围，甚至改在B位追求更大的气势，这样下无非是把目标着重放在追求外势上。挂目外的点，则多在1位、A位或C位。

图14　占高目后，再黑1跳下守，成了一个单关角。黑1也可改下A位，把角地守得更结实。黑1还可改下B位甚至C位，强调外势作战。挂高目的点，则多在1位或A位。

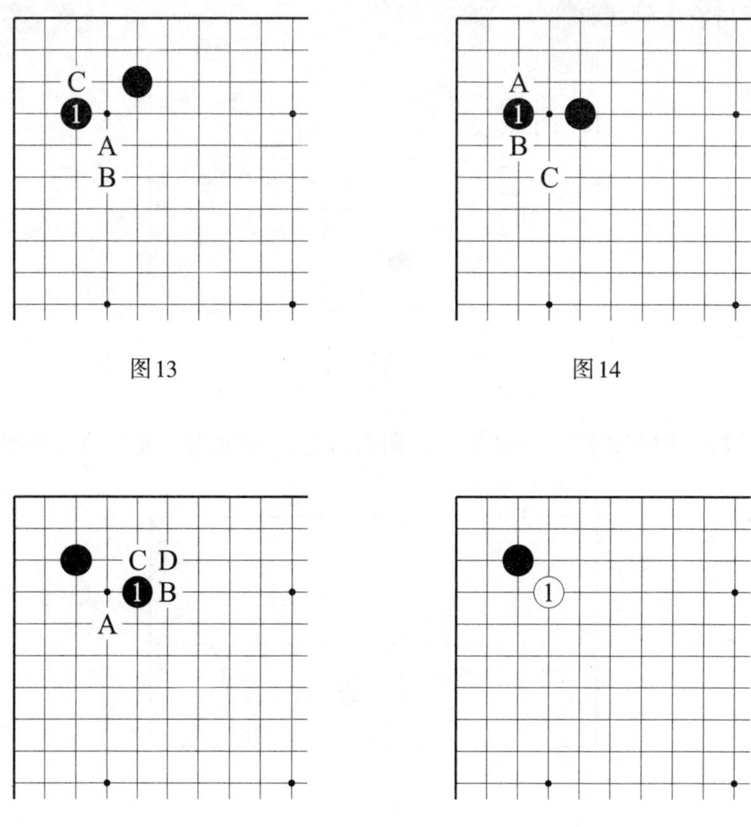

图13　图14

图15　图16

图15　对三三而言，其补角意图，多是将原本处于低位的棋子加高。三三守角有一个与星位守角一样的特点，就是要讲究守角的方向。本图除1位外，还可考虑A位小飞的方向。黑1若宽一路在B位大飞，则步调更快一些，自然有利于对边的控制，但结实程度不如小飞。挂三三的点，包括1位和B位，还包括C位甚至D位。

图16　但对三三最普遍的挂法是白1尖冲，非要把黑棋彻底压低不可。

占角、守角和挂角，都各有不同的方式。不能说因选择的方式不同，其价值就有大小之分，只能说它们各有特点、各有利弊。不管哪一种方式，都要看你运用是否得法。关键是要根据棋手的不同风格，特别是要根据全盘的子力配置，来灵活地进行选择。

在边上建立根据地离不开拆边。拆的幅度多大为合适，取决于二者间能否保持有效的联络。

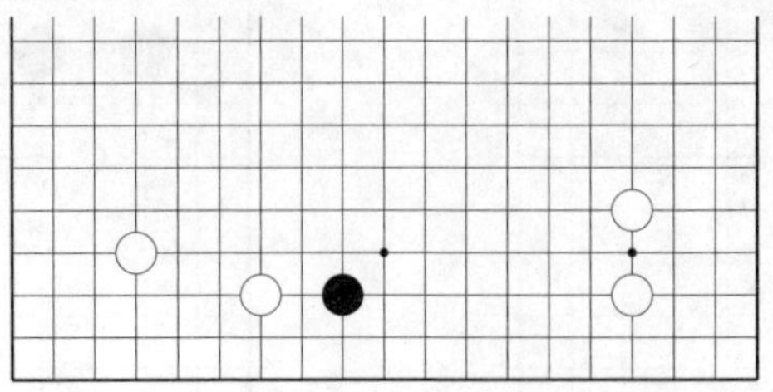

图17

图17　现在，黑一子必须马上向右拆边，这是建立根据地的需要。

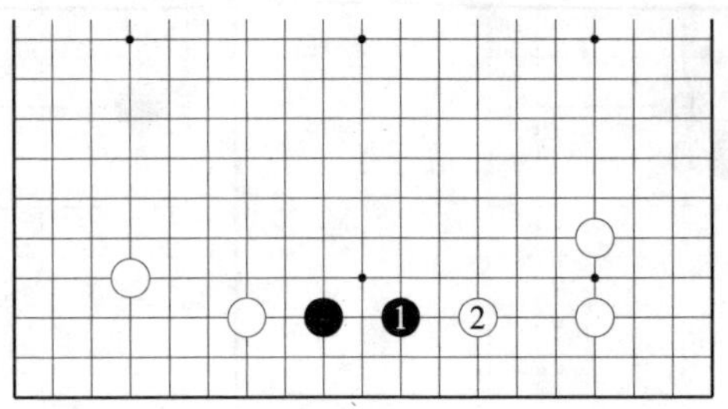

图18

图18　本图黑1谓拆一。拆一的两子虽然联系紧密，但拆幅过窄，被白2一拦，黑顿感局促。

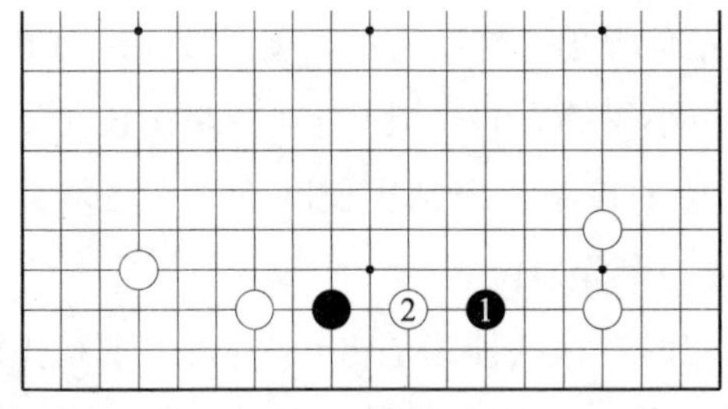

图19

图19　本图黑1谓拆三。拆三后中间空隙又过大，被白2打入，黑左右就可能被分断。

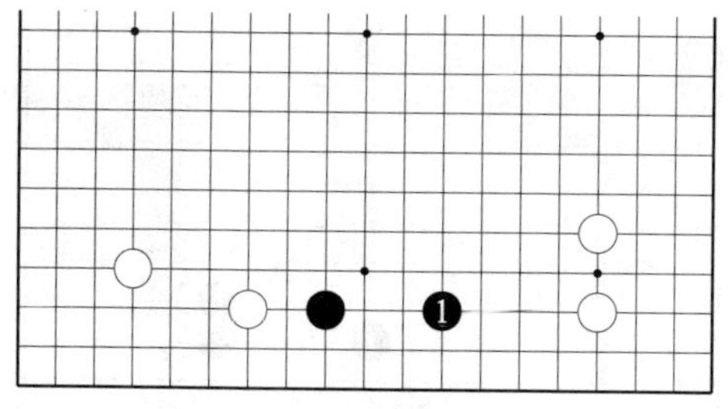

图20

图20　黑1拆二才是适宜的，不大不小正合适。

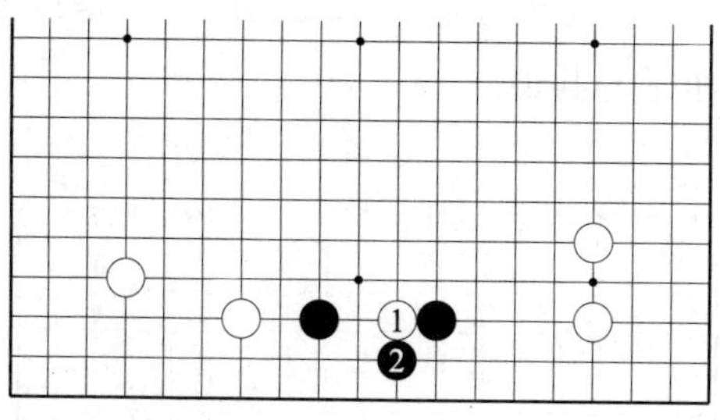

图21

图21　为什么拆二正合适呢？因为这是保持有效联络的最大幅度。白1试图分断，黑2在二路扳就连通了。

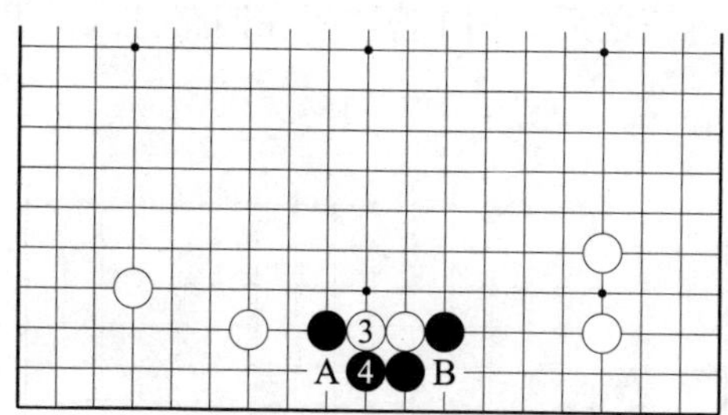

图22

图22　接上图，若白3横顶一个，黑4从二路挡即可，A位和B位白都无法进来分断。白3若改在4位扳下，则黑4在3位断打，黑亦平安无事。

拆边有高拆、低拆之分，为建立根据地的拆边多数在三路上，在四路的拆则为高拆。

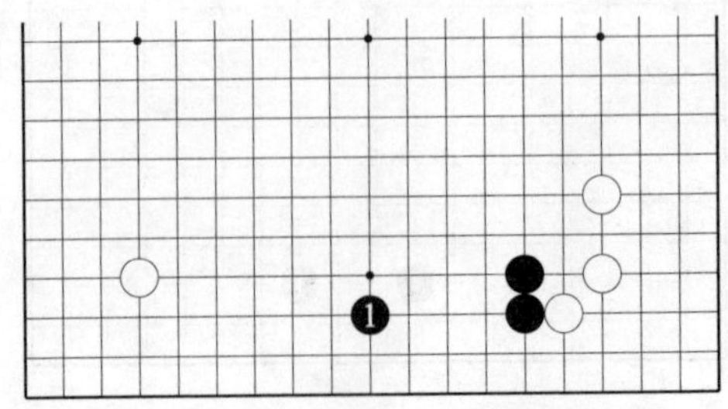

图23

图23　现在情况不一样了，黑1是以两子为背景开拆，右侧的这样两个子叫“立二”，立二拆三正合适。“立二拆三”，是自古以来便流传的棋诀，至今仍是现代棋手的共识。

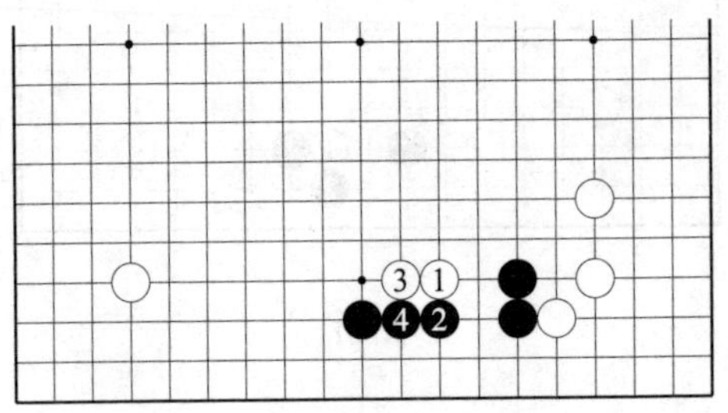

图24

图24　黑立二拆三之后，白1若选择在四路打入，黑2、4可从三路安全地托过。

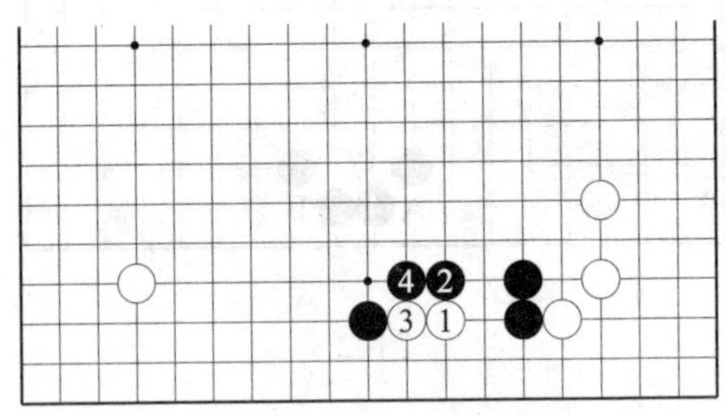

图25

图25　白1若选择在三路打入，黑2、4可在四路压过，黑把白棋压至低位转为取势。

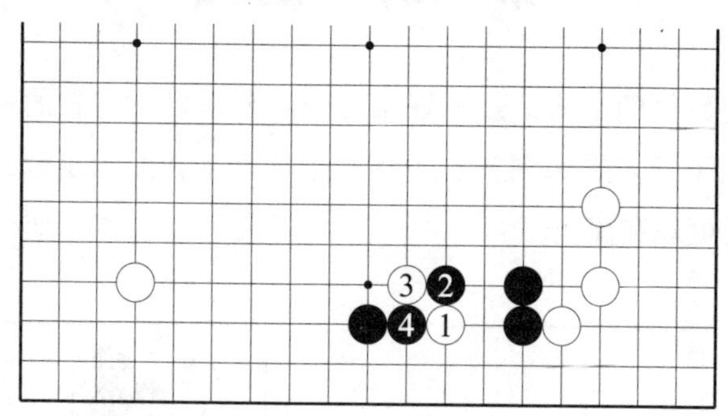

图26

图26　黑2压时，白3若强扳，黑4断即可。由此可见，立二拆三的拆边方式是可以保持黑子之间的有效联络的。

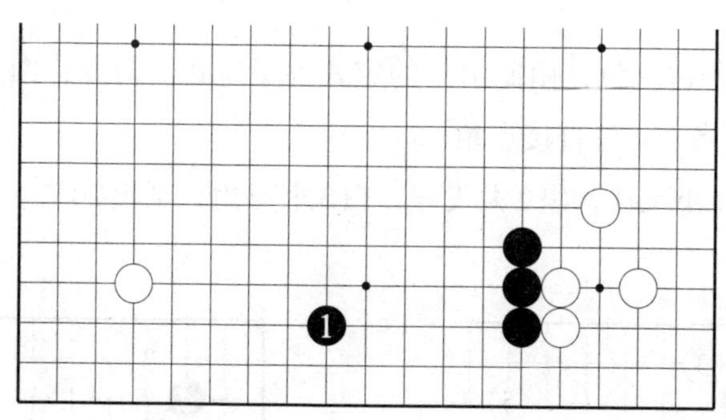

图27

图27　这次黑1拆四才合理，因为此时右侧立成一排的黑子已不是两个，而是三个，这叫“立三拆四”。

立二拆三、立三拆四，都是建立在有效联络基础上的最大开拆幅度。这种在边上建立根据地的行棋方法，使我们看到了如何恰如其分地处理结实和效率二者之间关系的范例。

第八讲　定式

掌握一定数量的定式，是下好布局的必要基础。定式的种类和数量极多，至今仍在不断发展和创新。尤其是随着人工智能的出现，促进人类的认识也在不断更新和深入。

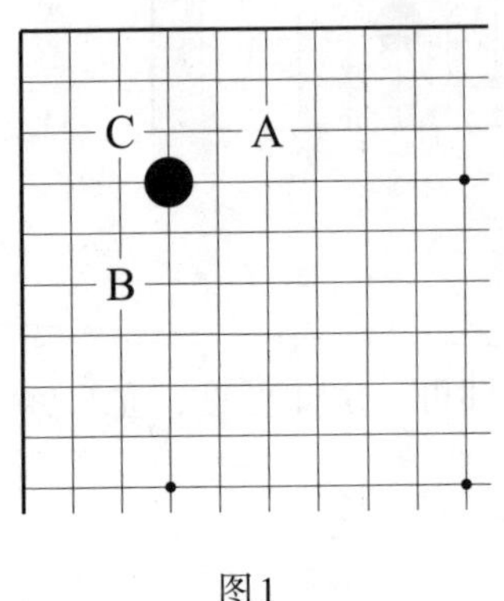

图1

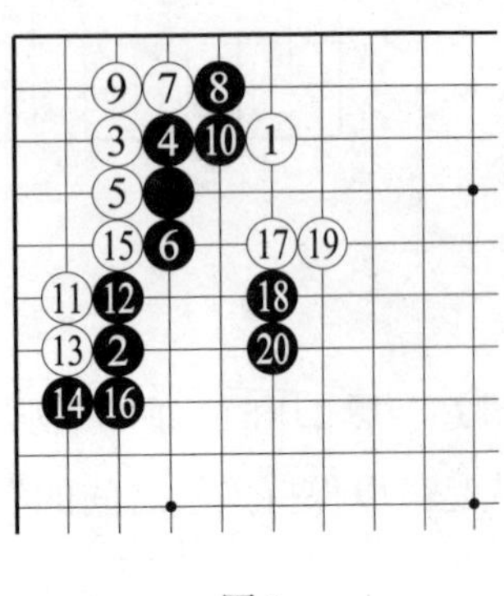

图2

图1　黑子占星位，由此引出的定式称星定式。对此，白多在A位或B位小飞挂，或者在C位直接点角。

图2　白1小飞挂，黑2大飞守，白3来点角，至黑20告一段落。

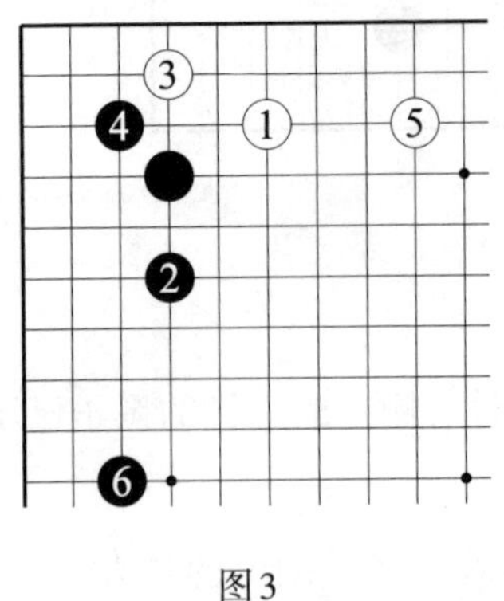

图3

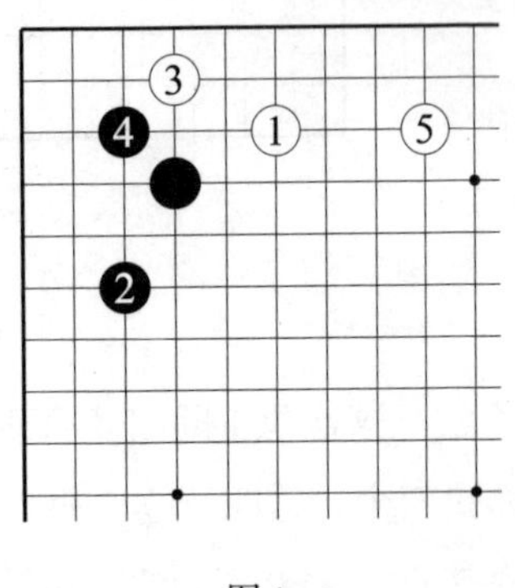

图4

图3　白1小飞挂，黑2单关守，至黑6告一段落。

图4　白1小飞挂，黑2小飞守，至白5告一段落。

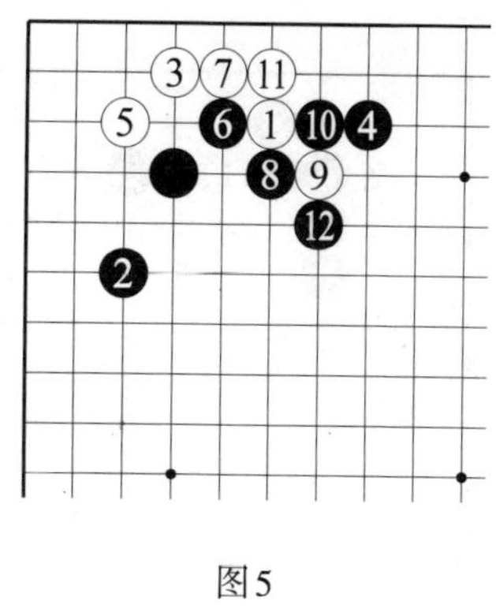

图5

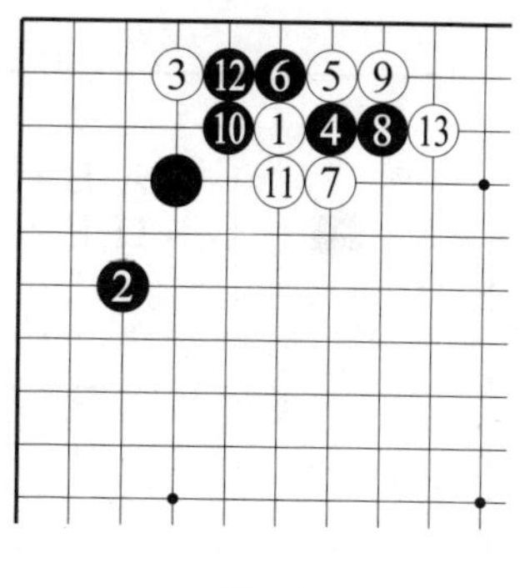

图6

图5　当白3飞时，黑4不守角而夹攻，也是一种选择。黑4的夹攻，多是以发展上边和扩张外势为目的。此后白5进角，至黑12告一段落。但黑棋这样下是有前提条件的，即黑12须征子有利。

图6　白3飞时，黑4还可能来碰。至白13双方形成转换，黑得到一个大角，白则获得厚势，但黑角里的白3这个子仍有活动的余味。白棋这样下也有前提条件，那就是征子对白棋有利。

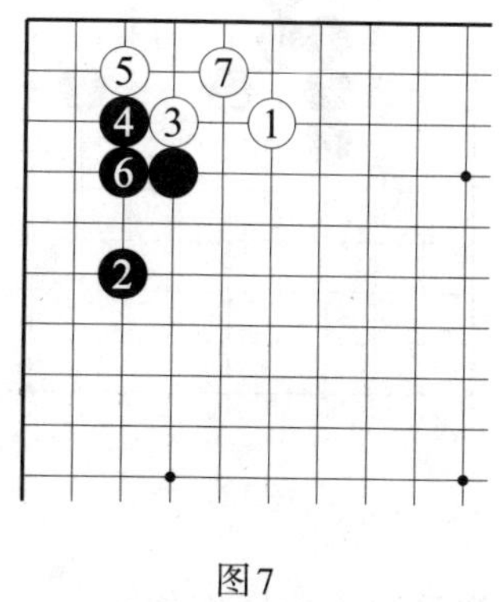

图7

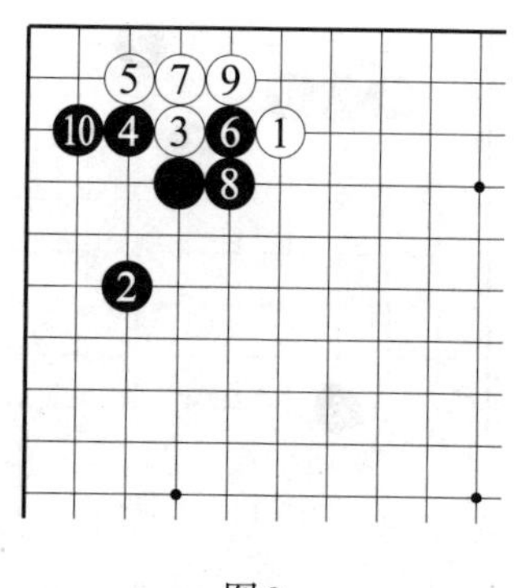

图8

图7　黑2小飞时，眼下时兴白3托，接着黑4扳，白5则反扳。黑6若简单接上，白7只需虎补，双方相安无事。

图8　白5反扳时，黑6也可打上去，至黑10告一段落。过程中，黑8也可不接而于9位挡下，则成另一种格局。

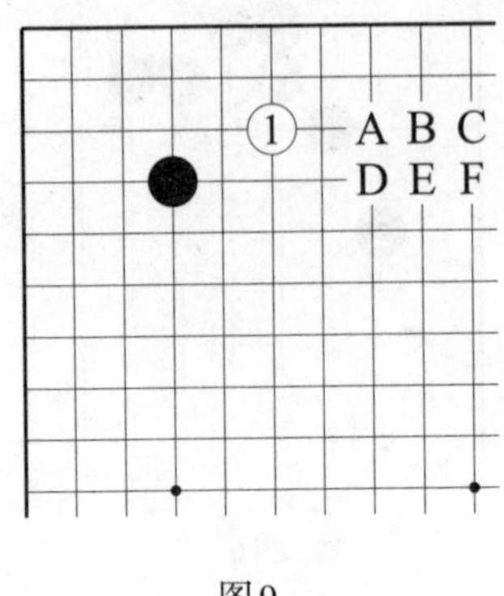

图9

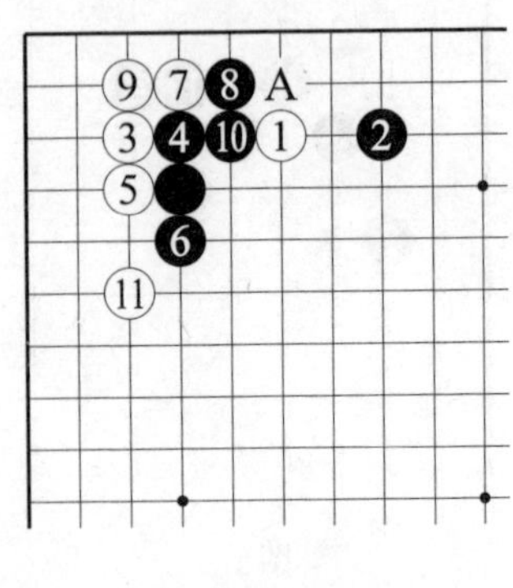

图10

图9　对付白1挂角，黑除了自身守角之外，还可以采用夹攻的下法，而且夹攻的姿态显得更为积极。夹攻的方式多种多样，如A、B、C位的低夹和D、E、F位的高夹，还分为一间夹、二间夹和三间夹。

图10　黑2一间低夹，白3多点角转身，这是最普通的下法。之中黑10这手棋，现在很多棋手愿改下在A位。

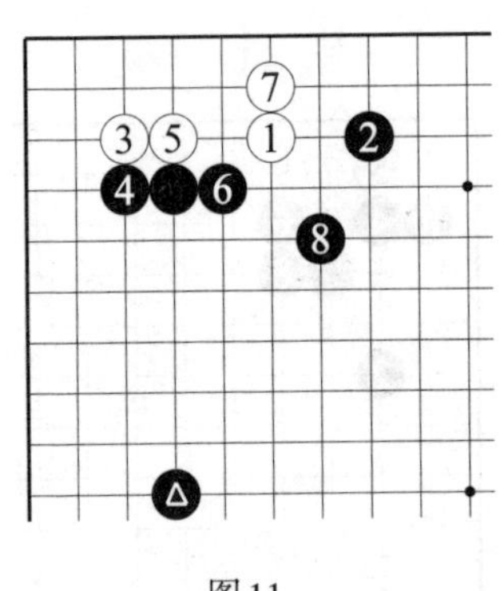

图11

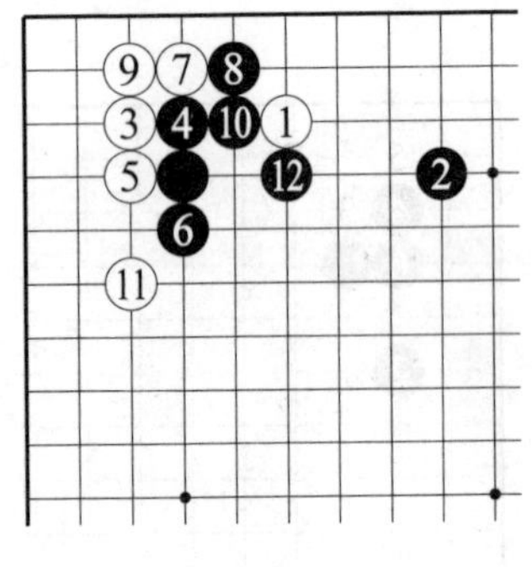

图12

图11　在有△子配置下，尤其当黑希望采用大模样作战时，面对白3的点角，黑4就应换个方向如本图这样挡了。以下至黑8飞封，虽让白先手得角，但黑势相当可观。

图12　黑2二间高夹，白3照样可以点角转身，以下至白11必然。白11之后，黑12补是本手，黑12也可不补而抢占其他要点。

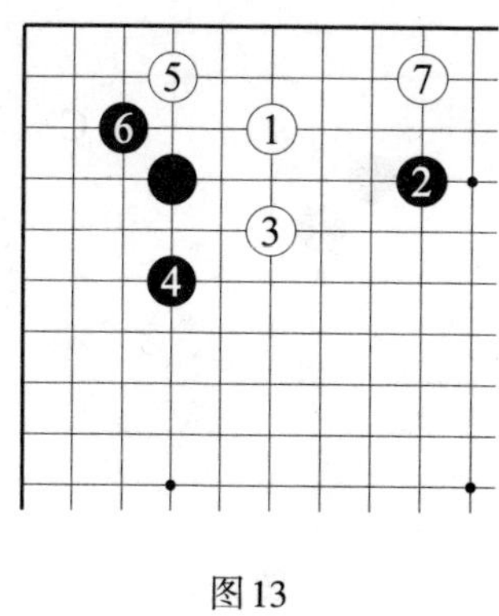

图13

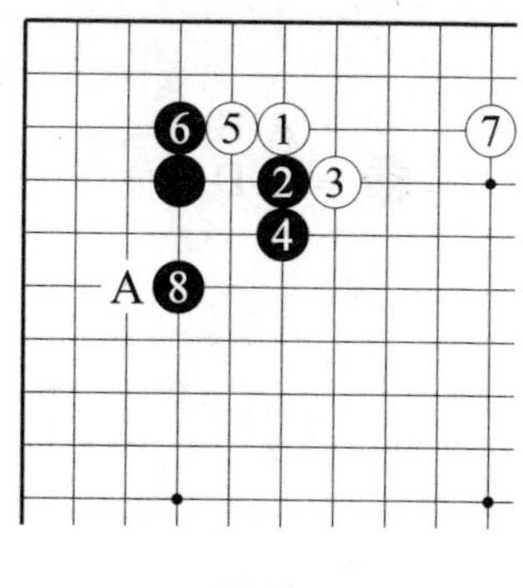

图14

图13　白3关出，也是定式之一型。黑4不可省，若被白在4位飞封，黑受不了。以后白5、7两飞，就地生根。

图14　白1飞挂时，黑除了自守和夹攻之外，黑2还可以靠压，这种下法又称“倚盖“。本图是靠压定式（倚盖定式）中最普通的下法。其中，黑4也可改下在5位虎，黑8也可改下在A位补。

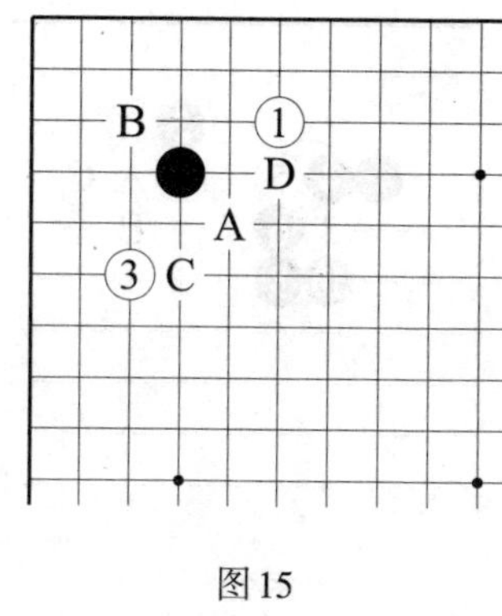

图15

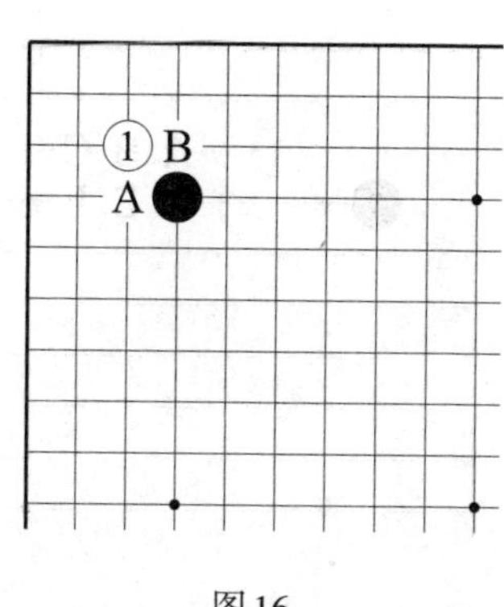

图16

图15　白1挂后，有时黑2可以不应而他投，于是白3从另侧再小飞挂，这种棋形叫“双飞燕”。此时，黑若A位尖出，白就B位点角；黑若B位尖守，白就A位飞封。更为常见的，是黑选择C位或D位从一侧压出，另有很多变化。

图16　很多人喜欢白1直接在三三点角，则黑选择A或B位从一侧挡，总是黑A挡白就B位长，黑B挡白就A位长。

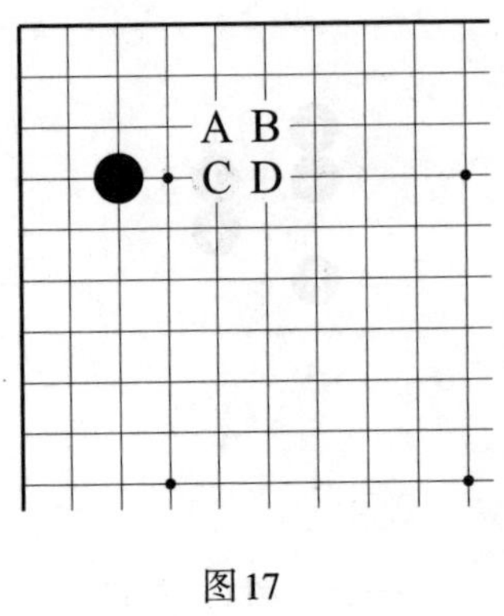

图17

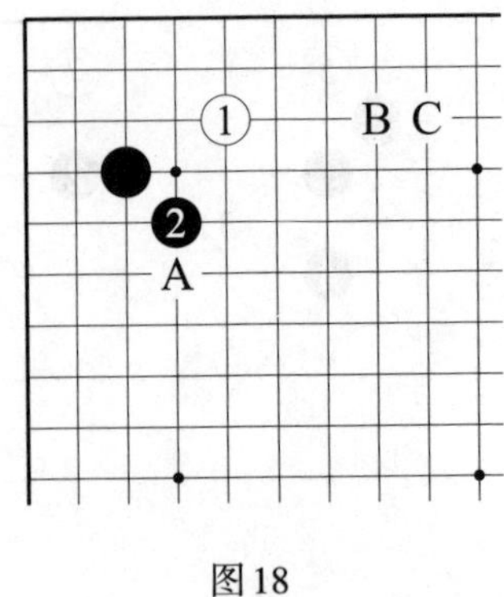

图18

图17　黑子占小目，由此引出的定式称小目定式。对小目的挂角分低挂和高挂，A和B位是低挂，C和D位是高挂。

图18　白1小飞挂，黑2小尖应，黑2这手棋也可宽一路在A位飞。这样的应法很坚实，很多棋手都喜欢这样下。之后白多会在B位或C位拆，从而在边上建立根据地。

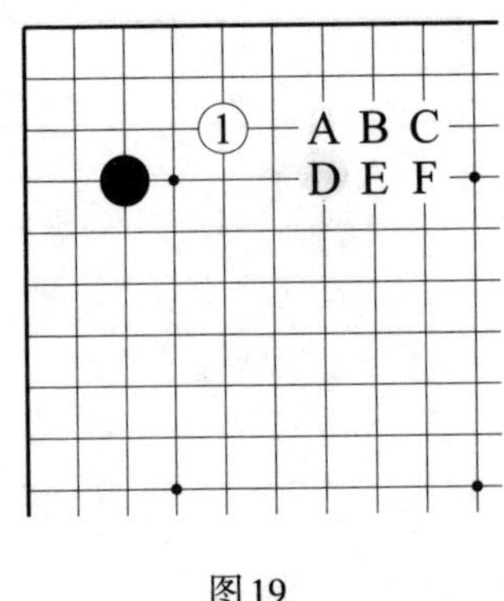

图19

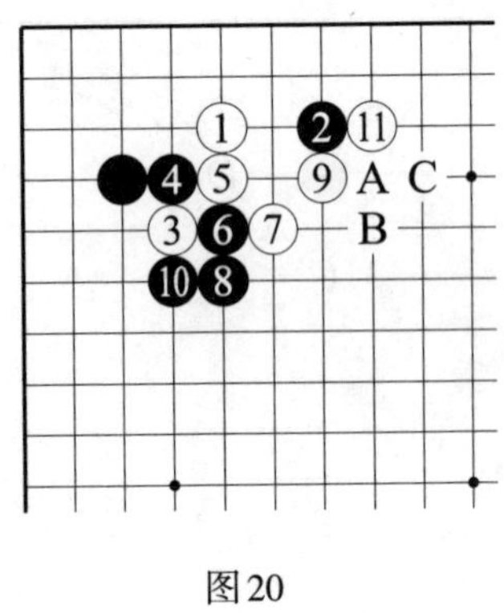

图20

图19　与占星位后对付小飞挂一样，小目对小飞挂也常采用夹攻，并且也有A、B、C位的低夹和D、E、F位的高夹之分。

图20　如黑2一间低夹，白3如图飞压，黑4、6冲断为常见下法。至白11，可谓两分。若黑不甘于本图这样平和，黑10也可改在图中A位扳，则白B位虎，黑C位长，变化将十分复杂。

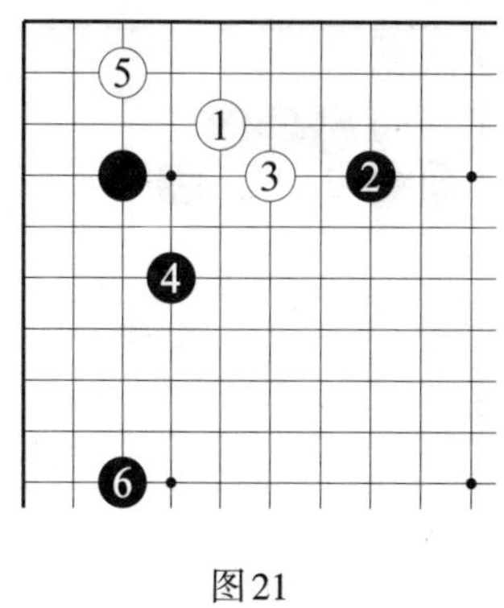

图21

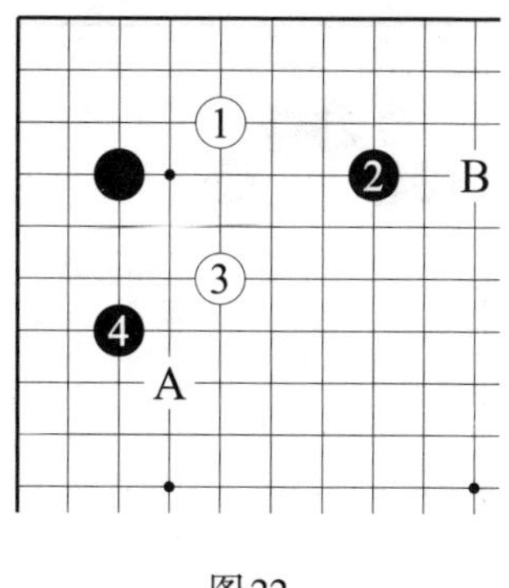

图22

图21　又如黑2二间高夹，双方至黑6，是常见的棋形。

图22　对二间高夹，白3可二间跳出，对此，黑4拆二最为普通。其后，白可继续走A位飞既压低对方又扩张自身，也可立即走B位反夹，或者干脆在此处脱先。

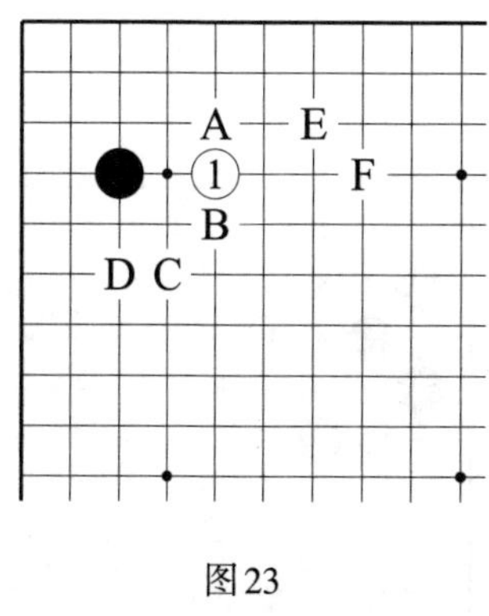

图23

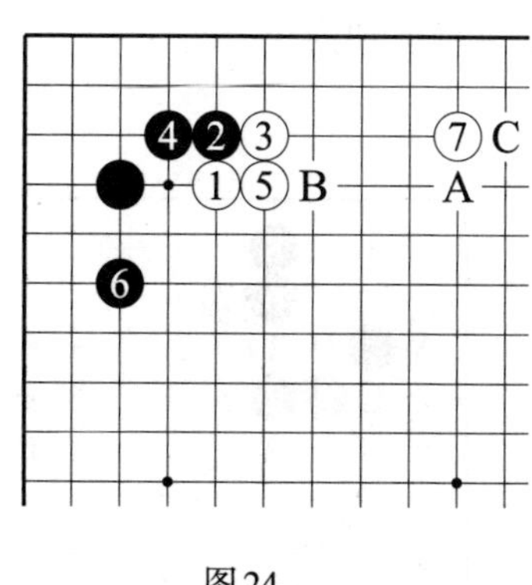

图24

图23　现在白1是一间高挂。对付白1，黑的应法很多，包括A位下托、B位上靠、C位飞、D位跳，也可以采用夹攻的下法，例如E位的一间低夹和F位的二间高夹。

图24　本图展示的是黑2、4托退的基本定式。白7遵循的是“立二拆三”的拆边口诀，也可高一路拆在A位。另外，白5可改在B位虎，于是白7可随之远一路在C位拆。

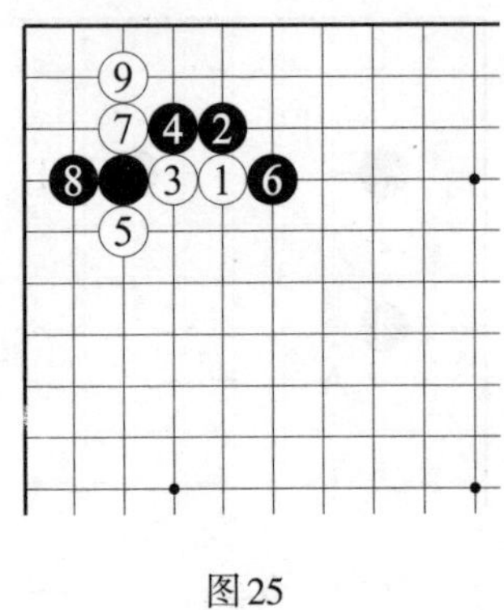

图25

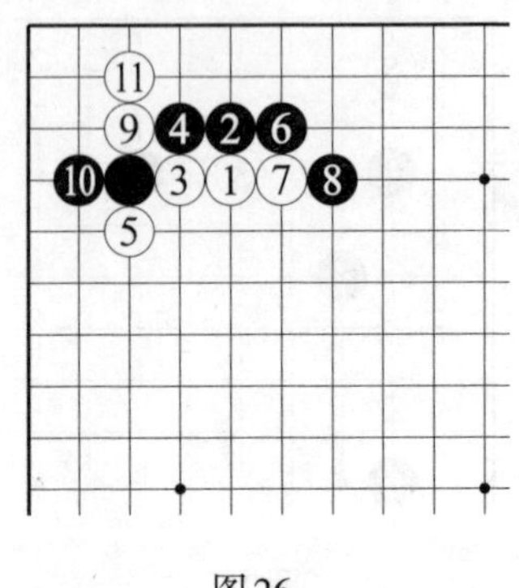

图26

图25　黑2托后，白3顶也是一法，以下至白9，演变成非常复杂的“小雪崩”定式。

图26　黑6多长一手，然后黑8扳，至白11，则演变成非常复杂的“大雪崩”定式。

关于“小雪崩”和“大雪崩”的变化，想用三言两语说个大概都难，这里只能点到为止。

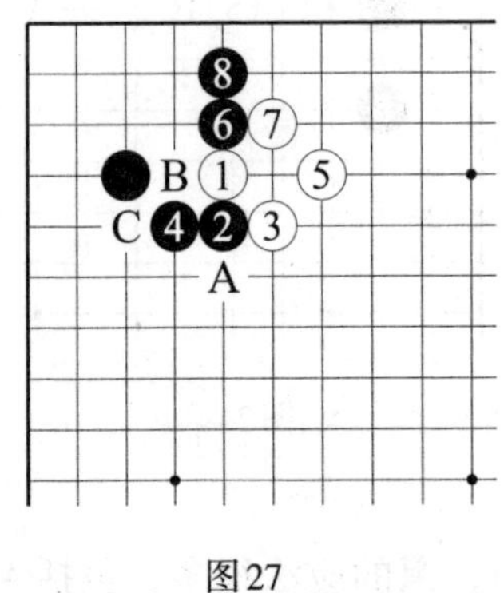

图27

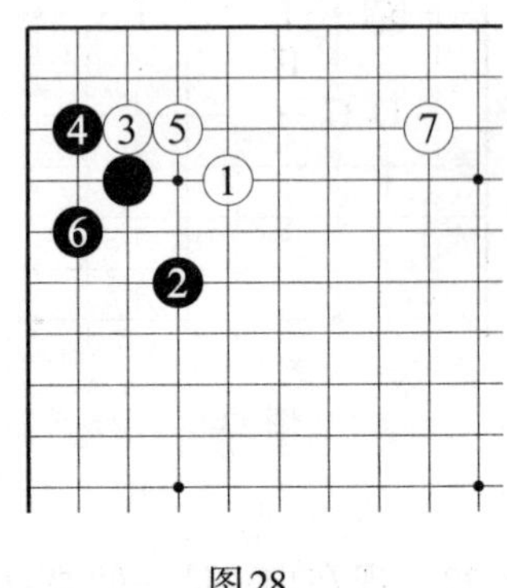

图28

图27　对白1高挂，黑2还可上靠。至黑8，黑控制住角地。当黑希望围左边时，黑4可改在A位长，以下白B、黑C，成另一格局。

图28　对白1高挂，黑2飞应也是一法。至白7拆，双方各占一边，黑简洁地先手告一段落。其中，白7视情况也可少拆一路。

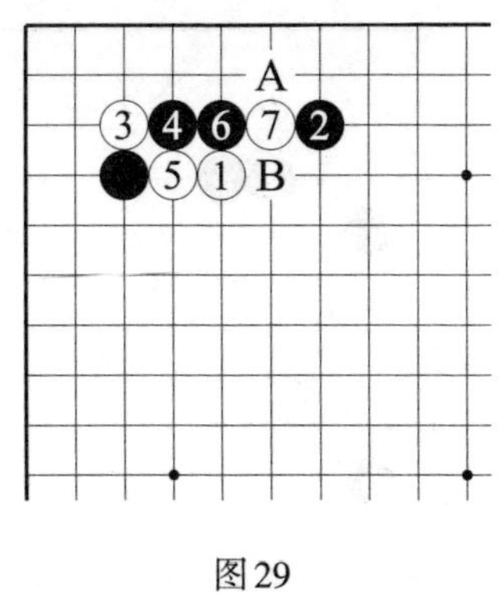

图29

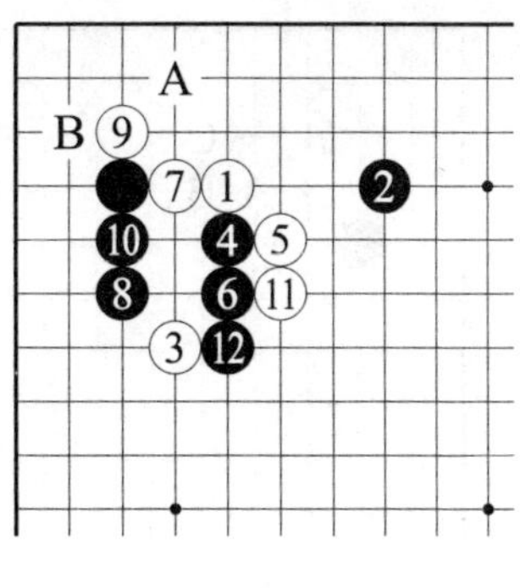

图30

图29　对白1高挂，黑采用夹攻的下法是另一定式类型。黑2是一间低夹，如至白7挖时，黑可A位下打或B位上打，各有不同变化。

图30　黑2是二间高夹，若白3大飞罩，便走成了富于变化的“妖刀”定式。不妨把本图视为诸多变例的主型，黑12之后，白或在A位虎，或在B位立下，各有不同演变，且与征子关系相关。

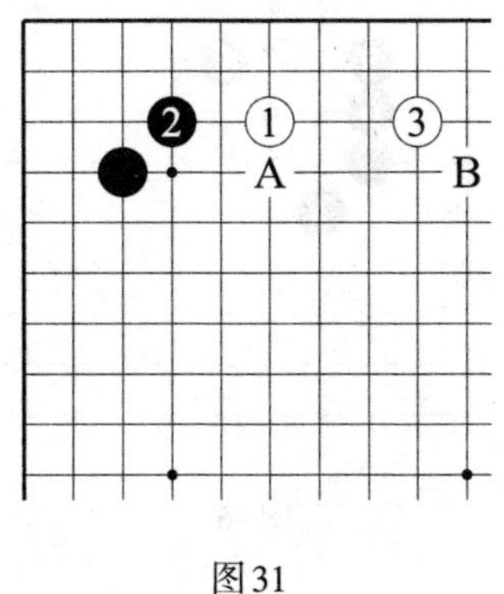

图31

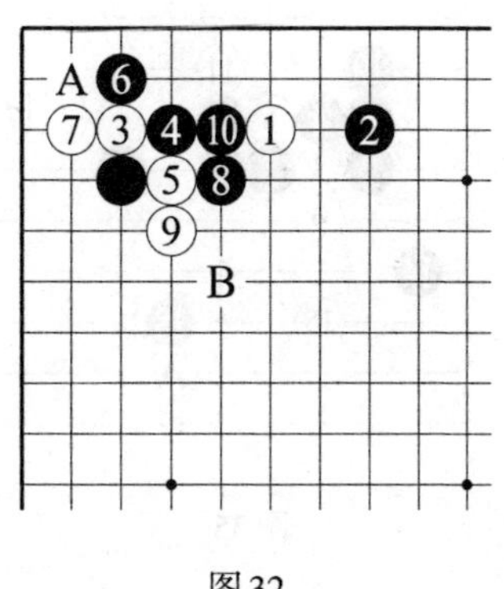

图32

图31　低挂除小飞挂外，还有大飞挂。白1就是大飞挂，大飞挂显得从容不迫。白1若高一路在A位挂，则为二间高挂，二间高挂也常能见到。对大飞挂，黑2尖守角，白3则拆二或在B位拆，双方相对平和。

图32　对大飞挂，也可黑2一间低夹，以下至黑10，双方形成转换。之后，白多在A位拐，黑则在B位跳封。

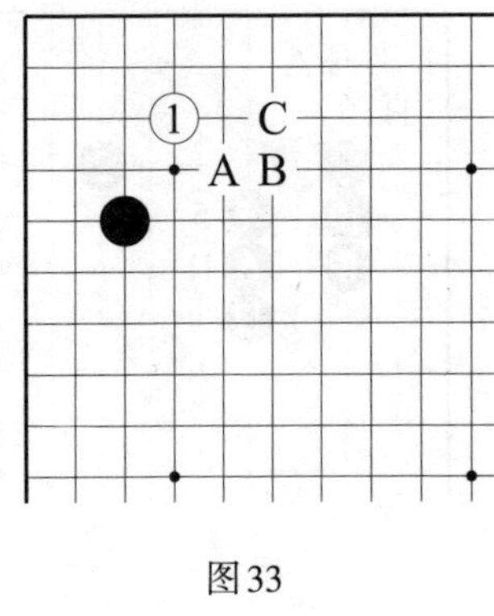

图33

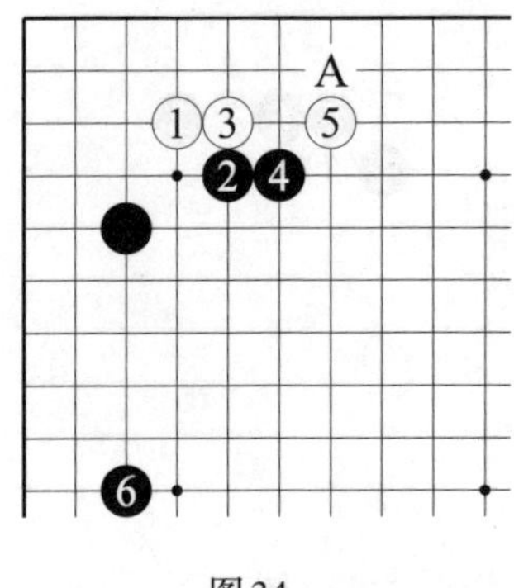

图34

图33　黑子占目外，由此引出的定式称目外定式。对目外，白1通常都是在小目位置上挂。对此，黑可走A位飞压、B位飞罩或C位夹攻。

图34　黑2飞压时，白大多在三路爬，至黑6大拆，黑取势，白取地。现在有些棋手，愿把白5跳出改为在A位飞。

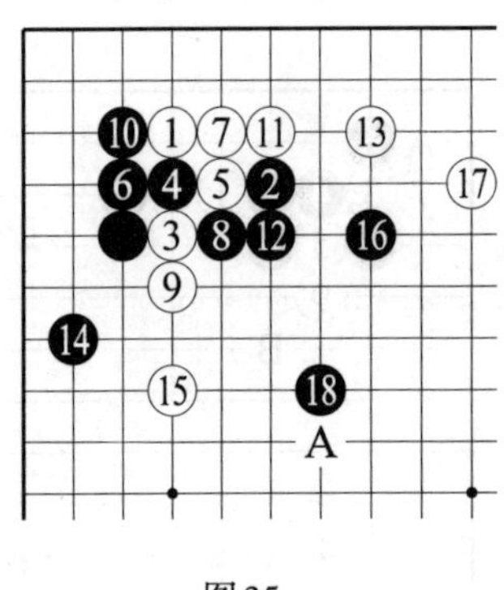

图35

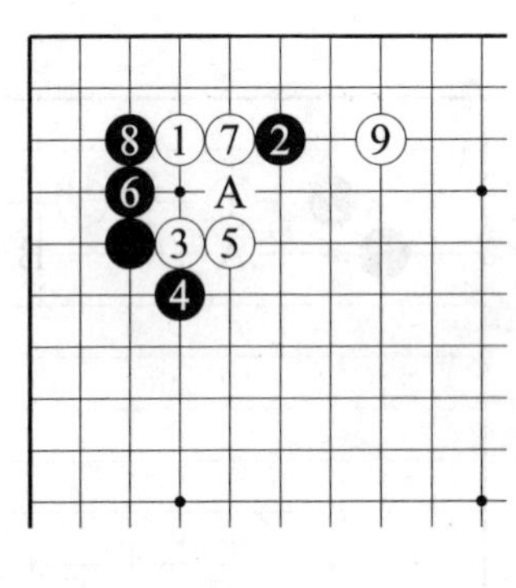

图36

图35　黑2大飞罩，变化就更多了。白3压出，黑4挖，走成了“大斜”定式。“大斜”究竟有多少变例，谁也难说清楚。人们只知道有“大斜百变”的习惯说法，可见其变化之多。可把本图看作是“大斜”定式的基本型，图中的黑18也有远一路下在A位的。

图36　黑2夹攻也是一法。白3同样可以压出，至白9，黑舍弃黑2一子而先手占角。白3也可改下A位，另有许多变化。

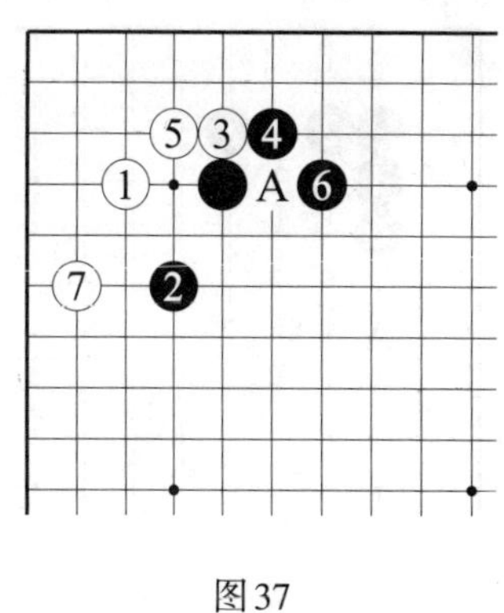

图37

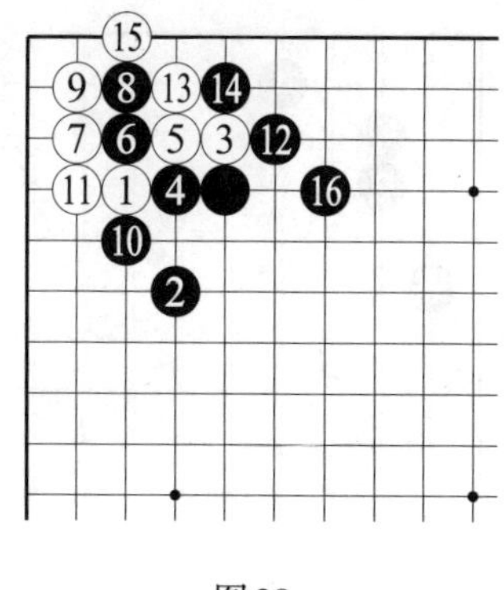

图38

图37　黑子占高目，由此引出的定式称高目定式。对高目，白1通常也是在小目位置上挂。对此，黑2飞是取势下法，白3则托角。白7飞很大，但当别处更急时，这手棋可不走。过程中，黑6或在A位粘。

图38　当白3托时，黑4可顶，然后6断、8长，是连贯的下法。至黑16，黑运用弃子战术，把外势走得更加强大。

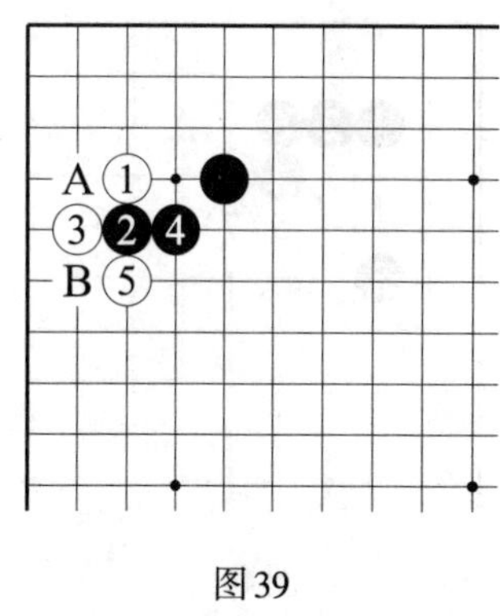

图39

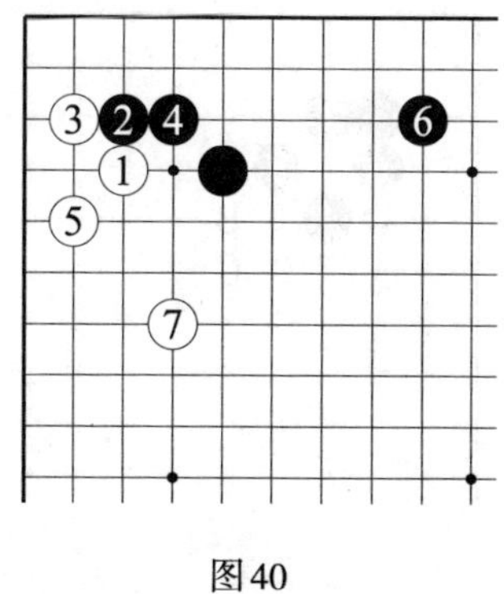

图40

图39　黑2外靠也是一法。对此，白3总是扳，黑4则拉回一子。白5扳起后，倘若黑在A位或B位断，白就二路打吃掉首先来断的黑子。白5这手棋，也可改在B位长出。

图40　黑2内托又是一法，于是黑高目转为重在取地。至白7，双方各围一侧，均无不满。

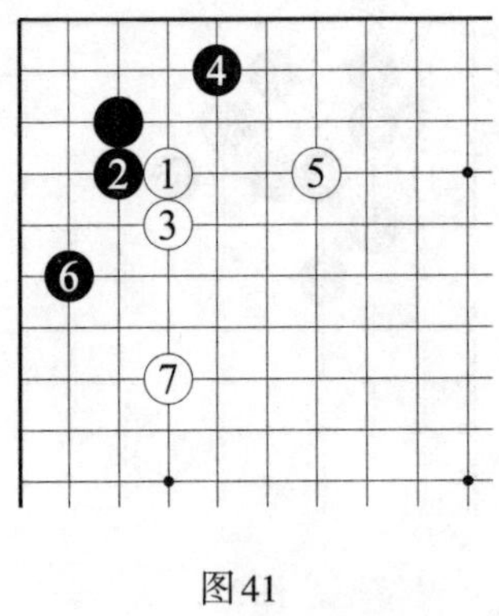

图41

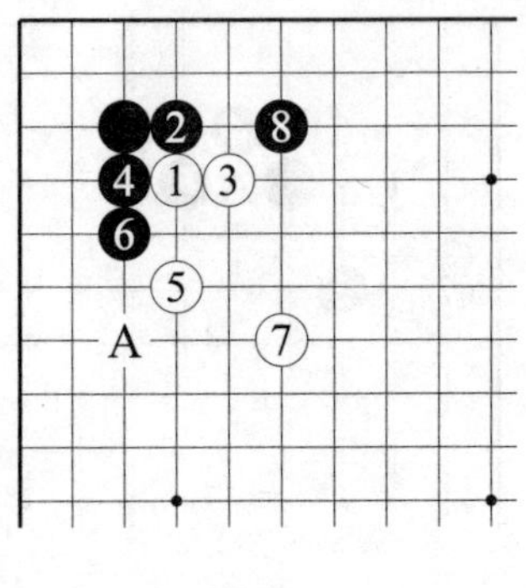

图42

图41　黑子占三三，由此引出的定式称三三定式。对三三，白1尖冲最为普遍。黑2总是要长的，但从左边长还是从右边长就要根据周围情况来定。至白7，黑一心一意取地，白则全心全意取势。

图42　黑4不飞而曲，也常能看到。至黑8跳出，双方仍然是平分秋色。根据周围子力情况，黑8也可选择A位跳。

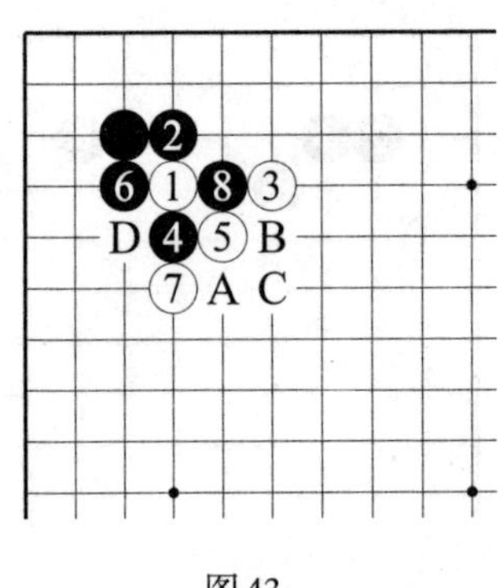

图43

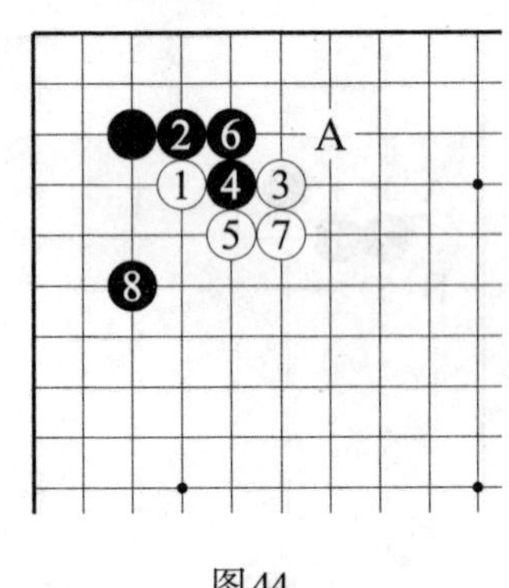

图44

图43　当黑2向一侧长时，白3跳也常被采用。接下来黑4若夹，白5就虎。黑8提后，白可视情况需要，决定是A位或B位接还是C位双虎。过程中，黑6也可改在D位立。

图44　黑4、6挖接，不失为对付白3跳的有力下法，至黑8告一段落。黑8也可选择从A位跳出。

练习题

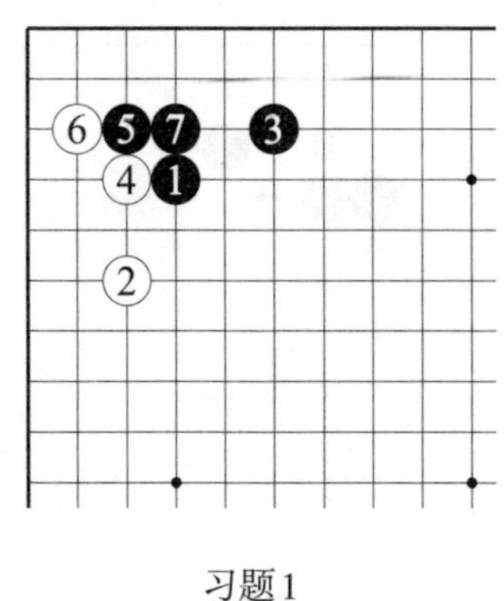

习题1

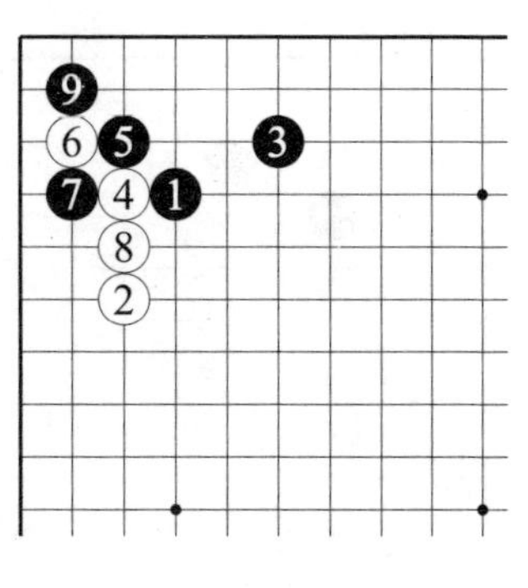

习题2

习题1　现在棋手喜欢白4托的下法，黑5总是扳，白6又总是反扳。此时，黑7接最为平和。接下来，你知道白棋该怎么下吗？

习题2　当白6反扳时，或许黑7打吃后再黑9二路吃住白6一子。接下来，你知道白棋该怎么下吗？

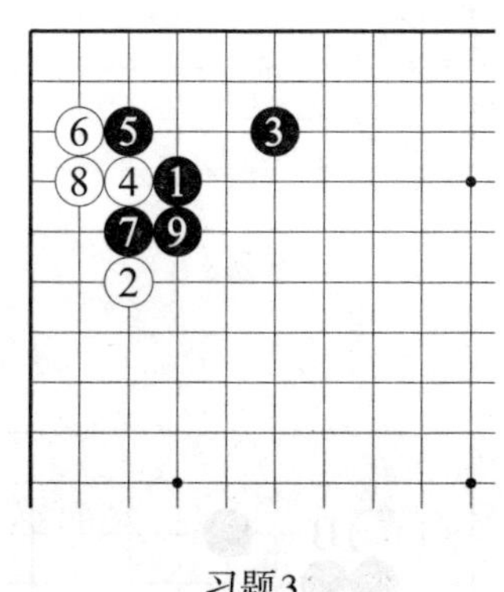

习题3

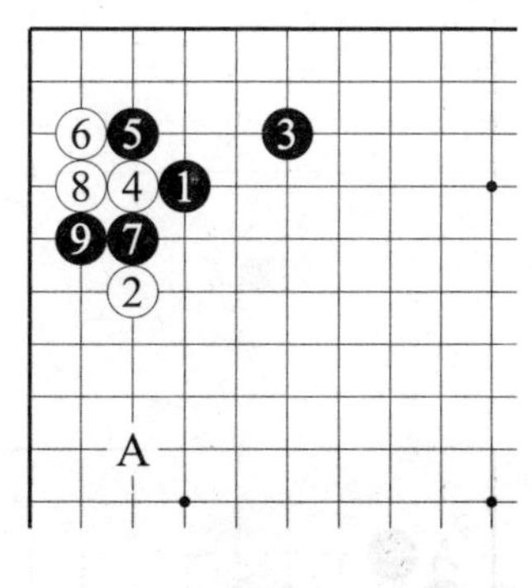

习题4

习题3　当白6反扳时，黑7打吃后再黑9接住的下法更为常见。你知道接下来双方该如何应对吗？

习题4　即便是同一种下法，也会生出不同的变化。当白6反扳时，黑7打吃之后，黑9还可能贴下来，当然这样下多在A位一带有黑子的情况下。这时候，你知道接下来双方该如何应对吗？

以下各图均为黑先，请在A和B中选择正确下法。

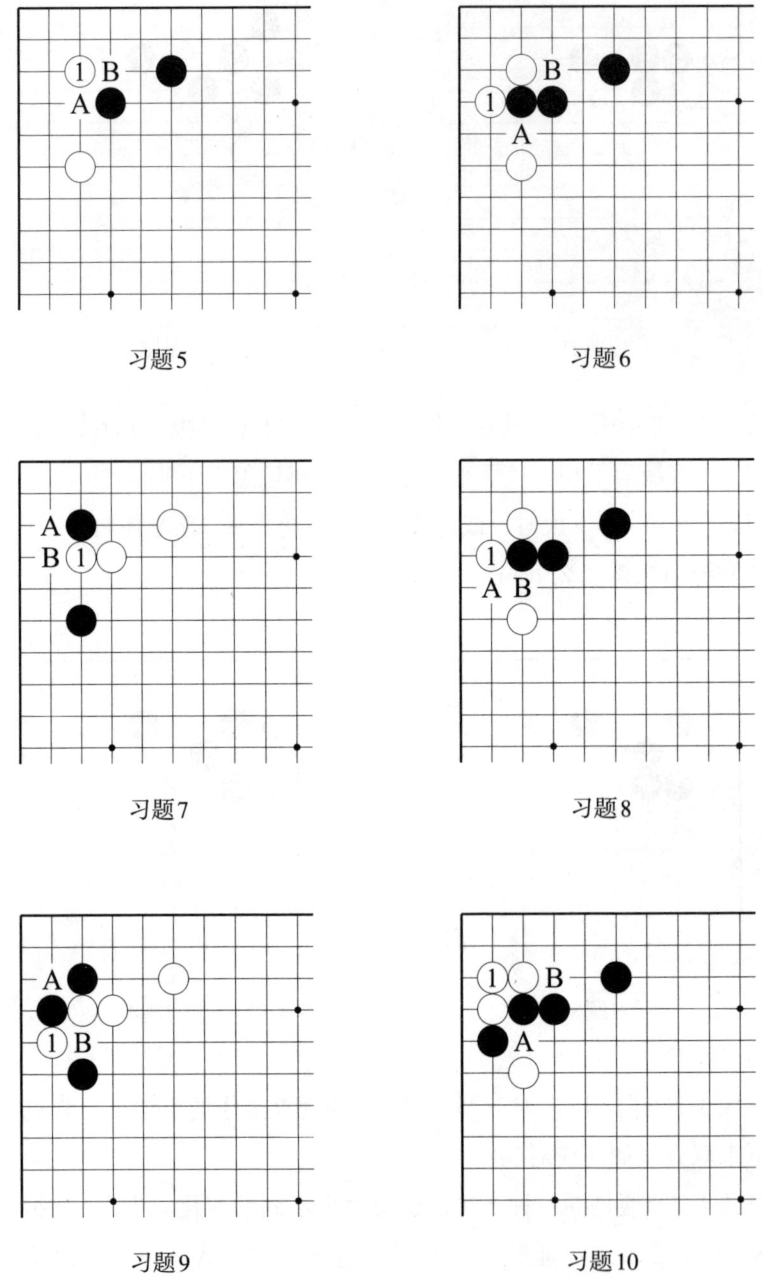

以下各图均为黑先，请在A和B中选择正确下法。

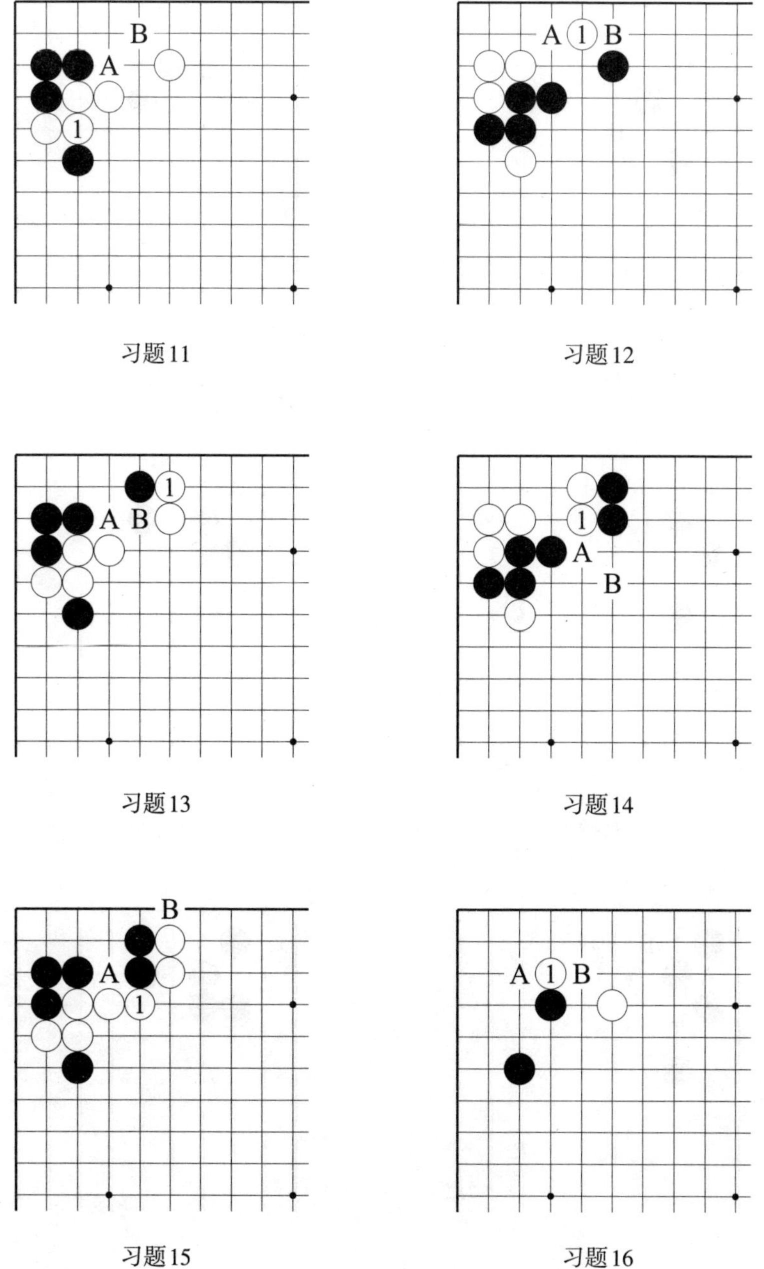

习题11　习题12

习题13　习题14

习题15　习题16

以下各图均为黑先，请在A和B中选择正确下法。

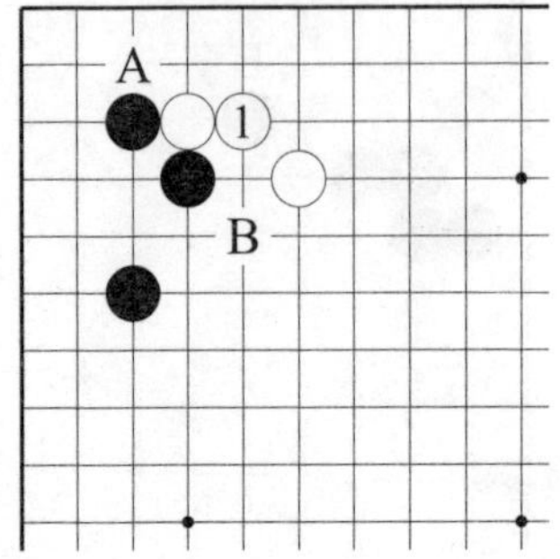

习题17

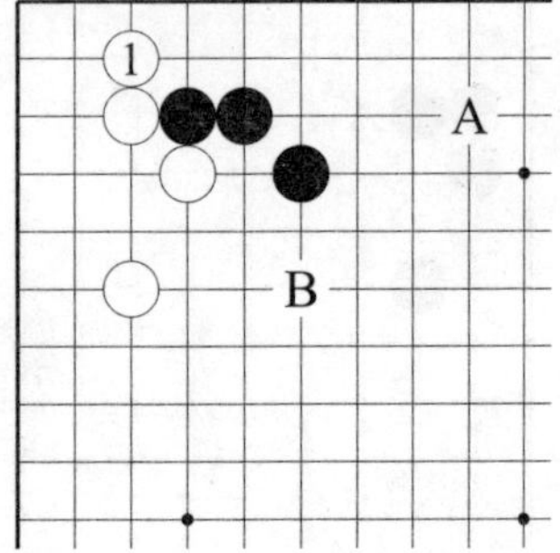

习题18

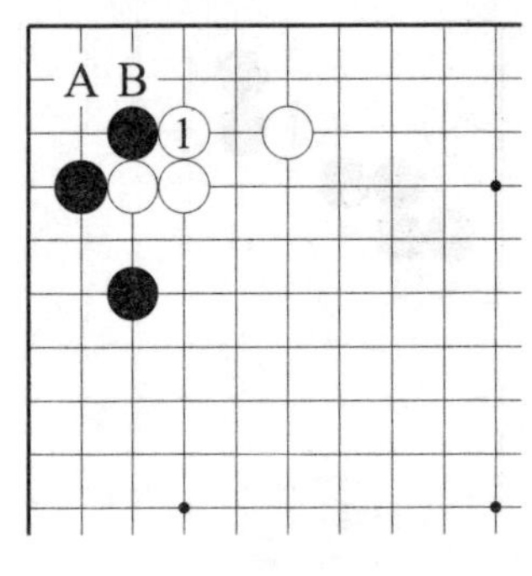

习题19

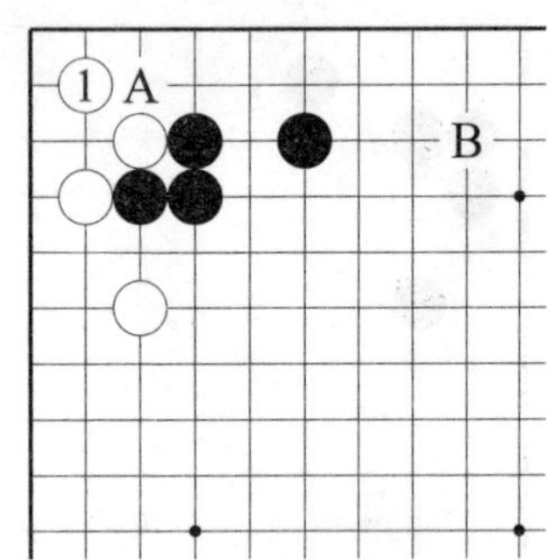

习题20

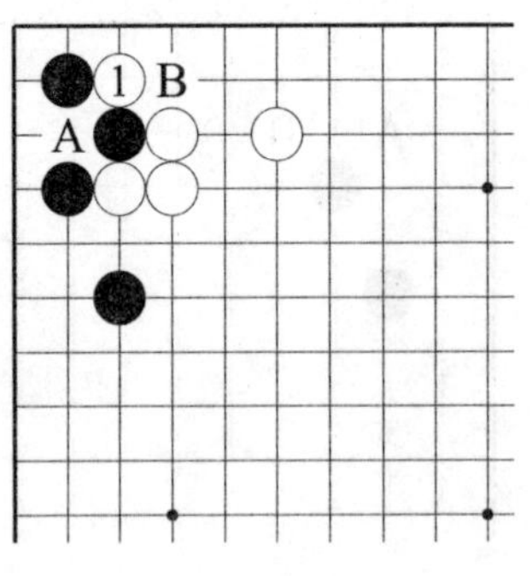

习题21

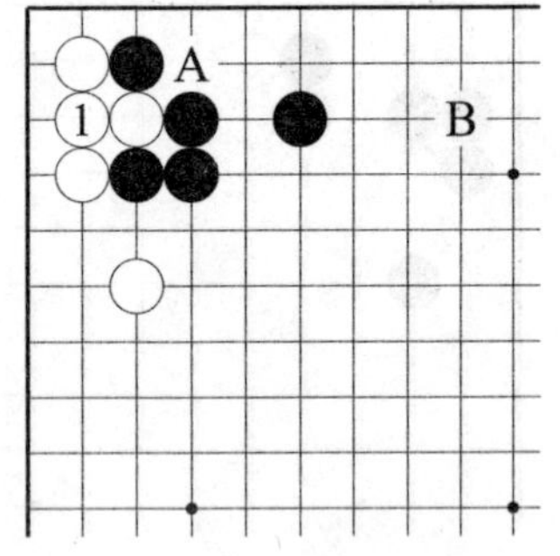

习题22

以下各图均为黑先，请在A和B中选择正确下法。

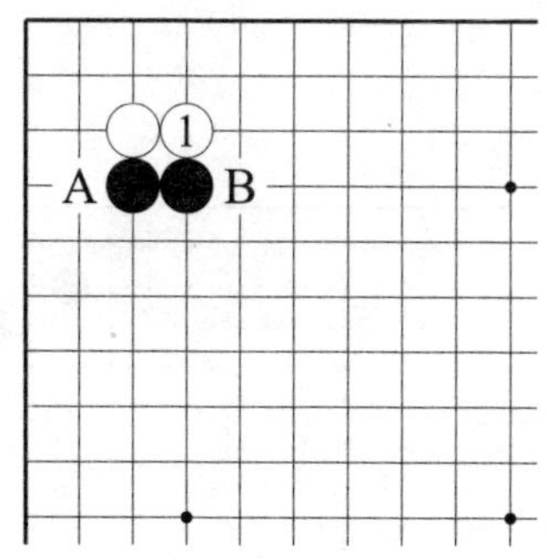

习题23

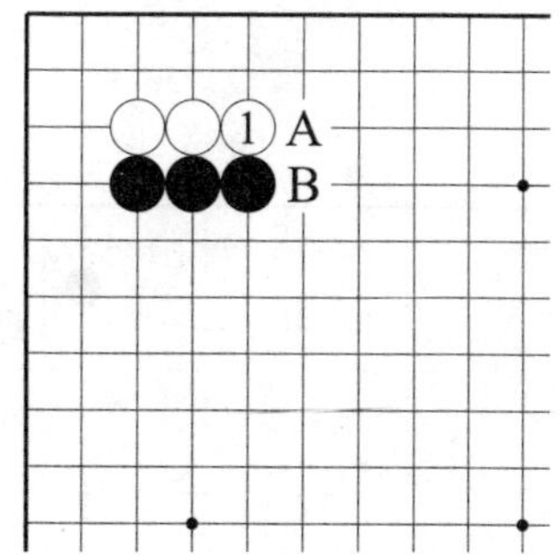

习题24

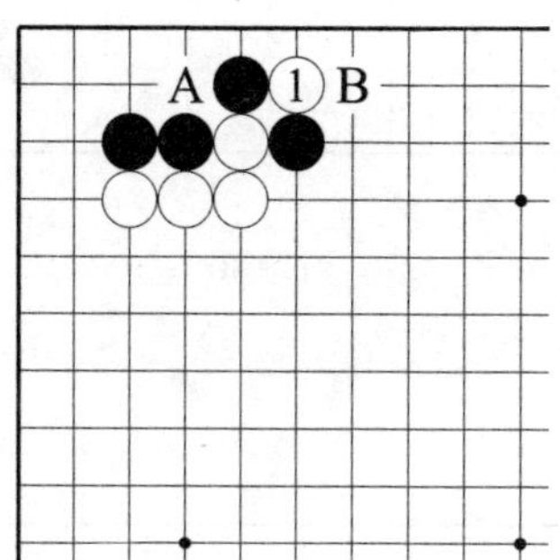

习题25

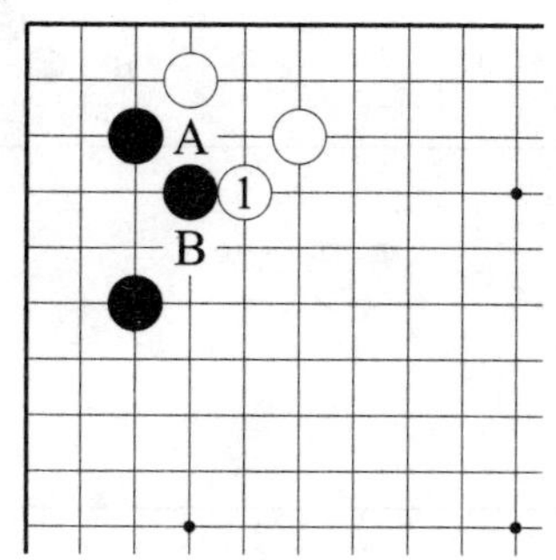

习题26

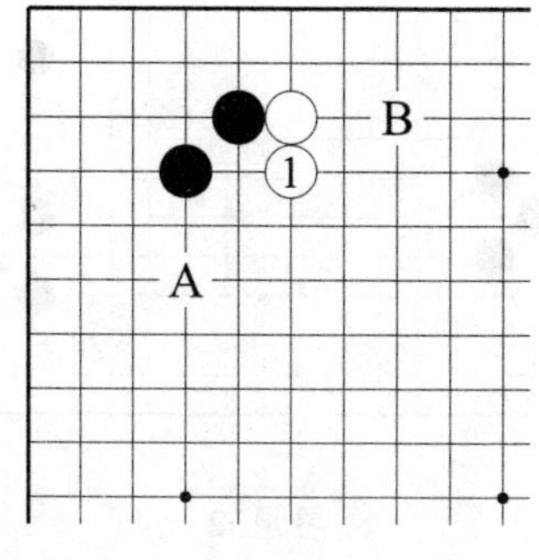

习题27

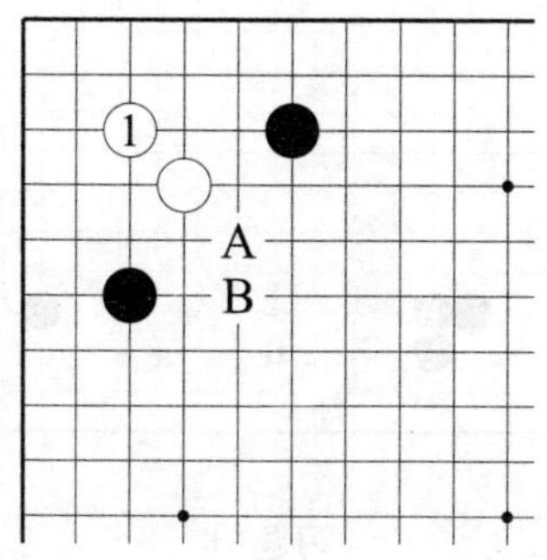

习题28

以下各图均为黑先，请在A和B中选择正确下法。

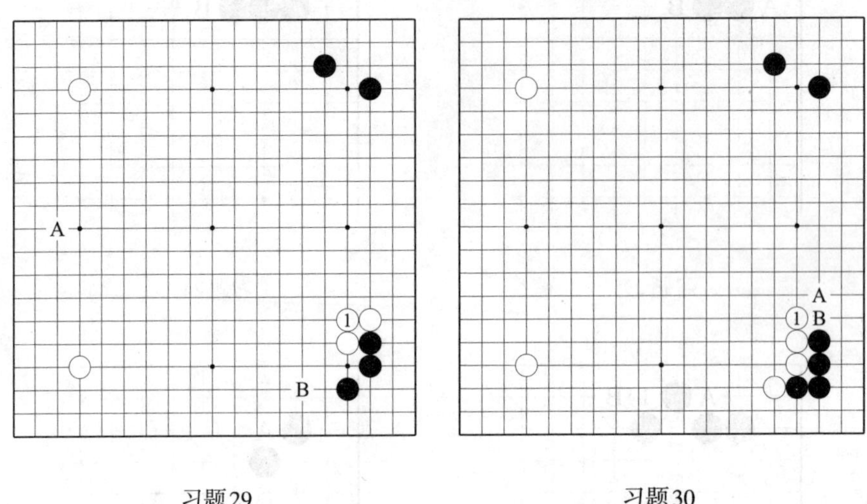

习题29

习题30

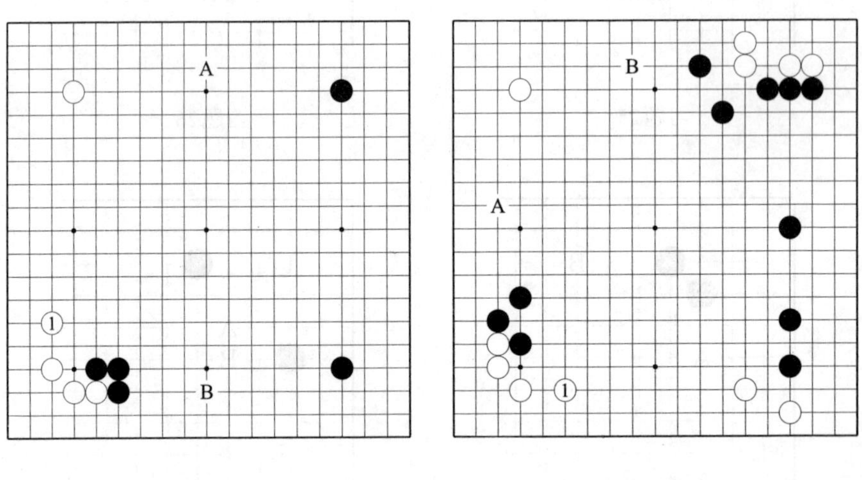

习题31

习题32

练习题解答

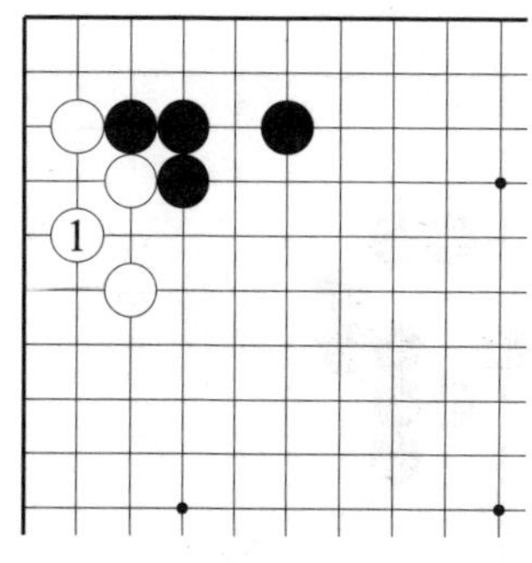

习题1解答

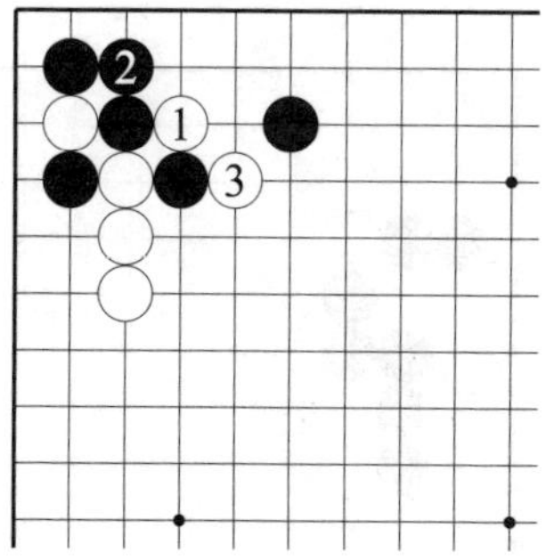

习题2解答

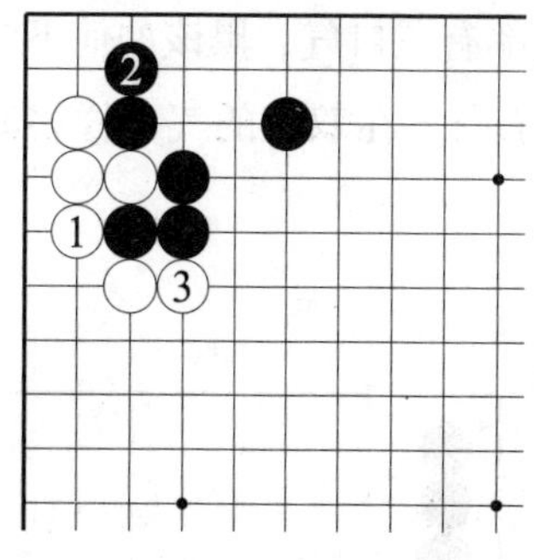

习题3解答

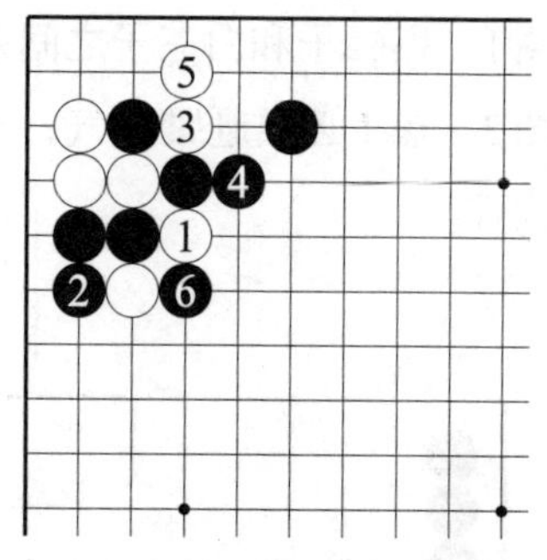

习题4解答

习题 5 ~习题10解答：A，B，B，A，A，A

习题11~习题16解答：B，B，B，A，A，A

习题17~习题22解答：A，A，A，A，A，B

习题23~习题28解答：B，A，B，A，A，A

习题29~习题32解答：B，A，B，A

第九讲　杀气

在激烈的围棋博弈中，可以说对杀是最基本的作战形式。凡对杀，必定是双方的棋都没有两只眼。是黑杀白还是白杀黑，取决于气的长短。

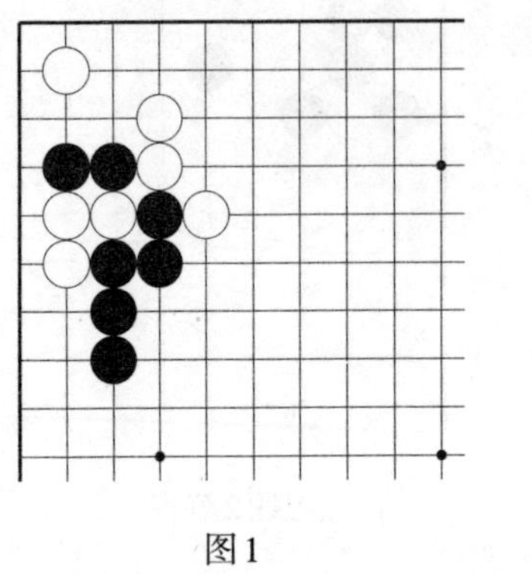

图1

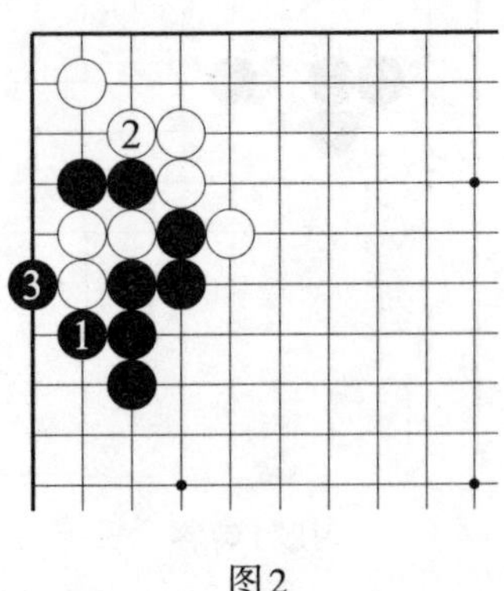

图2

图1　黑二子和白三子之间杀气，双方都有三口气，黑该如何下？

图2　黑1必须赶紧紧气，至黑3，黑杀白。在双方的气一样多时，先下手为强。

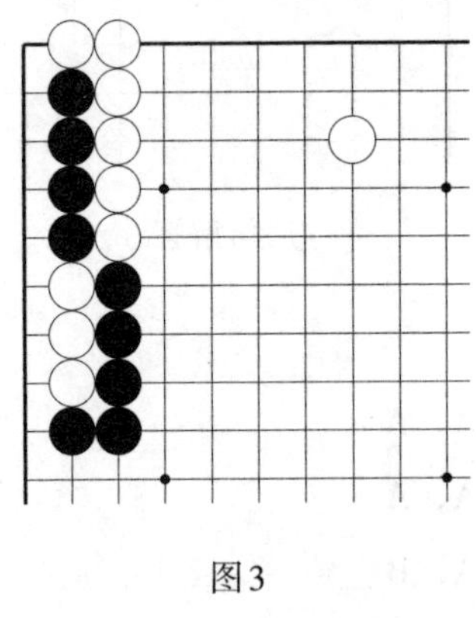

图3

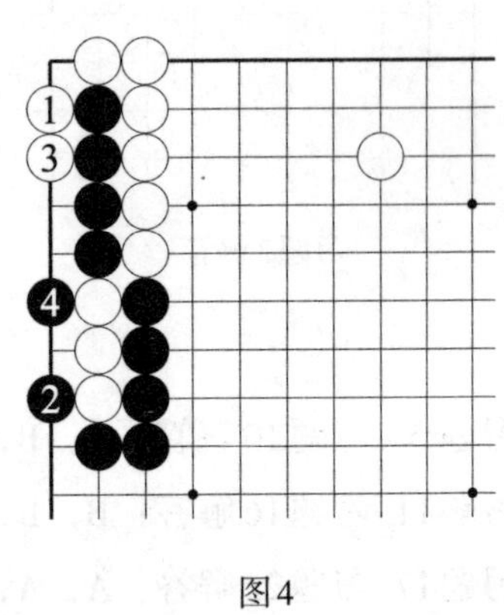

图4

图3　黑四子和白三子之间杀气，黑四口气，白三口气，黑该如何下？

图4　黑可暂不在这里行棋，即使白1先动手，至黑4，也是黑杀白。气多的一方可以杀掉气少的一方，这叫“气多杀气少”。

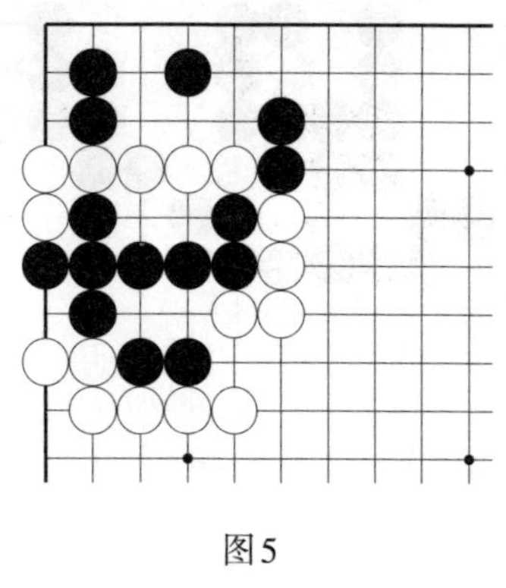

图5

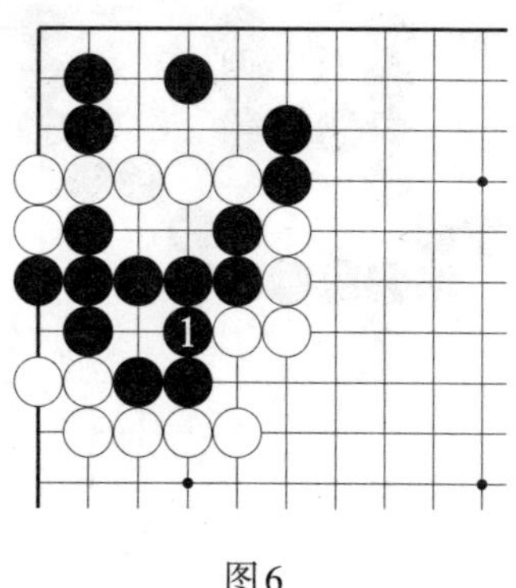

图6

图5　请你看清楚，现在是黑白两块棋之间在杀气。如果能一举将对方全歼，离胜利就不远了。黑先，该如何下？

图6　黑1先做出一只眼，而白棋却没地方去做眼。黑有了这只眼，本图黑刚好可以杀白。若双方的公气多，有眼的一方就更没问题了，这叫“有眼杀无眼”。

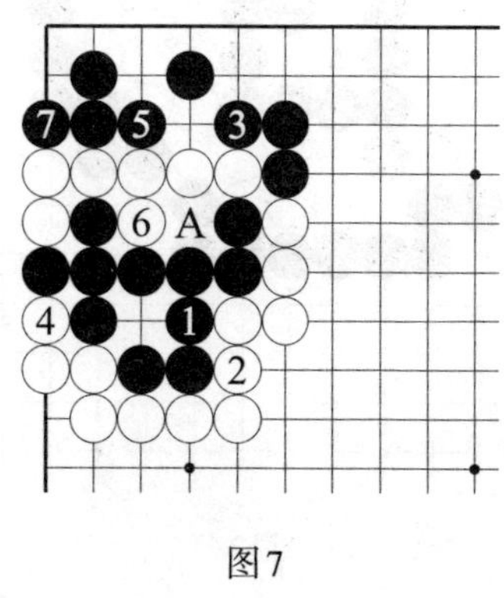

图7

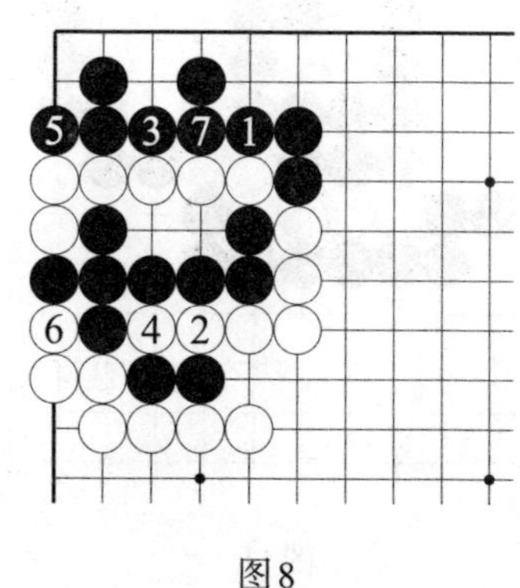

图8

图7　我们来证实一下。黑1做眼，白2开始紧气，至黑7，白已放不进去A位，结果黑杀白。

图8　黑1若不做眼而直接收气，结果至黑7，黑只能后手双活，而且还送出两个子给白棋吃。黑3要是改在4位接两子，那么黑整块棋都要被杀，连双活都混不上。

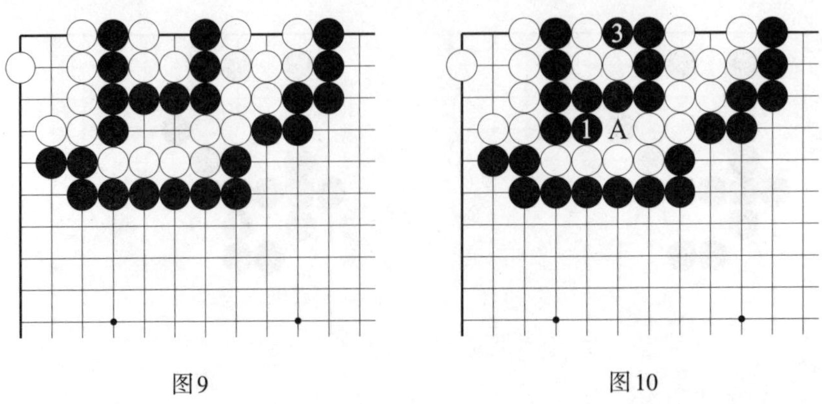

图9　　　　　图10

图9　黑、白两块棋之间杀气，双方各有一眼，黑该如何下？

图10　黑不必再在这里行棋，黑棋已经把白棋吃到手了。虽然黑、白各有一只眼，但白只是一只标准的小眼，黑却有一只大眼，黑早晚可杀掉白棋，这叫“大眼杀小眼”。下面只是把具体的杀法演示一下。黑1紧气，白2无棋可走，此时A位谁也不敢进入。黑3提白三子。

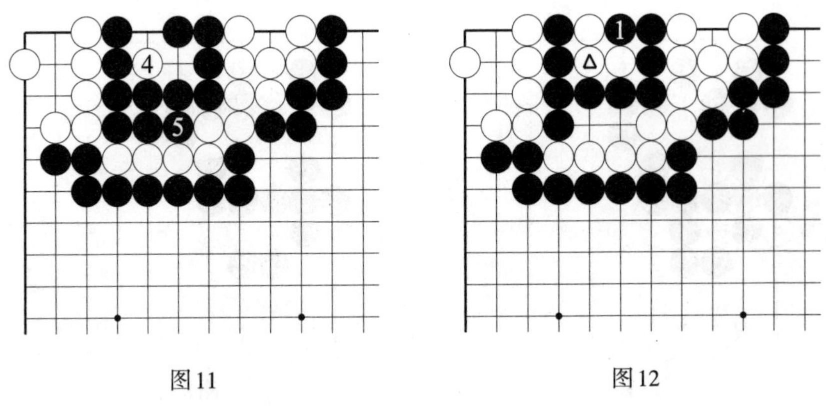

图11　　　　　图12

图11　接上图，白4点进去，黑5紧气杀。须知，上图和本图的这个杀白过程，在实战中是不可能出现的，因为对局双方都明白“大眼杀小眼”的道理，只等局终数子时把已经死掉的白子拿出盘外就是了。

图12　不过，黑1切不可先去提白三子。若黑1先提，则白于Ⓐ位点，黑棋的大眼就变成了小眼，这里也变成了双活。

练习题

以下各图均为黑先，黑能在对杀中取胜吗？

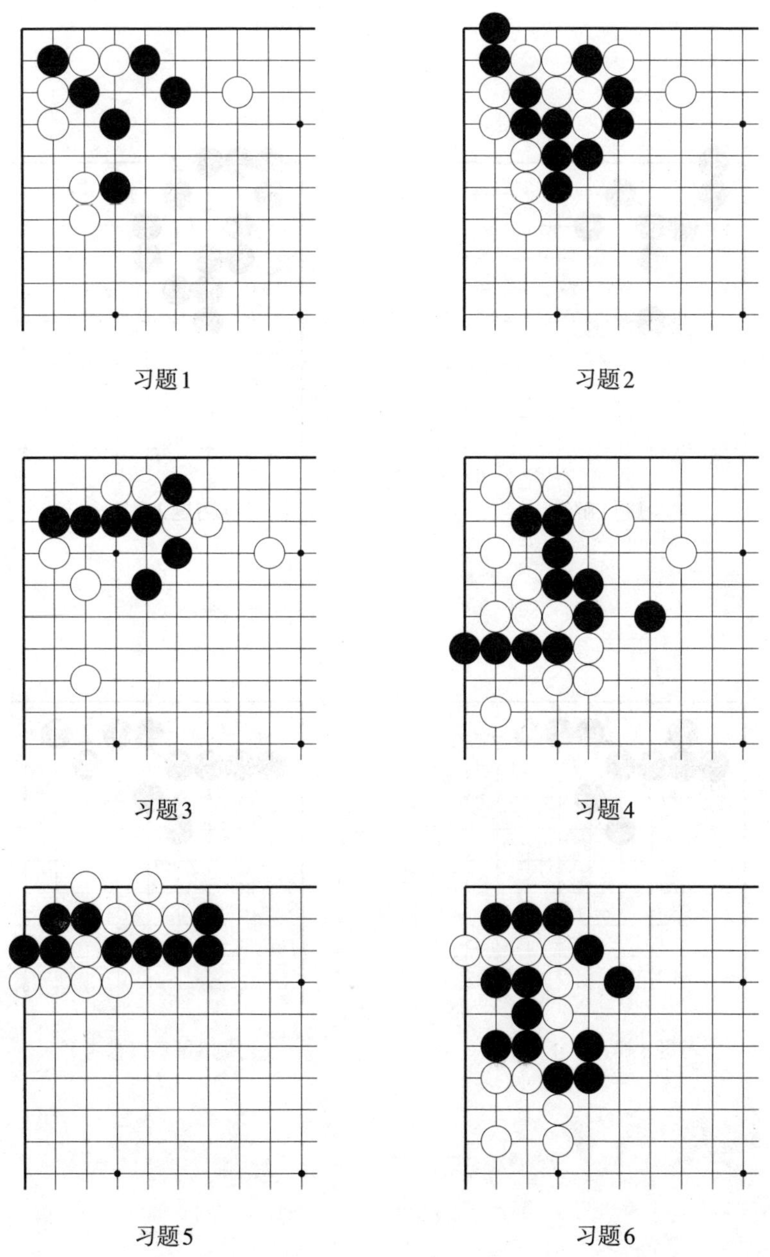

习题1　习题2　习题3　习题4　习题5　习题6

练习题解答

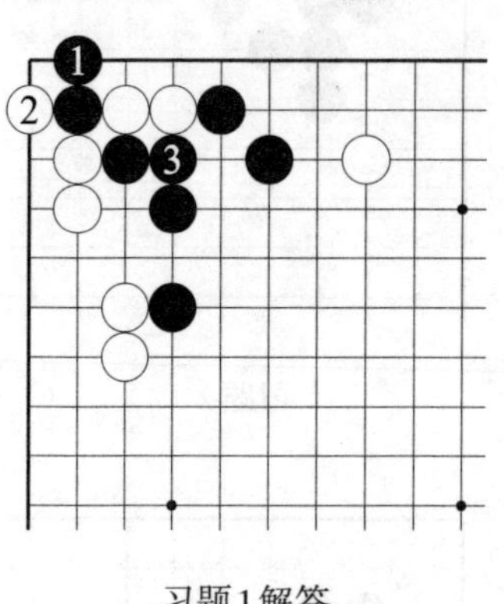

习题1解答

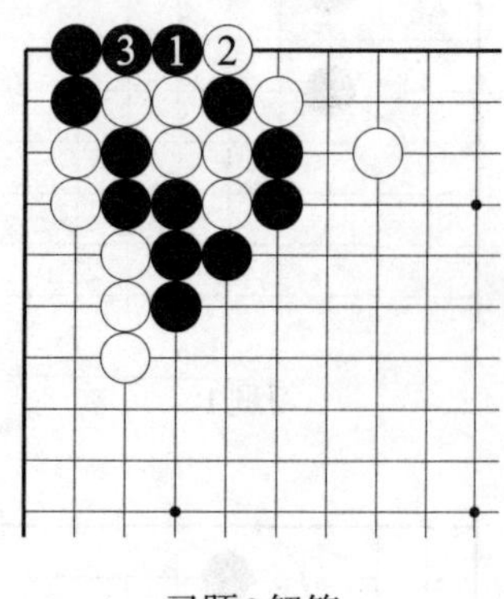

习题2解答

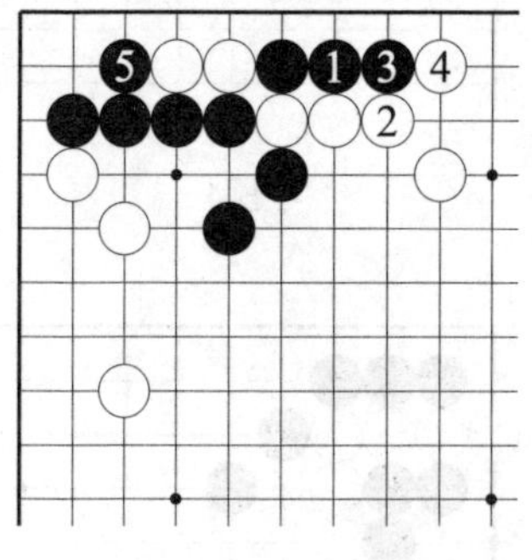

习题3解答（正解）

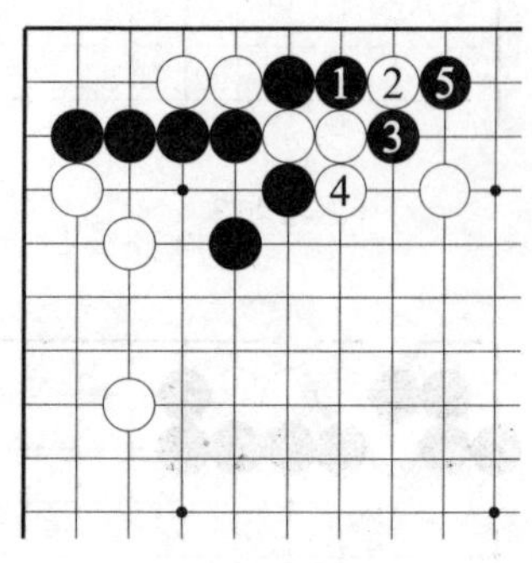

习题3解答（参考）

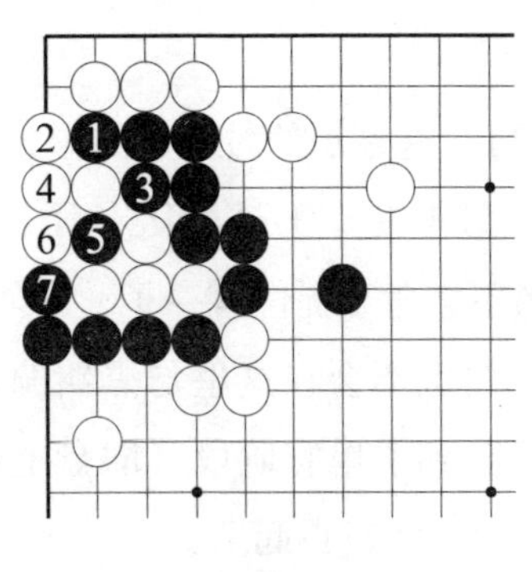
习题4解答（正解）

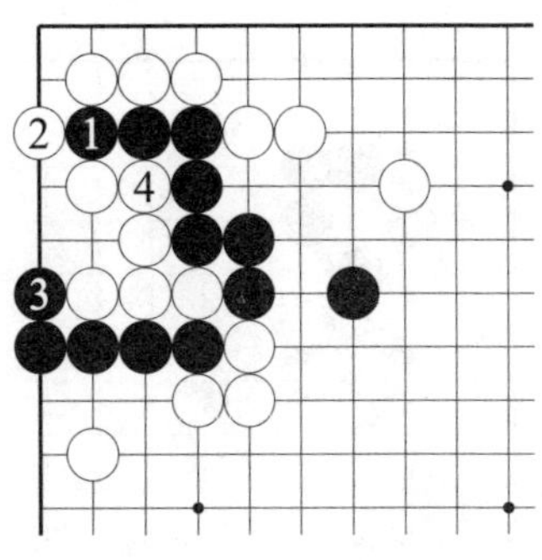
习题4解答（失败）

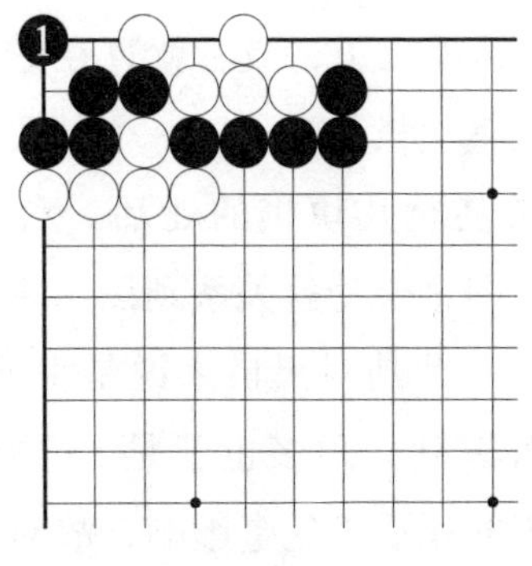
习题5解答（正解）

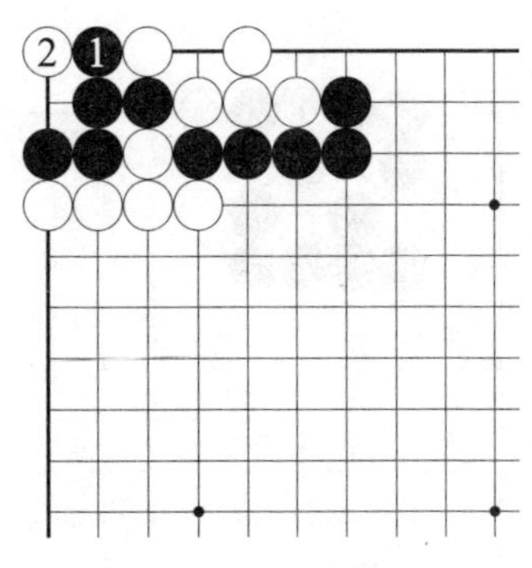
习题5解答（失败）

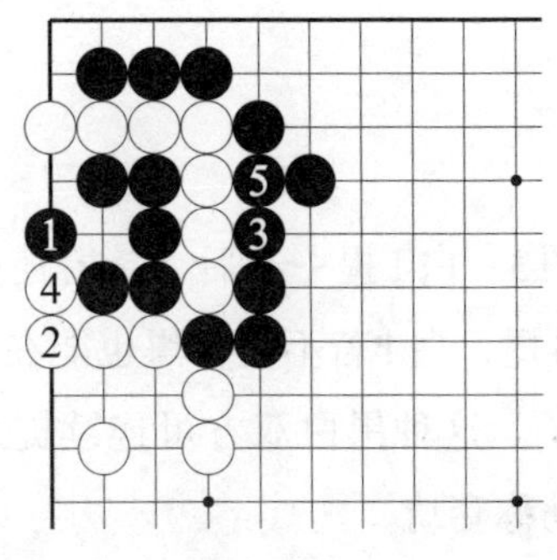
习题6解答（正解）

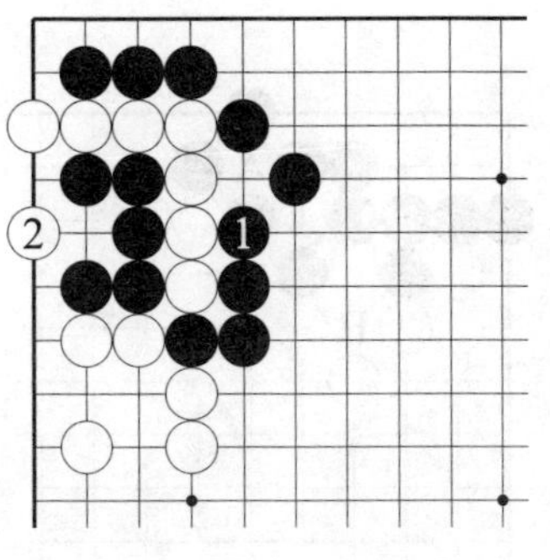
习题6解答（失败）

第十讲 打劫

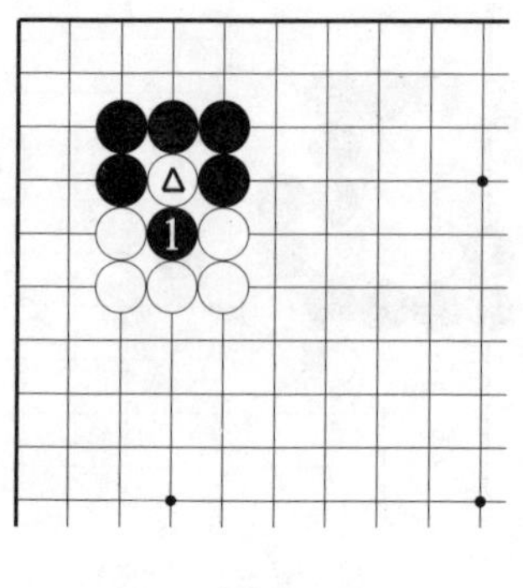

图1

图1 这是劫的最简单的形式，称单劫。黑1提，不过区区一子而已。通常黑不会急于提白Ⓐ一子，即使黑1提子，白也不会在这里与黑纠缠。这种劫只有到了单官阶段（即盘上已无目可占时）才打得起来。

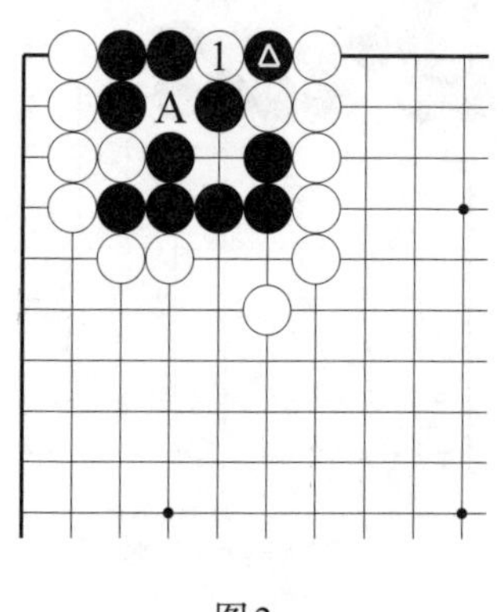

图2

图2 白1提一子，白若劫胜，可A位继续提三子，或者就算在❹位粘劫，黑整块棋都死了。一个劫关系到一块棋甚至几块棋的死活，称生死劫。本图这个劫就关系到黑一块棋的存亡，故此劫对黑棋来说是生死劫。此劫若黑胜，顶多也就是1位粘上，对白棋的死活无丝毫影响，故对白棋来说是个无忧劫。打无忧劫时自然轻松无比，打生死劫时则负担很重。

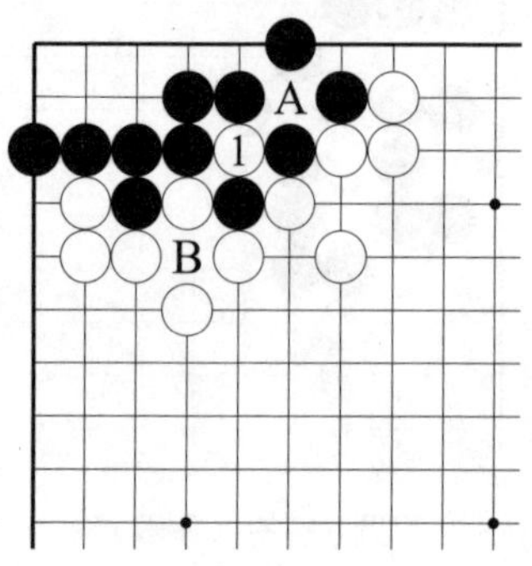

图3

图3 白1提一子后，接着还能在A位再提；白1若不提，黑也能在B位提白子。这种黑白双方可连续提来提去的劫称套劫。

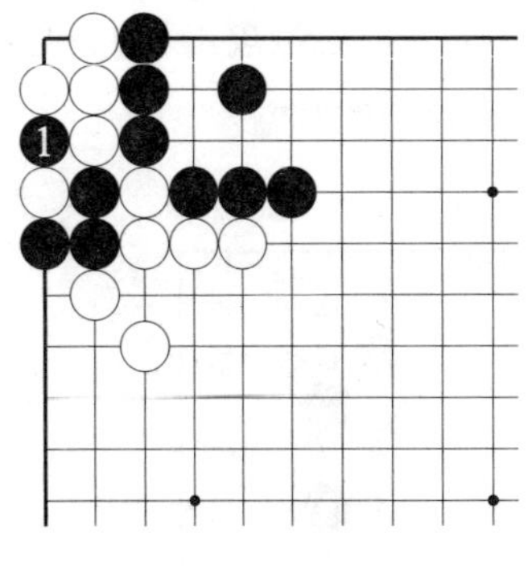

图4

图4　这个劫对双方来说都是紧气劫，谁劫胜都可一步棋将对方数子提掉。现在黑1先提劫，所以称黑方为先手劫，白方则为后手劫。一般来说，先手劫总比后手劫好些，能打先手劫时就不要去打后手劫。

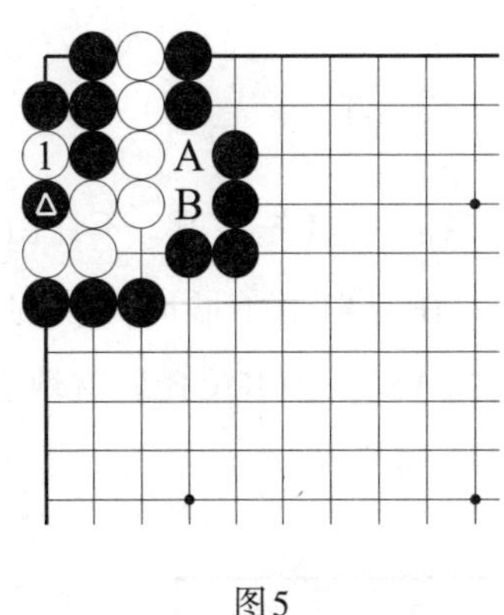

图5

图5　白1提劫，下一步可马上再提黑四子，这个劫对黑来说是紧劫；即使黑▲位提回，黑却不能接着提白七子，还需要再于A位和B位紧上气，所以此劫对白来说是个缓气劫，是个缓两气的劫。在白缓两气甚至缓气更多的情况下，黑仍硬撑着打劫，这种状况俗称“泡劫”，也可称“打赖皮劫”。

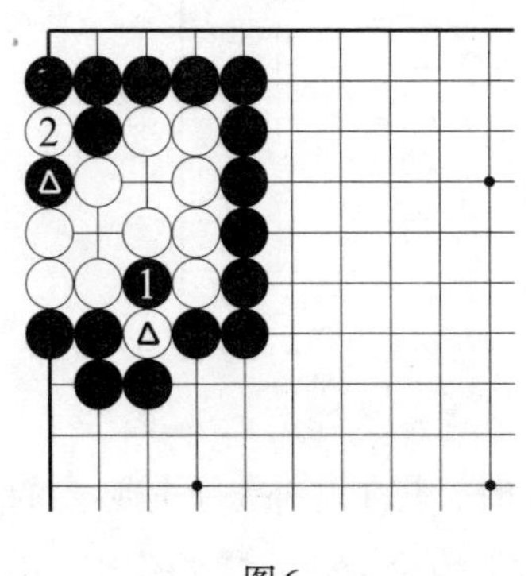

图6

图6　黑1提，白2也提，将来黑▲位提回时，白也△位提回，这样的劫称摇橹劫。有摇橹劫在，白尽可放心，白这块棋可视作净活。黑1提后若紧接着在△位粘，则白2提后也在▲位粘，则摇橹劫解消，黑更为无趣。有人习惯于把摇橹劫叫连环劫，提法虽不同，意思是一样的。

第十一讲　攻击与防守

攻击和防守都是极为重要的。进攻的本质，是通过攻击获取利益；而防守，其作用与进攻正相反，是不让对方得到攻击的利益。

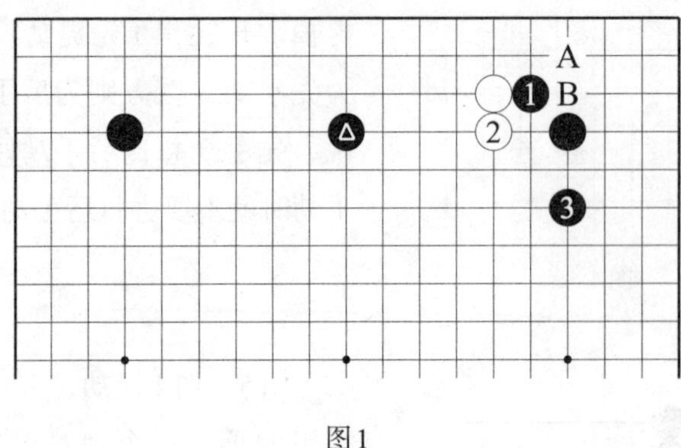

图1

图1　该进攻的时候要进攻。白棋来小飞挂，黑1先尖顶，不让白棋进到角里来，然后黑3再守，黑△一子正好处在对白二子形成夹攻的位置上。黑棋如果不先尖顶而直接下3位守，被白A位飞或B位托后就地生根，黑就失去了攻击的目标。

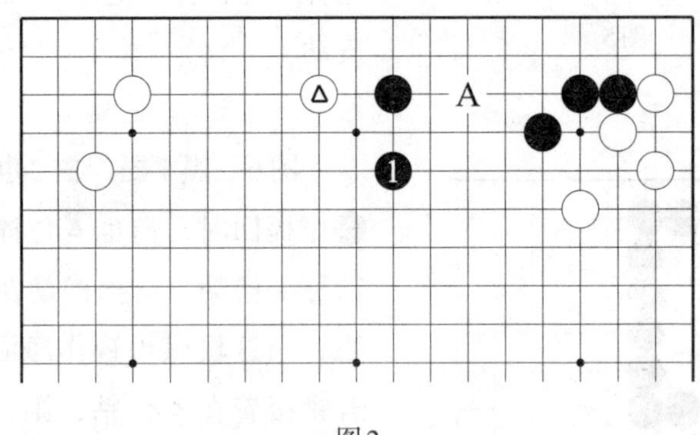

图2

图2　该防守的时候要防守。白△拦逼时，黑1跳补一手是必要的，不仅防止了白在A位的打入，对以后侵消白左上也会发挥一定的作用。

练习题

以下各图均为黑先，请在A和B中选择正确下法。

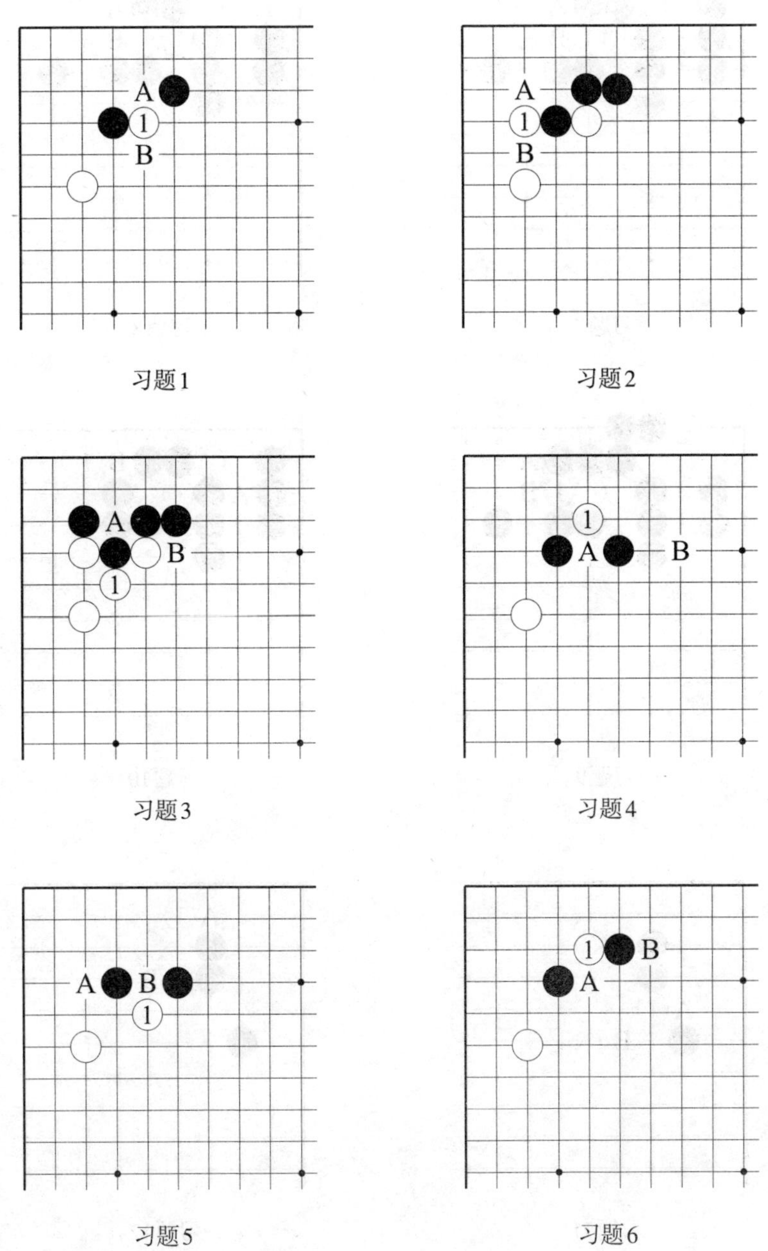

习题1　习题2

习题3　习题4

习题5　习题6

以下各图均为黑先，请在A和B中选择正确下法。

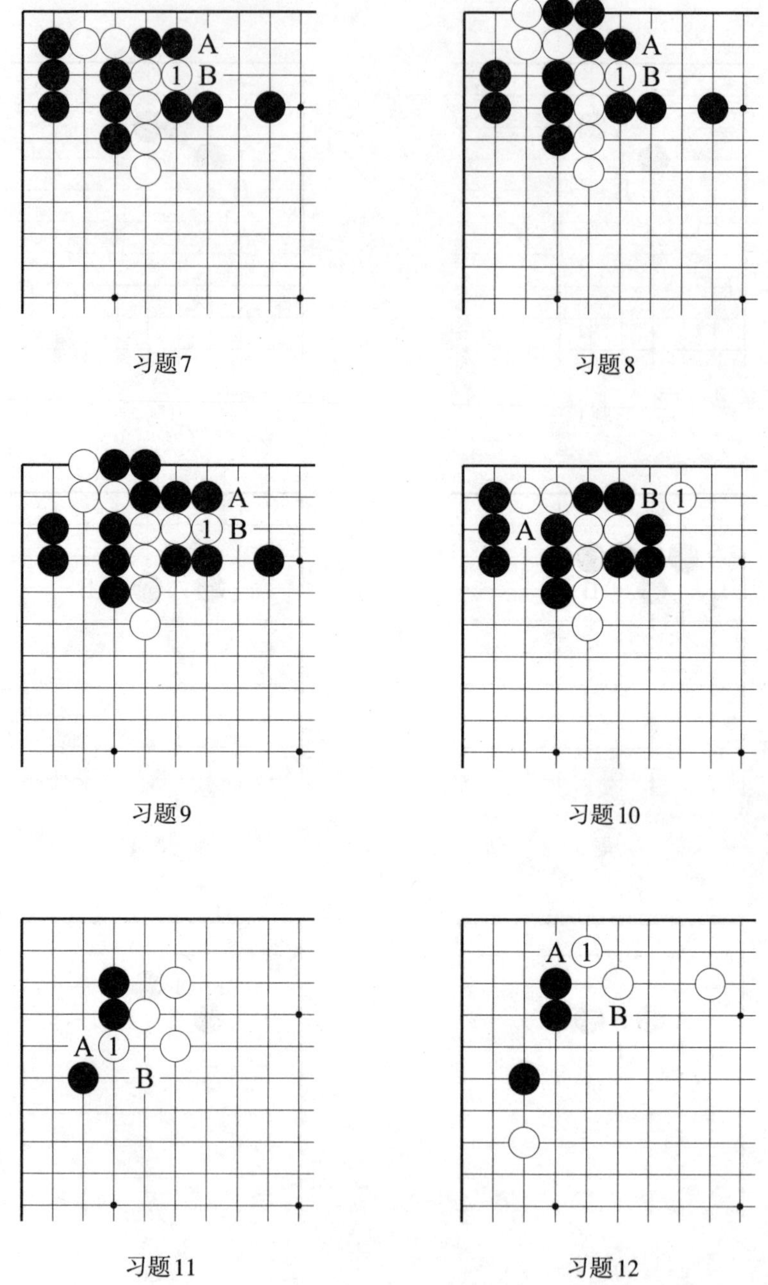

习题7

习题8

习题9

习题10

习题11

习题12

以下各图均为黑先，请在A和B中选择正确下法。

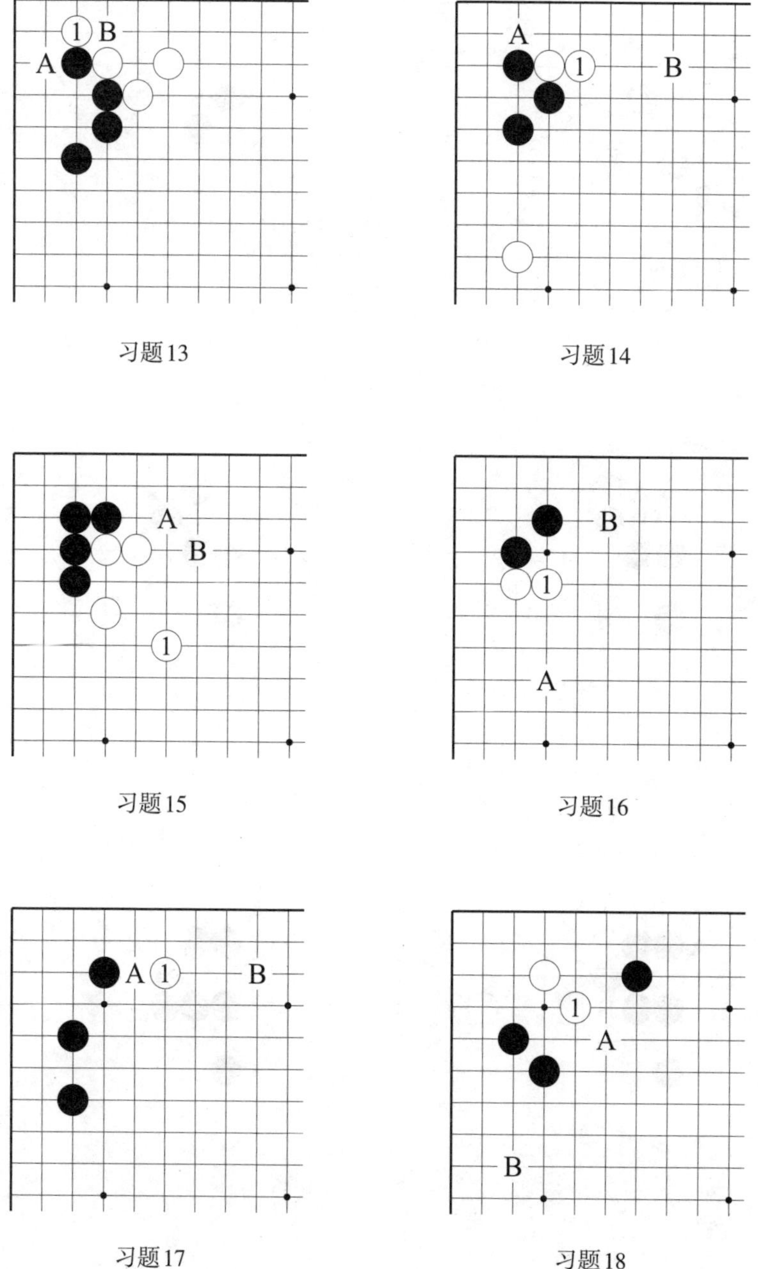

习题13　习题14

习题15　习题16

习题17　习题18

以下各图均为黑先，请在A和B中选择正确下法。

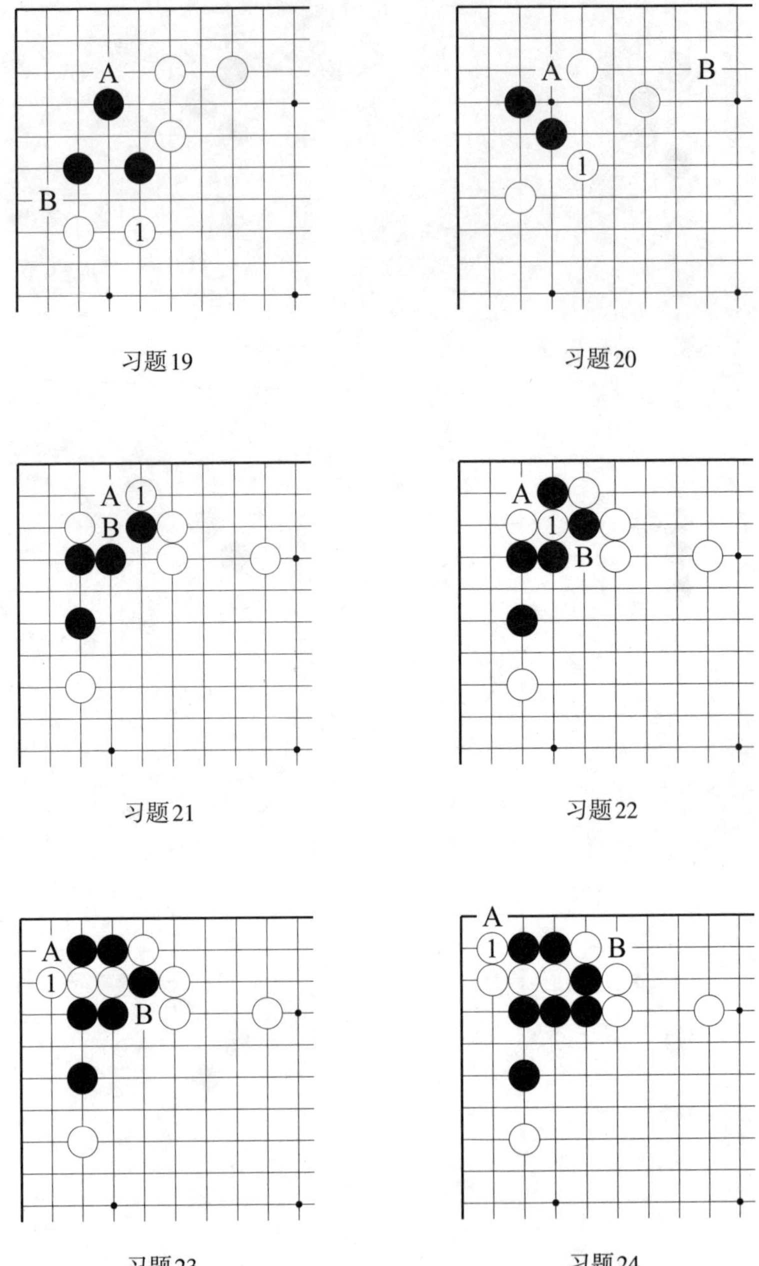

习题19

习题20

习题21

习题22

习题23

习题24

以下各图均为黑先，请在A和B中选择正确下法。

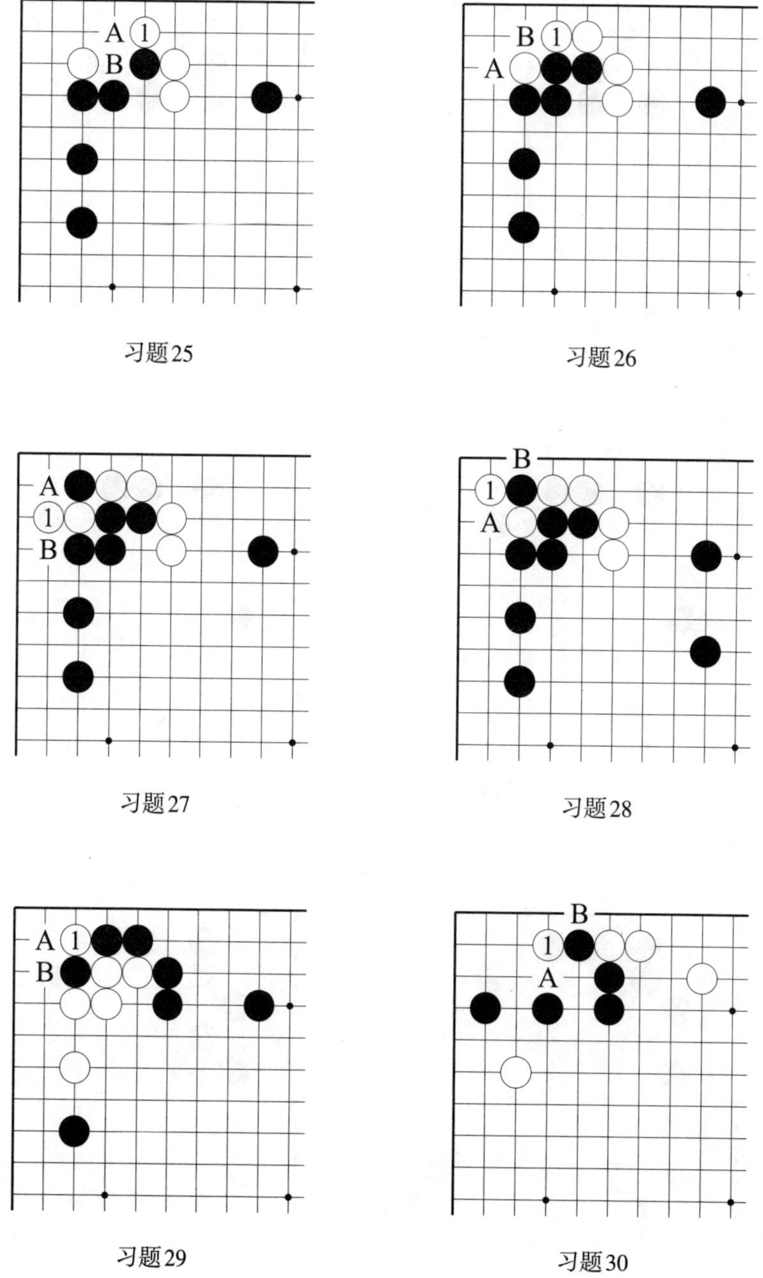

习题25

习题26

习题27

习题28

习题29

习题30

以下各图均为黑先，请在A和B中选择正确下法。

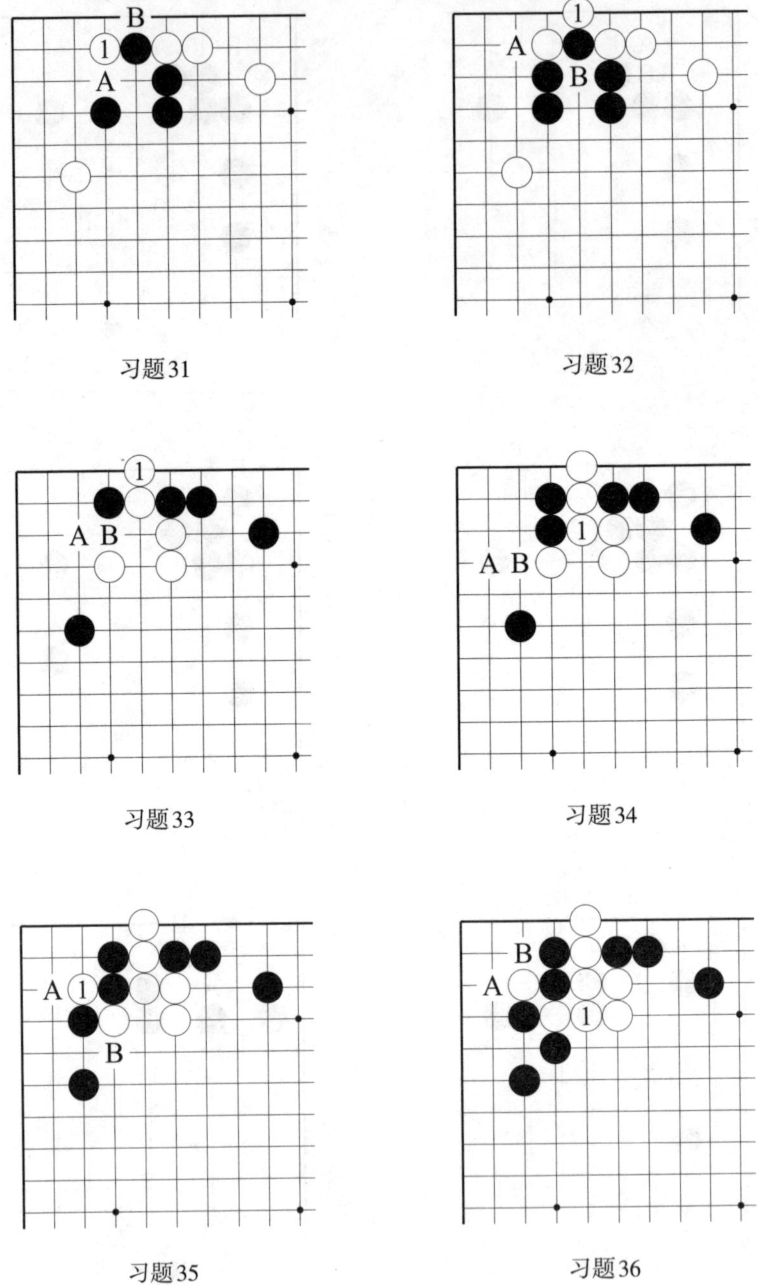

习题31　习题32

习题33　习题34

习题35　习题36

以下各图均为黑先，请在A和B中选择正确下法。

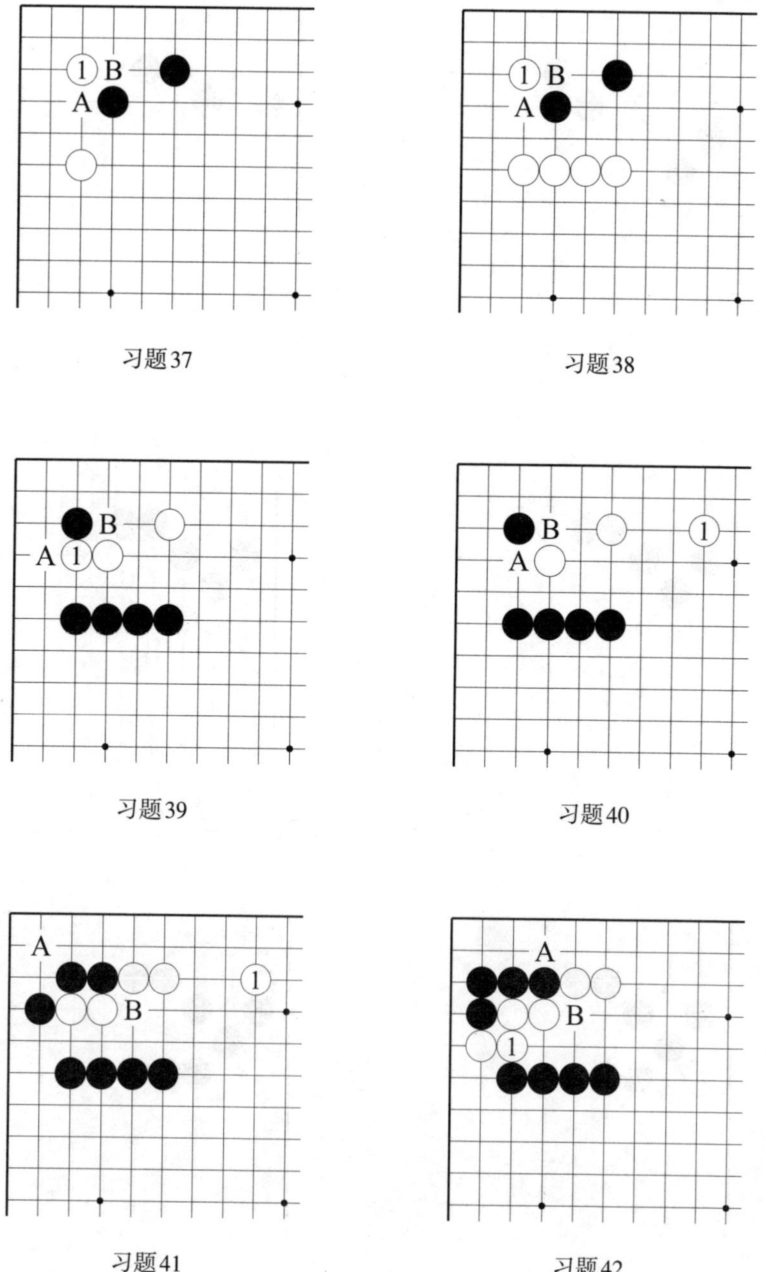

习题37　习题38

习题39　习题40

习题41　习题42

以下各图均为黑先，请在A和B中选择正确下法。

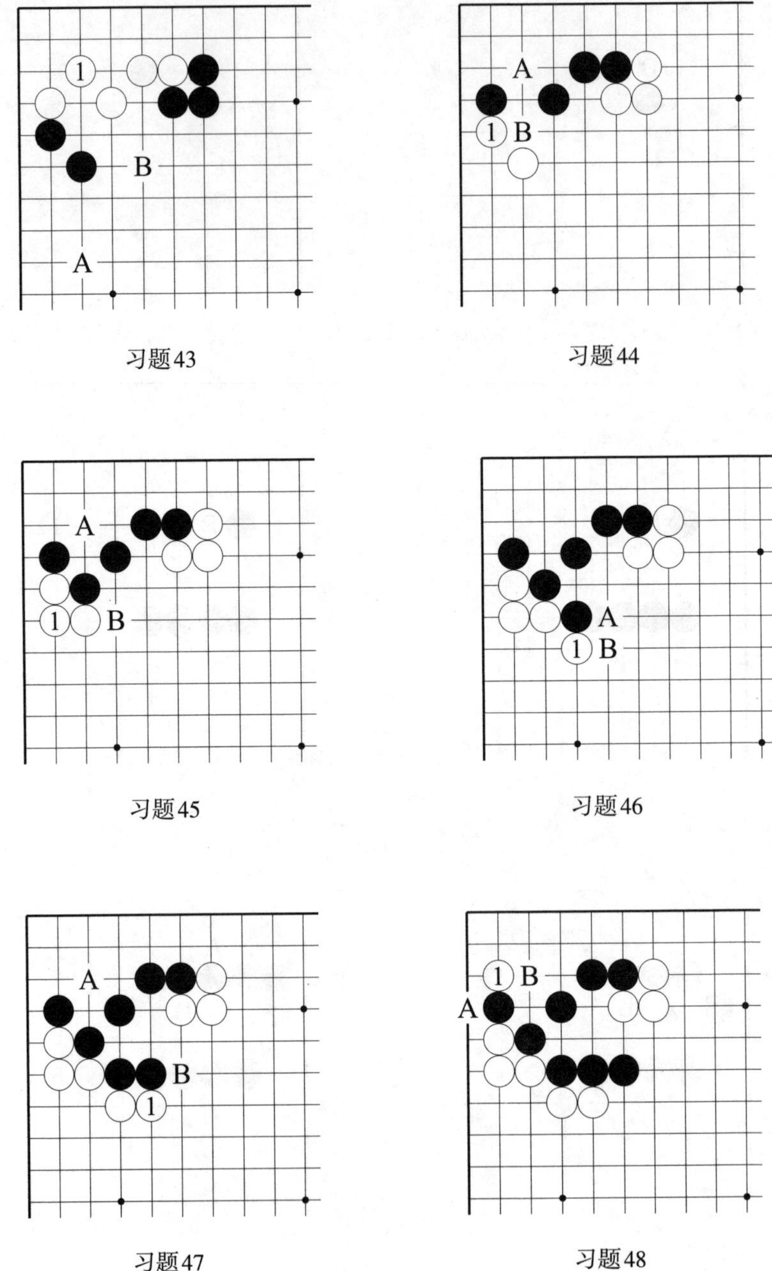

习题43　习题44

习题45　习题46

习题47　习题48

以下各图均为黑先，请在A和B中选择正确下法。

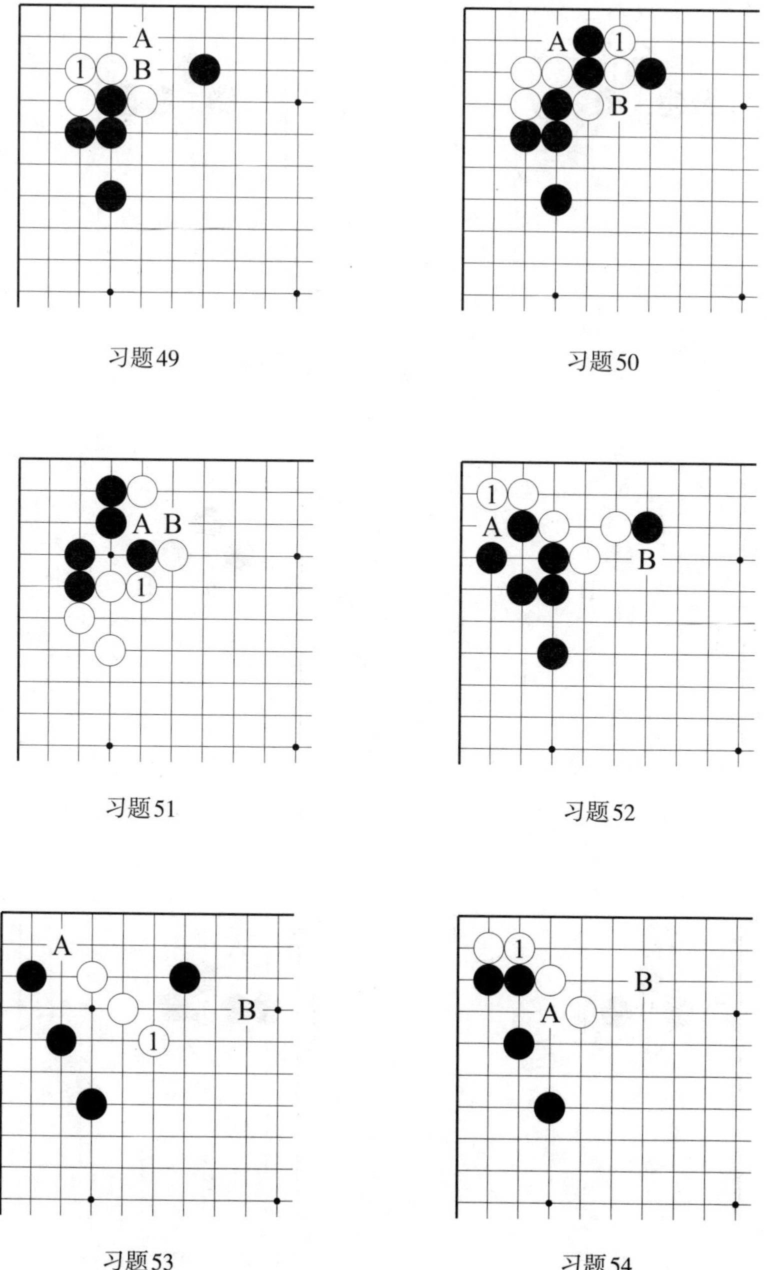

习题49

习题50

习题51

习题52

习题53

习题54

以下各图均为黑先，请在A和B中选择正确下法。

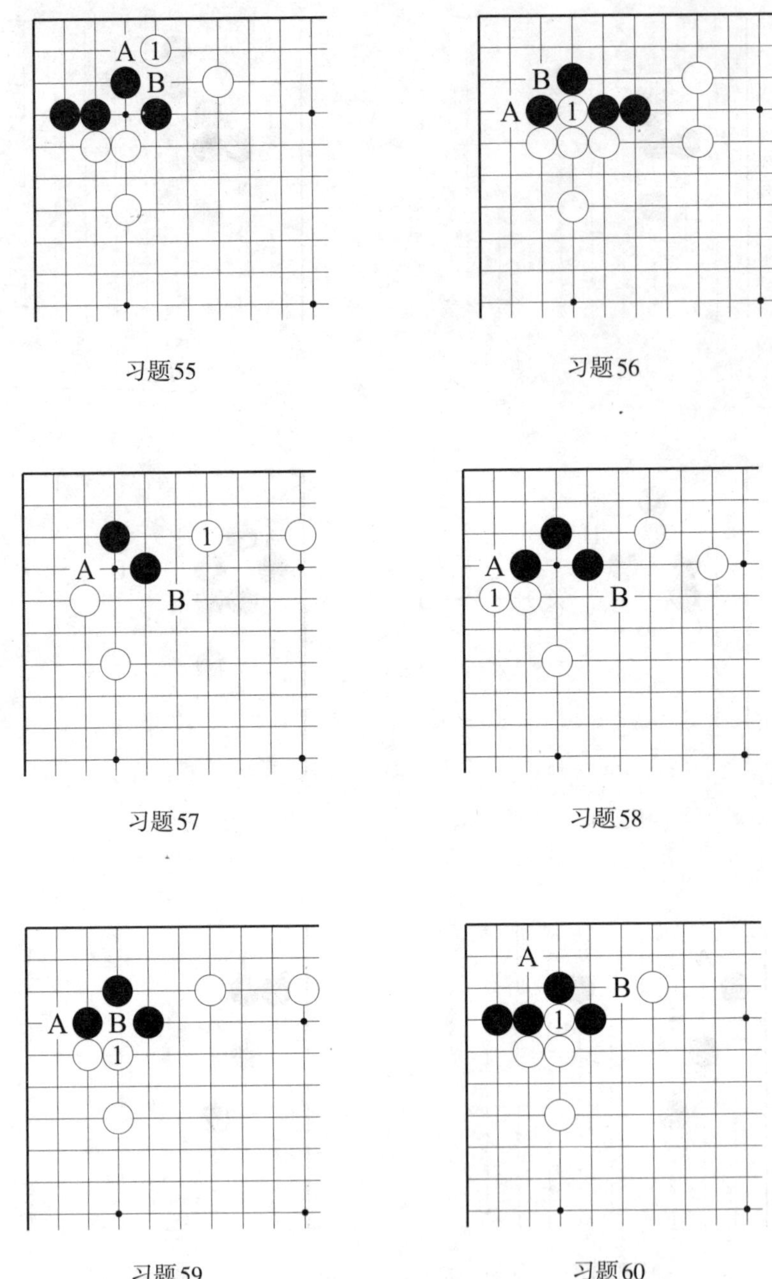

习题55

习题56

习题57

习题58

习题59

习题60

以下各图均为黑先，请在A和B中选择正确下法。

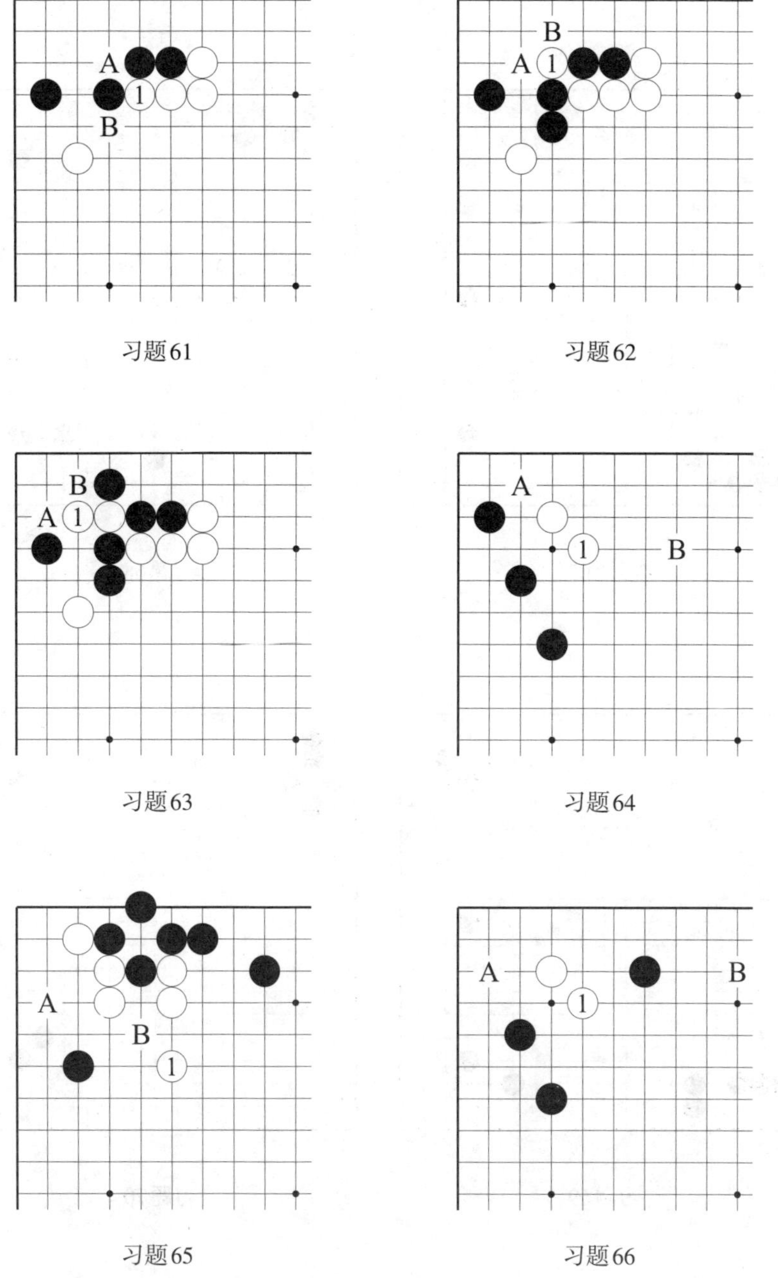

习题61　习题62

习题63　习题64

习题65　习题66

以下各图均为黑先，请在A和B中选择正确下法。

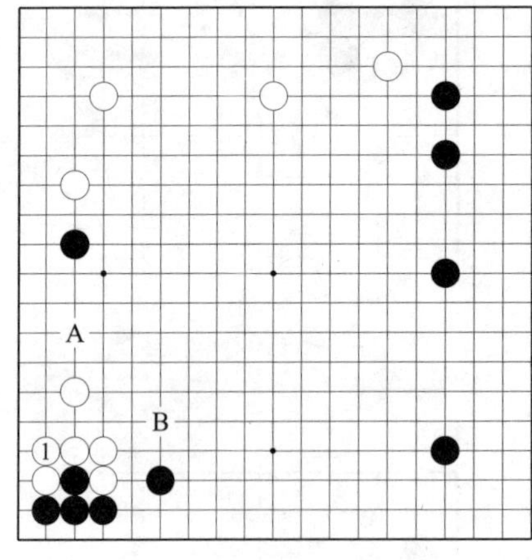

习题67

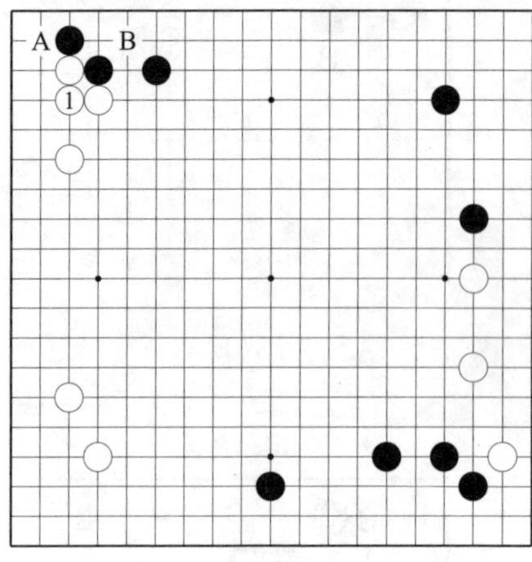

习题68

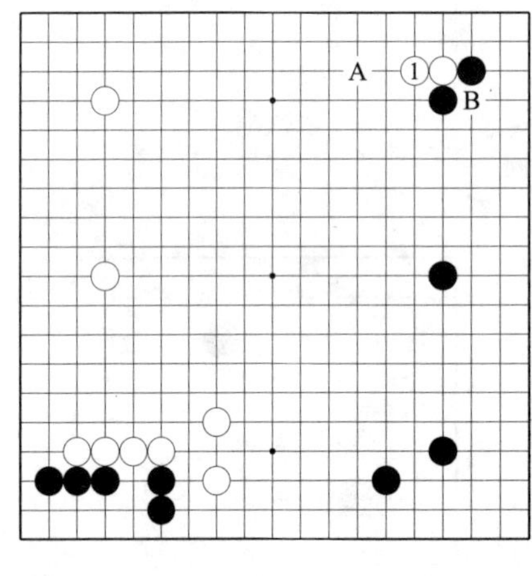

习题69

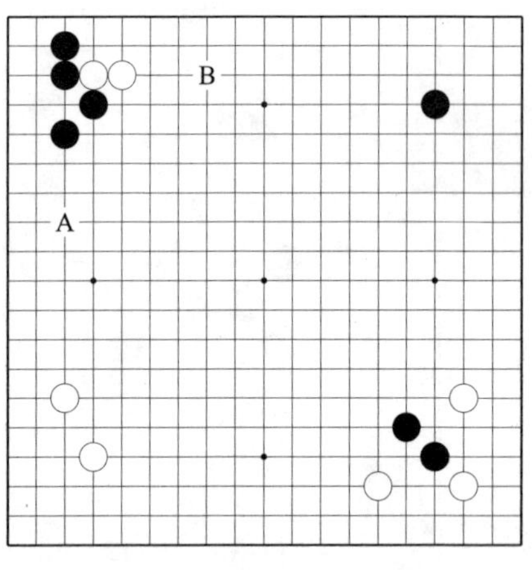

习题70

以下各图均为黑先，请在A和B中选择正确下法。

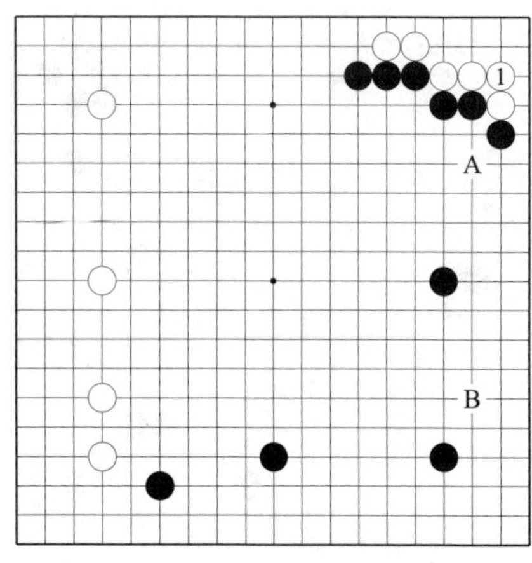

习题71

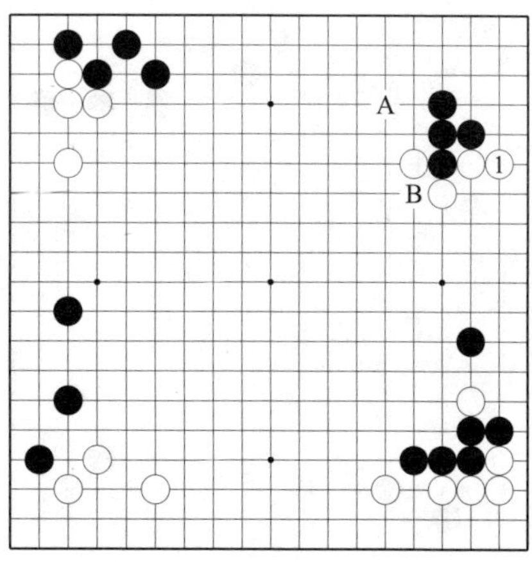

习题72

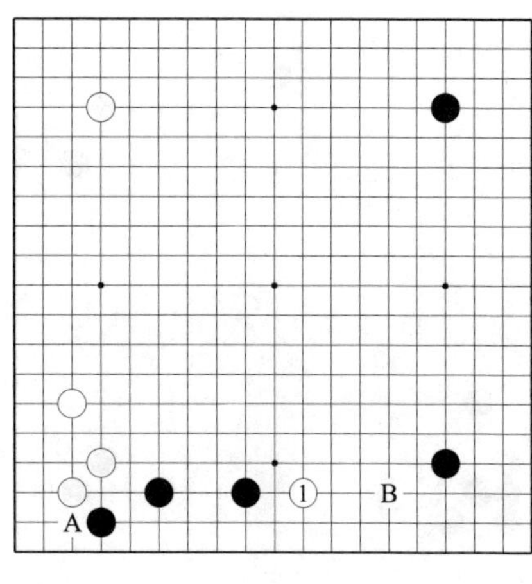

习题73

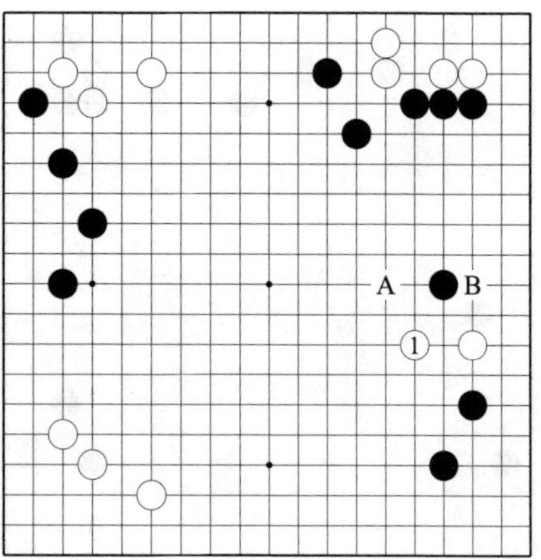

习题74

以下各图均为黑先，请在A和B中选择正确下法。

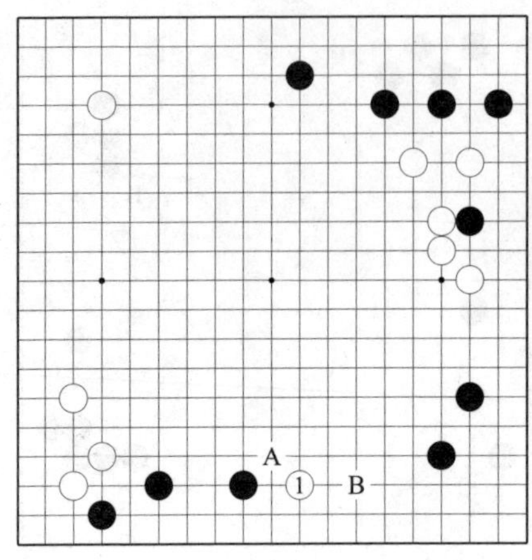

习题75

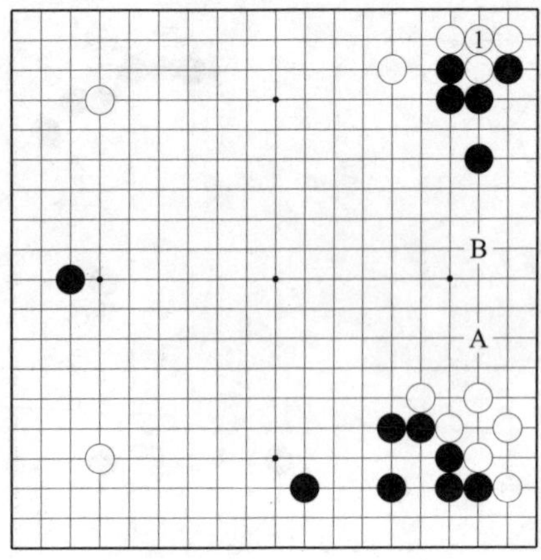

习题76

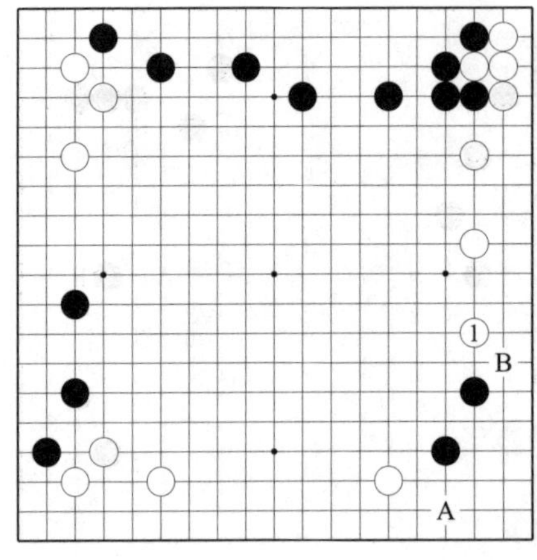

习题77

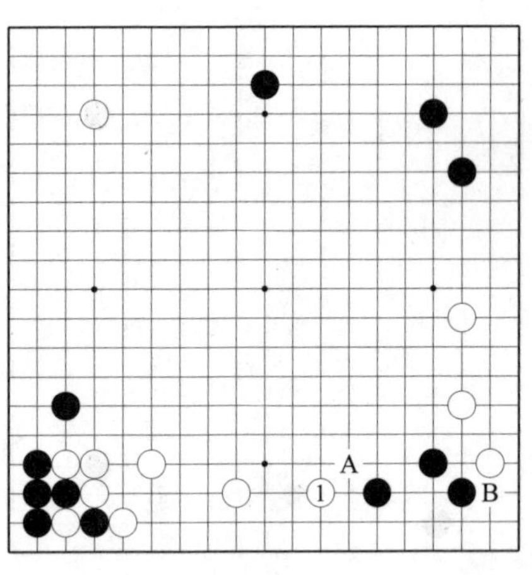

习题78

以下各图均为黑先，请在A和B中选择正确下法。

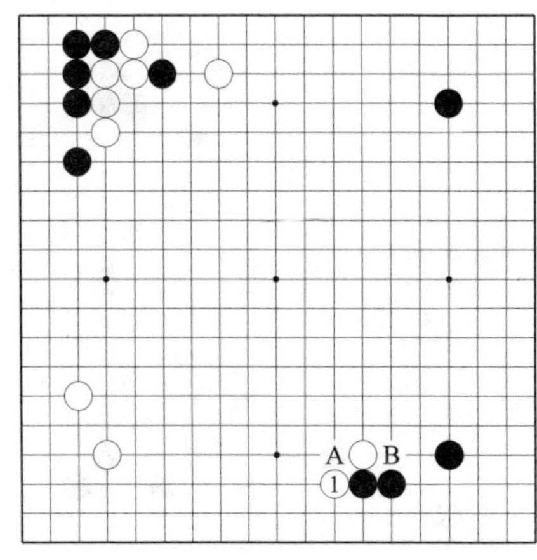

习题79

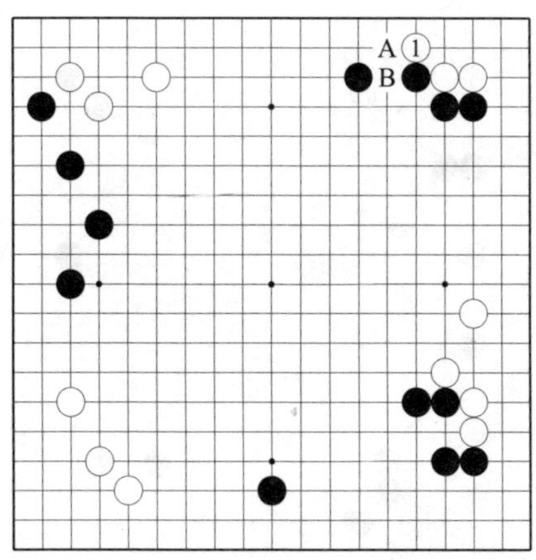

习题80

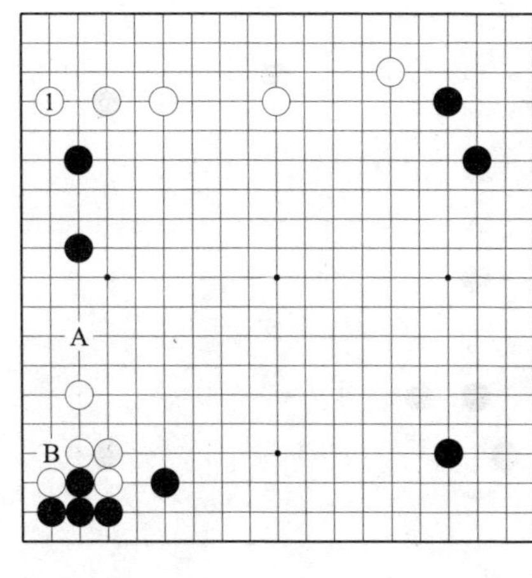

习题81

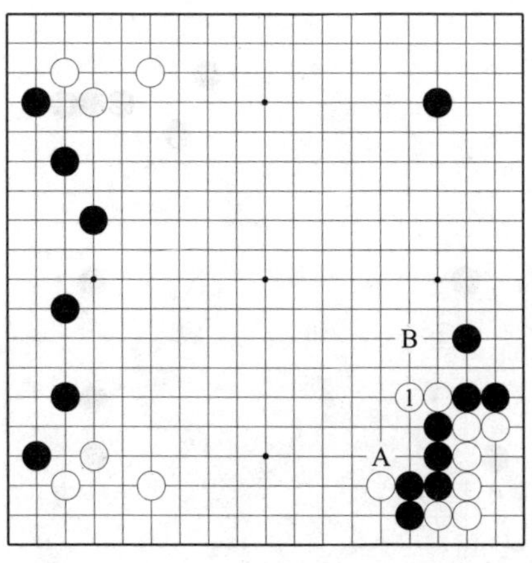

习题82

以下各图均为黑先，请在A和B中选择正确下法。

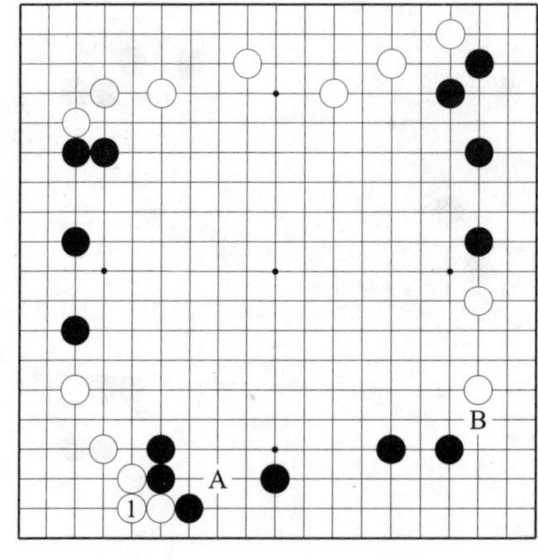

习题83

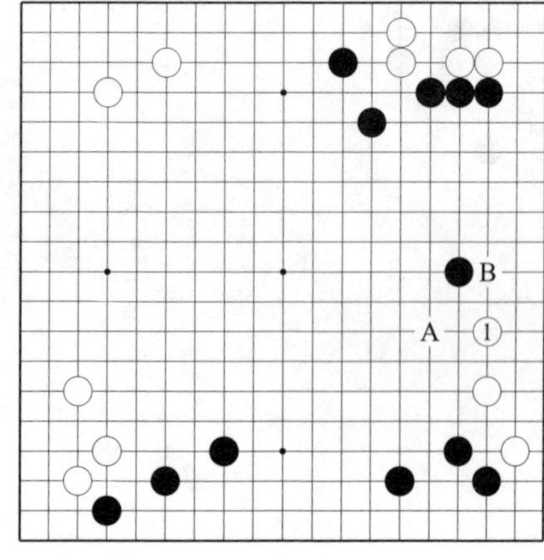

习题84

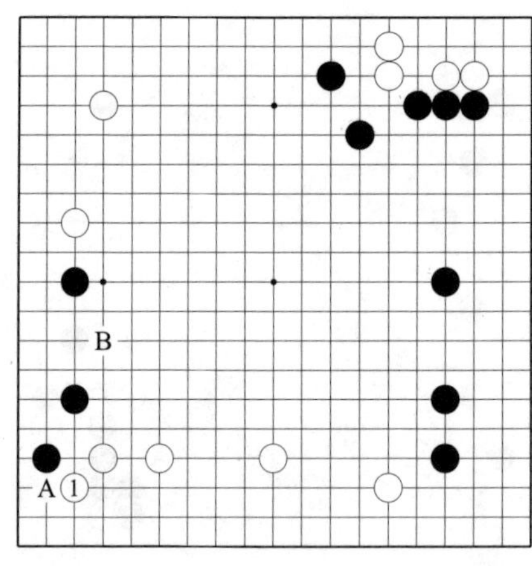

习题85

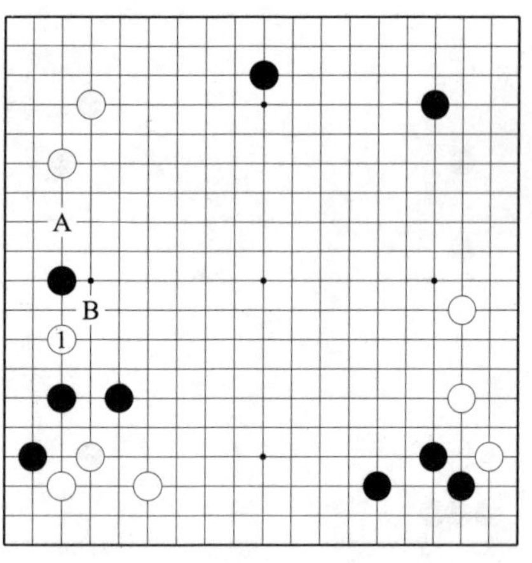

习题86

练习题解答

习题 1 ~习题 6 解答：A，A，A，A，B，A

习题 7 ~习题 12 解答：B，A，B，B，A，A

习题 13~习题 18 解答：B，A，A，B，B，A

习题 19~习题 24 解答：A，A，A，A，B，B

习题 25~习题 30 解答：B，B，A，A，A，B

习题 31~习题 36 解答：A，A，B，B，B，B

习题 37~习题 42 解答：A，B，B，B，B，B

习题 43~习题 48 解答：B，B，B，A，B，A

习题 49~习题 54 解答：B，B，B，B，B，B

习题 55~习题 60 解答：A，B，A，A，A，B

习题 61~习题 66 解答：B，B，B，B，A，A

习题 67~习题 70 解答：A，B，B，B

习题 71~习题 74 解答：A，B，B，B

习题 75~习题 78 解答：B，B，A，B

习题 79~习题 82 解答：A，A，A，A

习题 83~习题 86 解答：B，B，B，B

第十二讲　收官

计算官子，首先要有目的概念。目是判断价值大小的计量单位。简单地说，就是围起一个交叉点为1目，提起对方一子或吃住对方一子为2目。

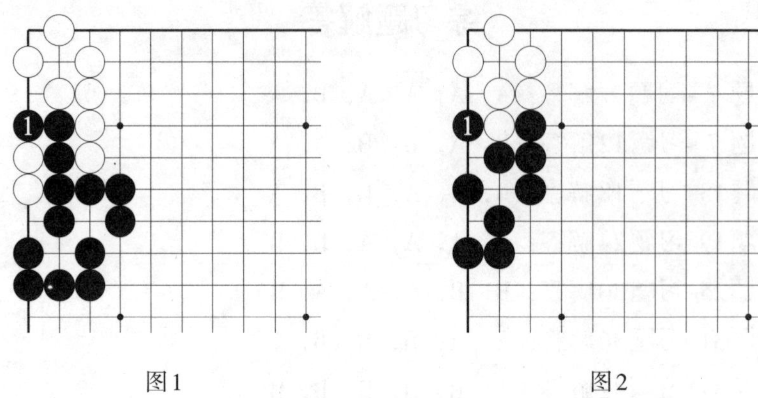

图1　　　　　　　　图2

图1　黑1吃住白两子，同时还围住一个交叉点，价值是5目。

图2　黑1阻止了白下1位成1目，故黑1的价值是1目。

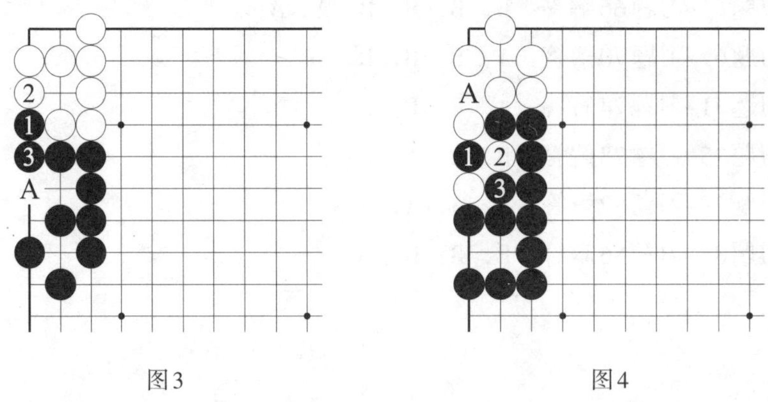

图3　　　　　　　　图4

图3　黑1、3扳粘，与白在3位扳、黑A位挡、白1位粘相比，前者黑多1目、白少1目，后者白多1目、黑少1目，出入合计都是2目。

图4　黑1扑先送出去1目，然后吃住白两子得4目，相抵后得3目。如同黑1扑时，白在A位接，黑再于3位提一子，价值还是3目。

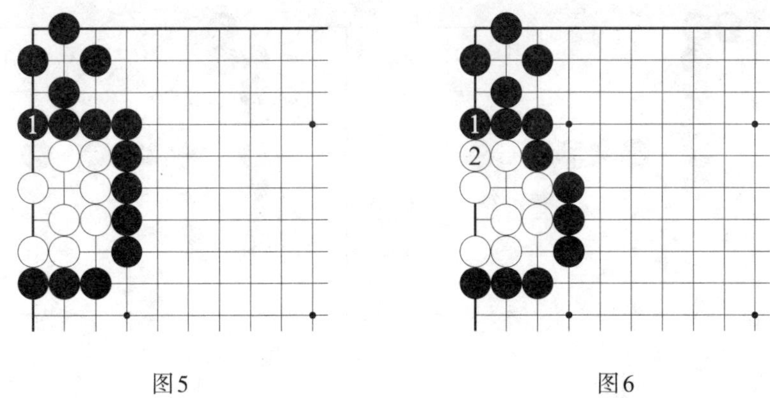

图5　　　　图6

图5　黑1自己围1目，黑1是后手，故而可称黑1为后手1目，其价值也就是1目。

图6　现在情况不同了。黑1自己围1目，但黑1后白2必须应，黑1为先手1目。先手与后手的区别是很大的，一般来说，先手官子的价值要加倍计算。也就是说，由于黑1是先手，其价值便从原来的1目变成了2目。

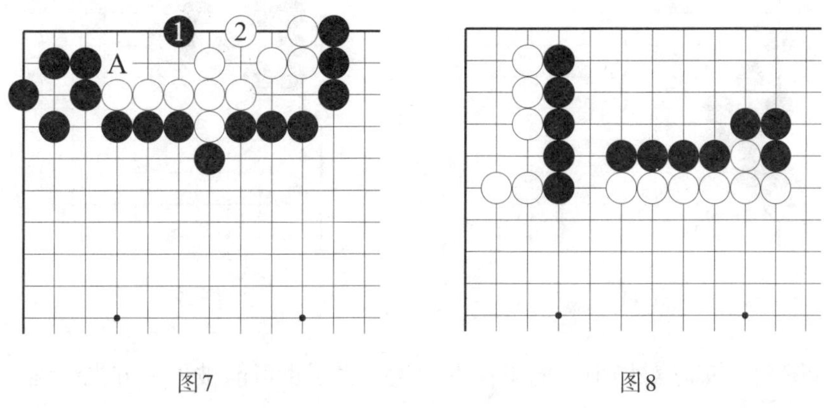

图7　　　　图8

图7　黑1大飞，白2非补不可，黑自身虽没增目，但使白地缩减为2目。若黑1不飞，让白在A位挡住，白地是8目。飞与不飞的出入有6目，而黑1是先手，换算成后手官子就是12目。

图8　上面说的是单方先手的官子，现在看看双方先手的官子。如本图，你能看出什么地方存在着双方先手的官子吗？

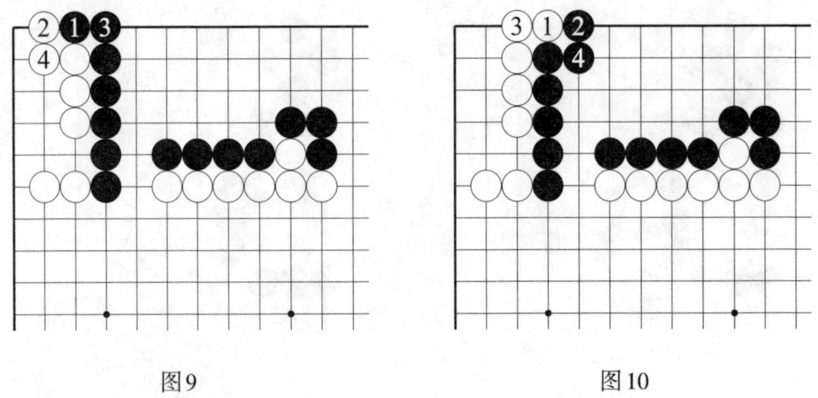

图9　　　　图10

图9　黑1、3扳粘是先手。

图10　白1、3扳粘也是先手。

以上两图相较，图9黑地多2目白地少2目，图10白地多2目而黑地少2目，里外里是4目。像这样双方先手的官子，最应优先抢占。

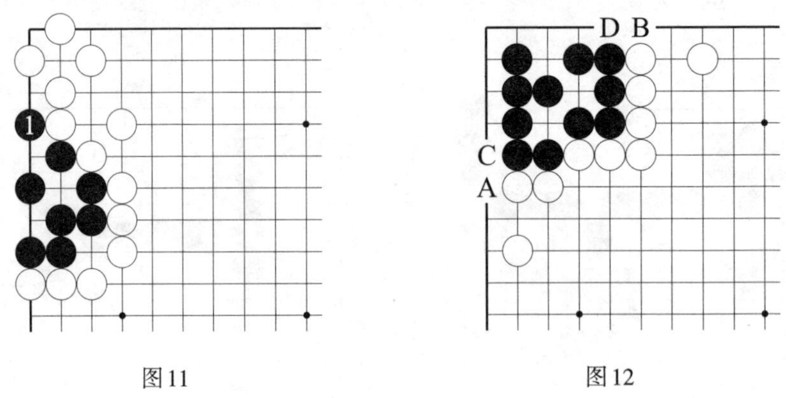

图11　　　　图12

图11　实际对局中，属于一方的先手官子也可能被另一方先走到，这种情况叫“逆收”，逆收官子的价值等同于先手官子。1位原是白棋的先手权利，现被黑1逆收。黑1妨碍了白先手得1目，其价值为2目。

图12　收官时出现的两个价值完全相等的官子叫对应官子。如黑可在A位或B位扳粘，白也可在C位或D位扳粘，这两个都是后手2目的官子就是对应官子。类似这样的对应官子，双方都不必忙于去占，总是你一个我一个，更大的官子也是一样。

练习题

以下各图均为黑先，请在A和B中选择正确下法。

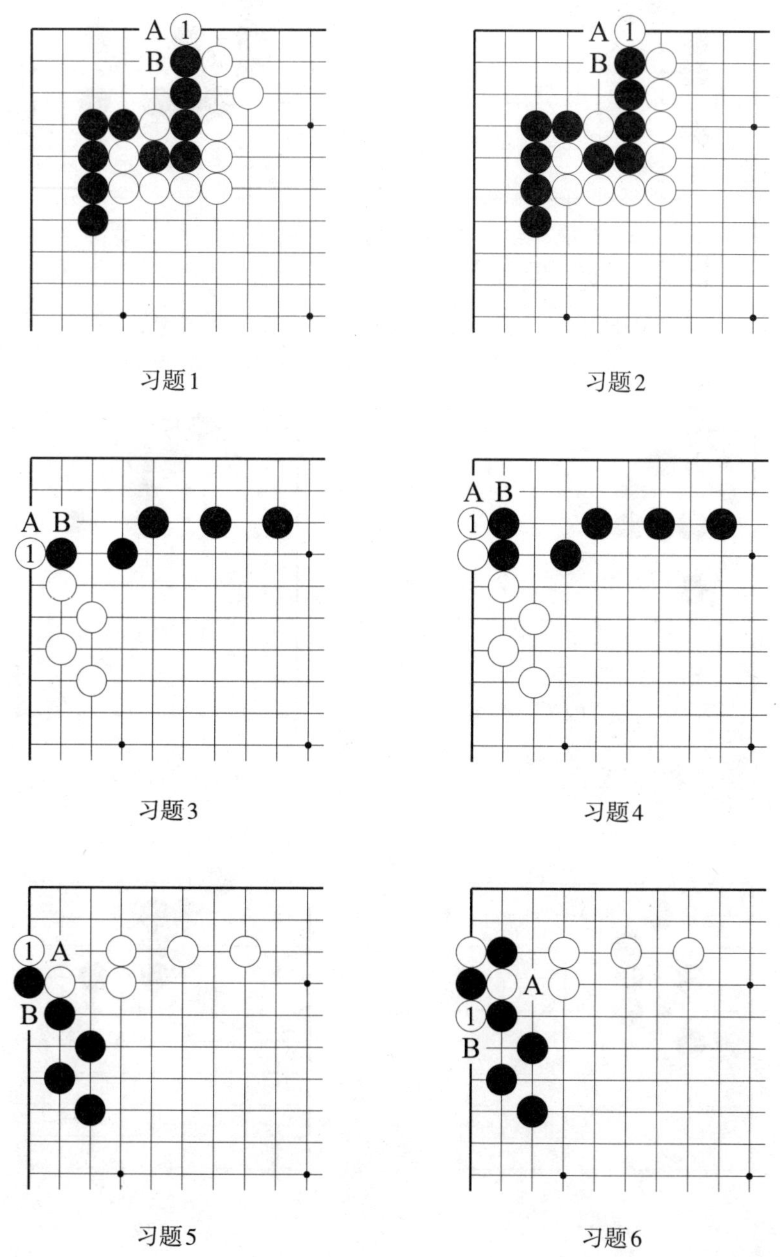

习题1　习题2

习题3　习题4

习题5　习题6

以下各图均为黑先，请在A和B中选择正确下法。

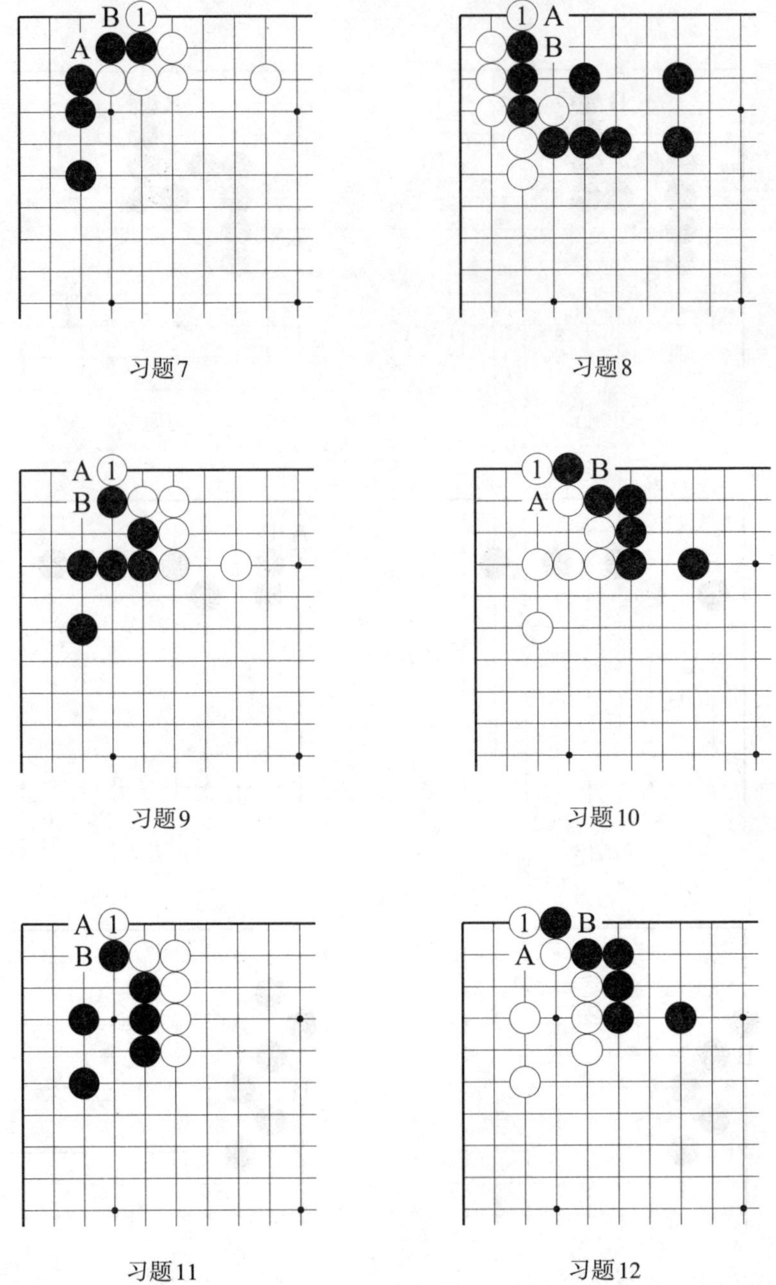

习题7

习题8

习题9

习题10

习题11

习题12

以下各图均为黑先，请在A和B中选择正确下法。

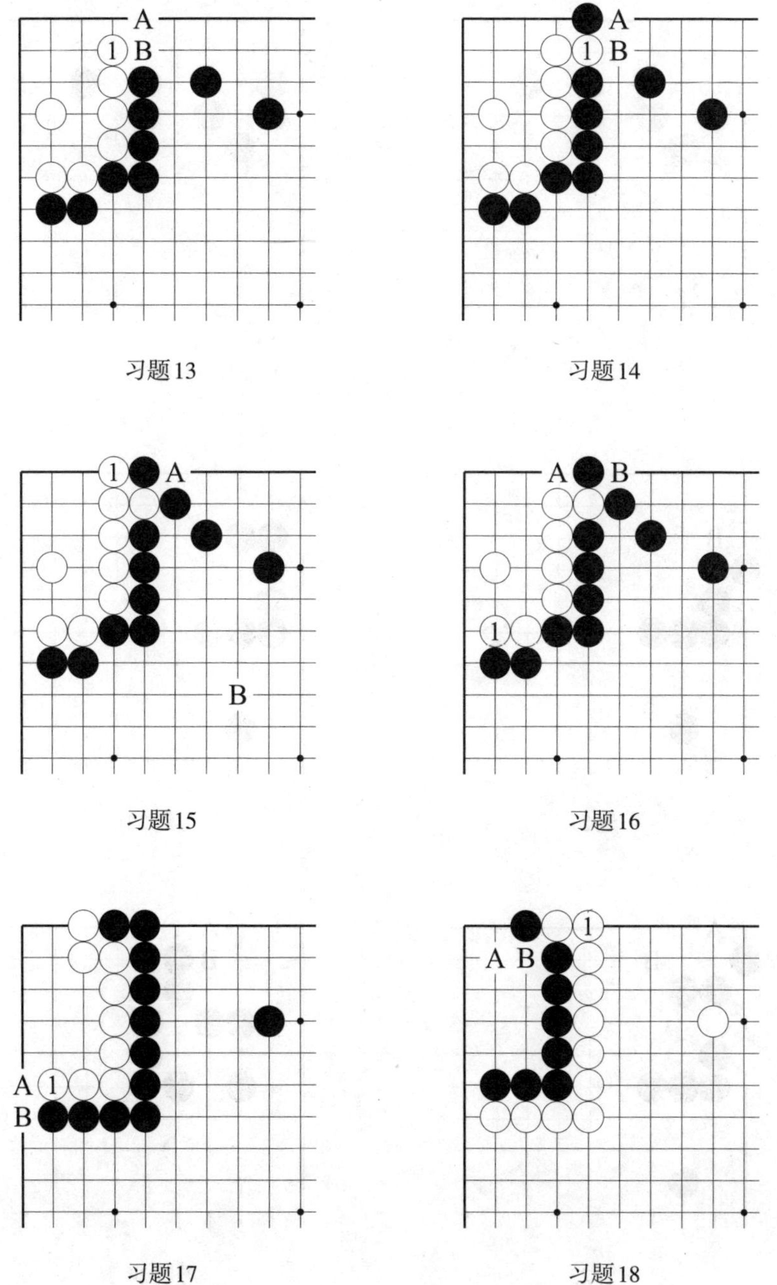

习题13

习题14

习题15

习题16

习题17

习题18

以下各图均为黑先，请在A和B中选择正确下法。

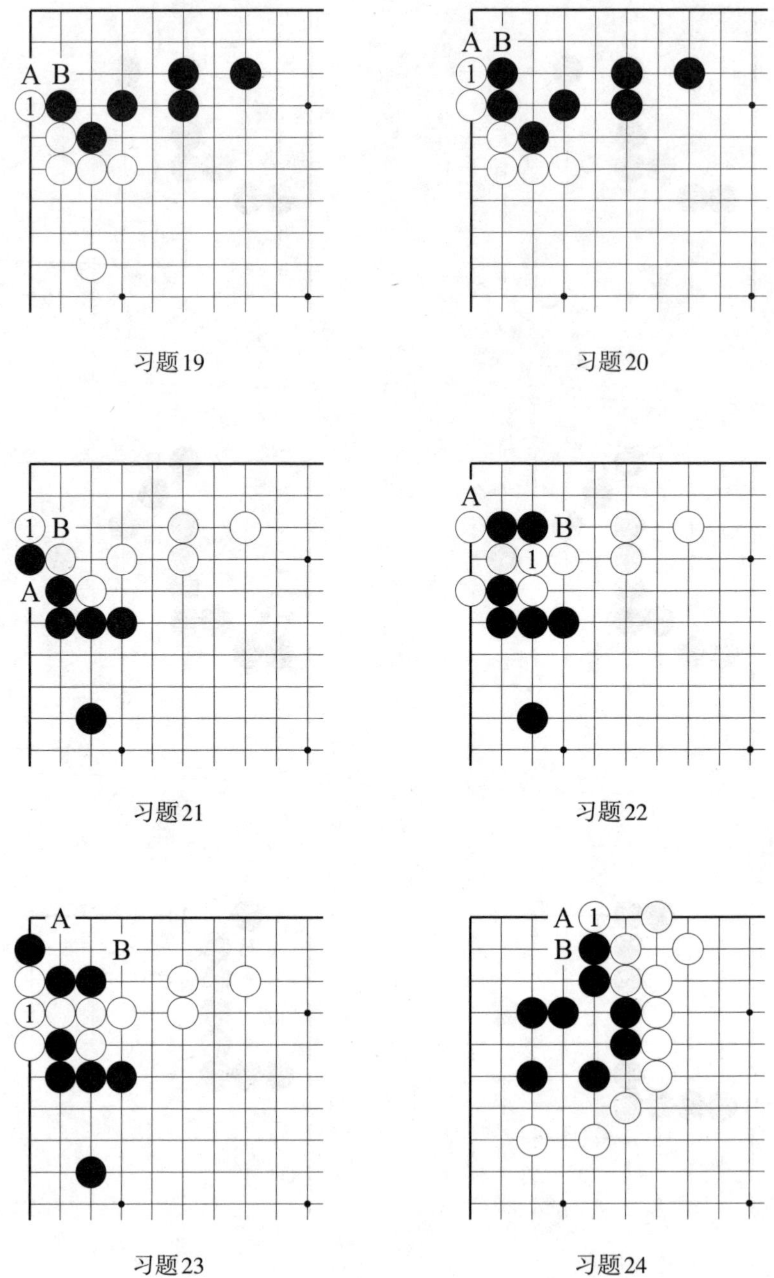

习题19

习题20

习题21

习题22

习题23

习题24

以下各图均为黑先，请在A和B中选择正确下法。

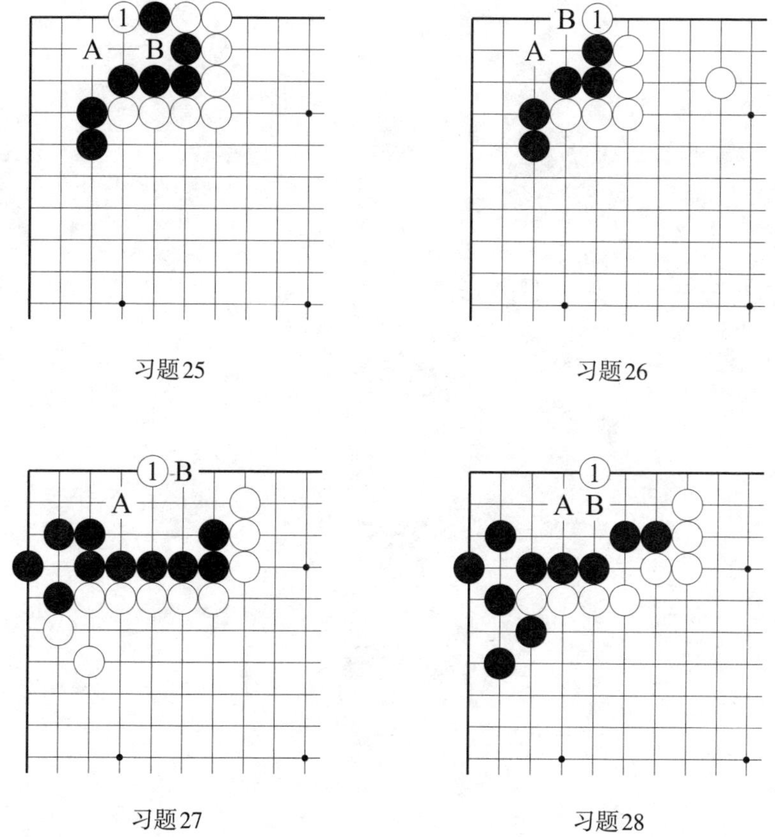

习题25

习题26

习题27

习题28

练习题解答

习题 1 ~习题 6 解答：A，B，B，A，A，A

习题 7 ~习题12解答：A，B，A，B，B，A

习题13~习题18解答：A，B，B，A，A，A

习题19~习题24解答：B，A，B，A，A，B

习题25~习题28解答：A，A，A，B

提
高
篇

第十三讲　吃子训练

除了常用的征、枷、倒扑、扑吃接不归等吃子方法以外，还有一些比较特殊的吃子方法，如“金鸡独立”“倒脱靴”，在实战中也不时能看到。

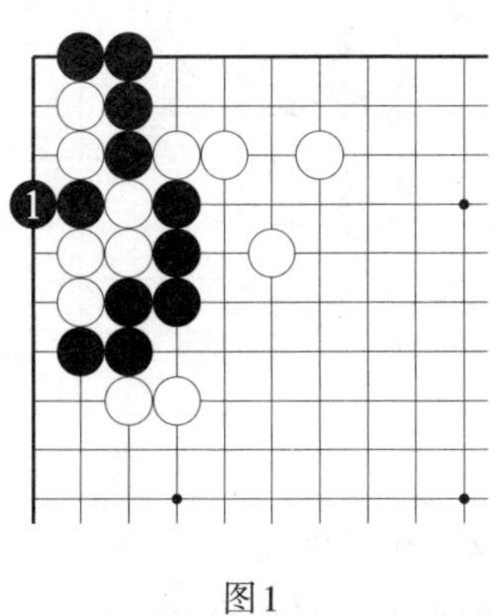

图1

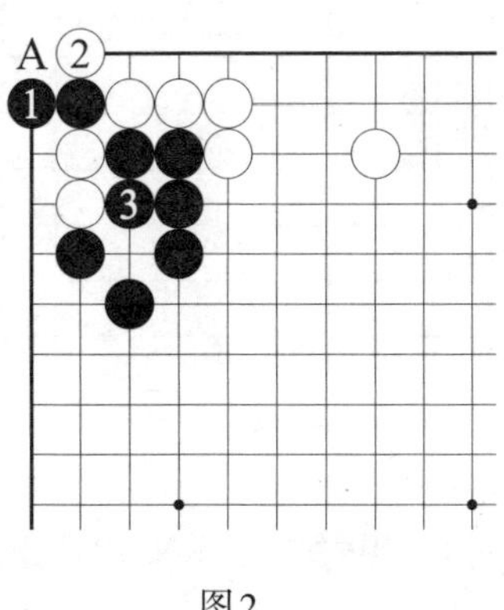

图2

图1　黑1立下，上下白棋都无法紧气。像这种借助对方两边都不入气使其只能等死的吃子方法，叫“金鸡独立”。

图2　“金鸡独立”常在边角出现，本图是常见的盘角上的例子。黑1立是要点，由于盘角的特殊性，A位白不入气。

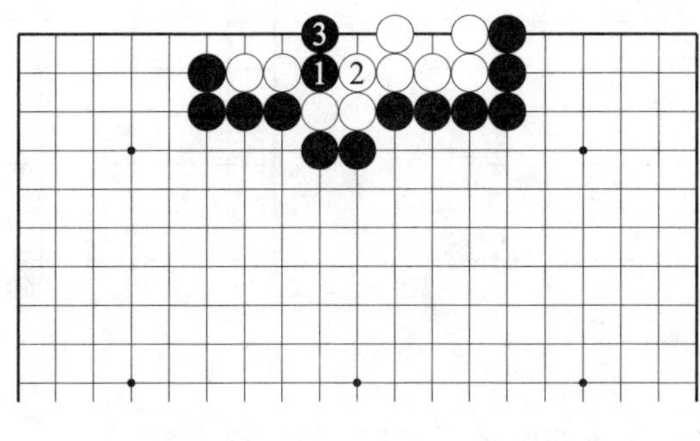

图3

图3　黑1先打，待白2粘后，黑3再立下。尽管白棋拥有一只眼，但黑运用“金鸡独立”的技巧，把整块白棋都吃掉了。

倒扑是先把一个子送给对方吃，然后把更多的子吃回。“倒脱靴”则是先把几个子送给对方吃，然后再把几个子吃回。不过，运用“倒脱靴”时，先送出的几个子本来就是死子。

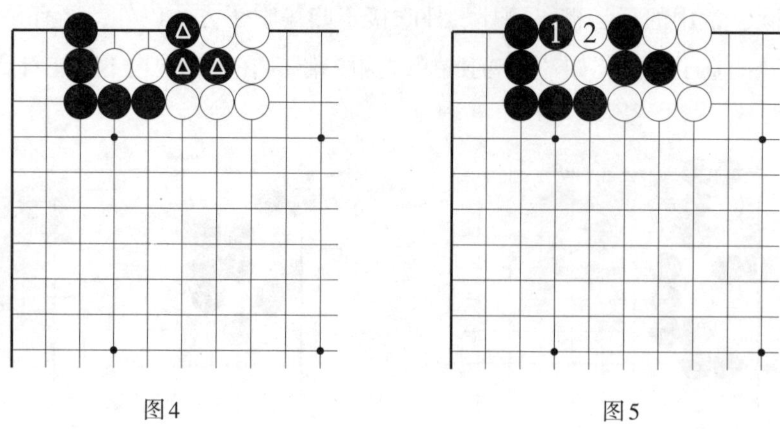

图4　　　　图5

图4　黑▲三子本来就是死的，能利用这三个子做文章吗？

图5　按常规思路，总不能让死子越来越多吧？只要黑1顺手一冲，这里原本存在的手段也就随之消失了。

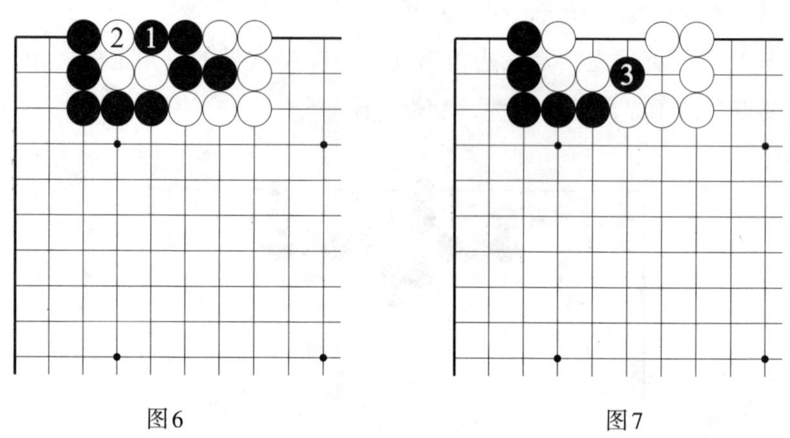

图6　　　　图7

图6　黑1多送一子叫吃才对，白2只能提。

图7　接上图，黑3再打，能吃回白三子。

正是由于黑先多送一子给白吃，黑才吃到了原本吃不到的白子。这种先多送继而得以吃回的吃子方法，被人们形象地称为“倒脱靴”。

练习题

以下各图均为黑先，能吃住白△子吗？

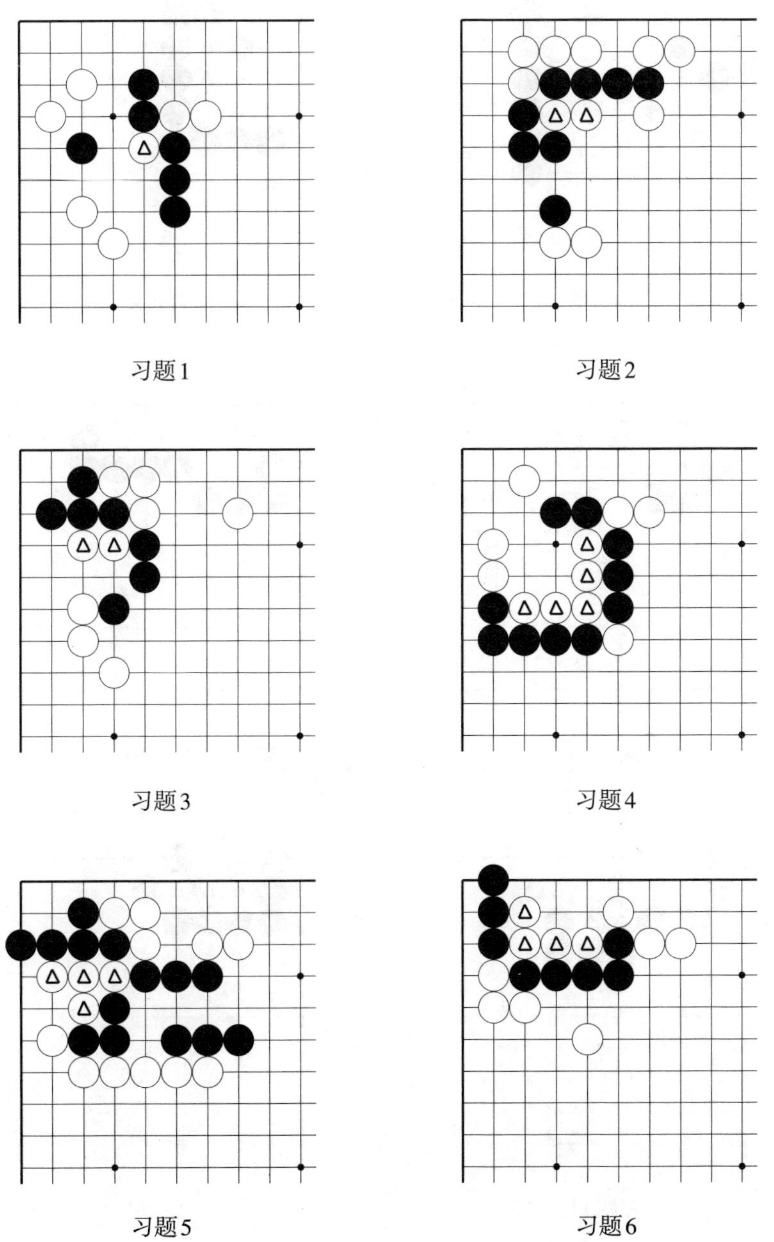

习题1　习题2　习题3　习题4　习题5　习题6

以下各图均为黑先，能吃住白△子吗？

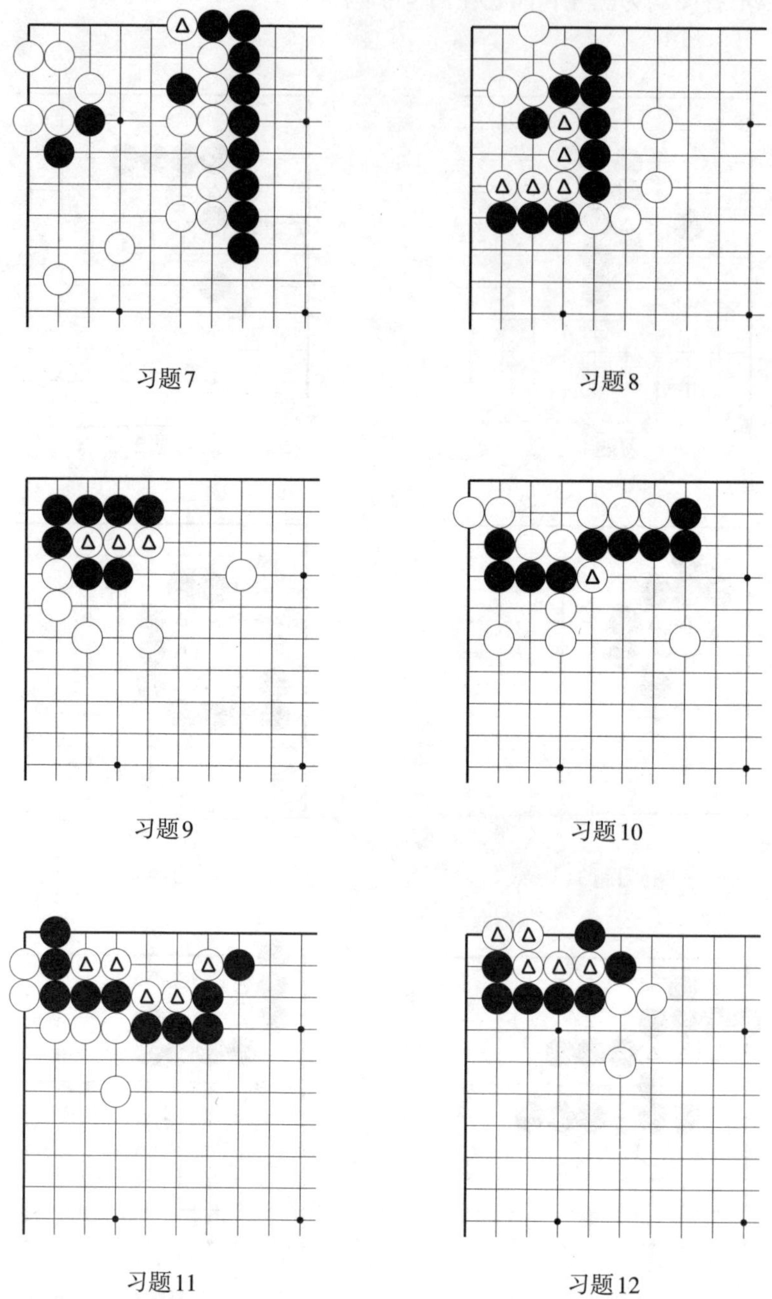

习题7　习题8

习题9　习题10

习题11　习题12

练习题解答

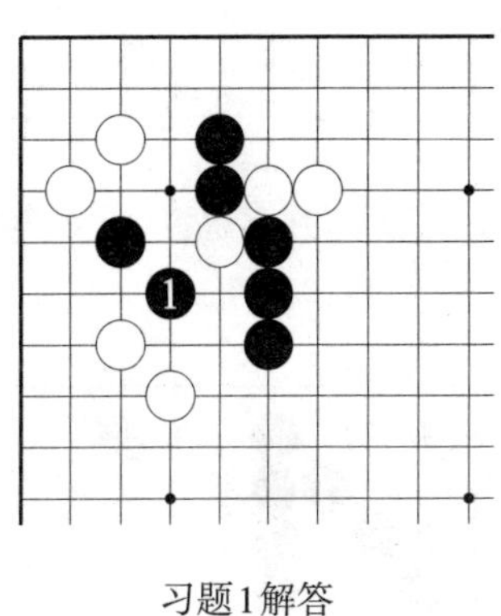

习题1解答

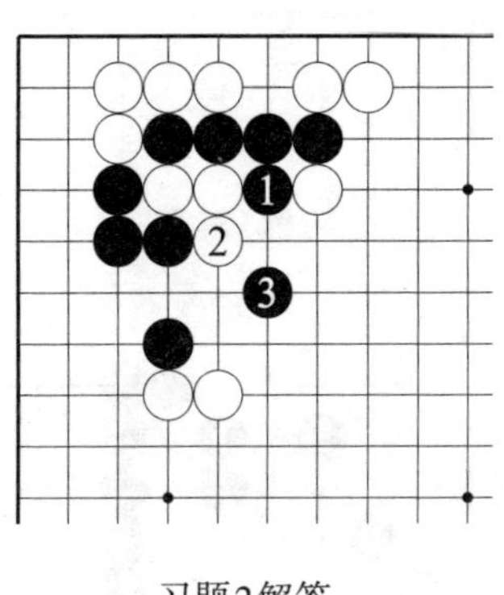

习题2解答

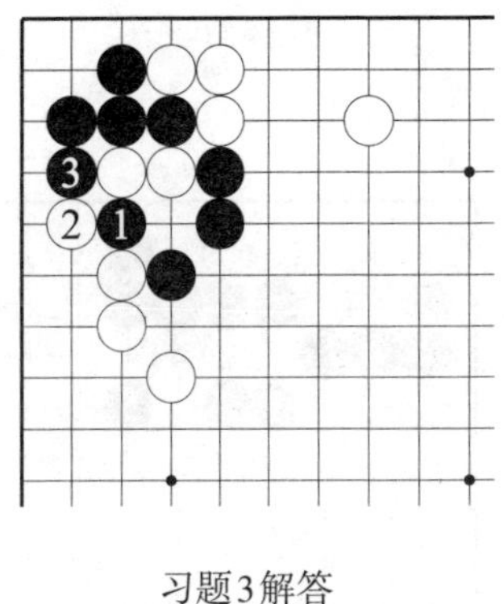

习题3解答

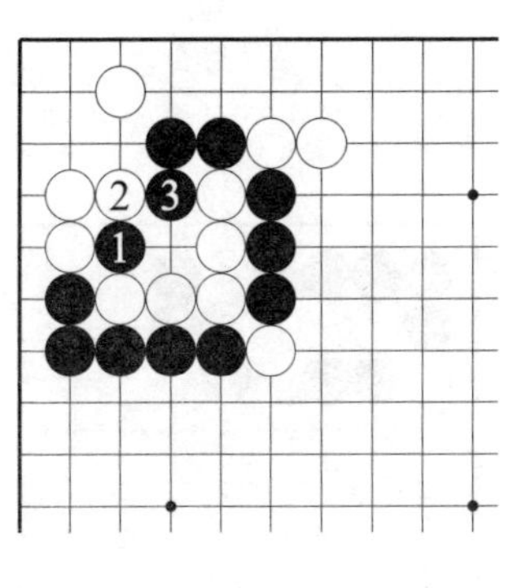

习题4解答

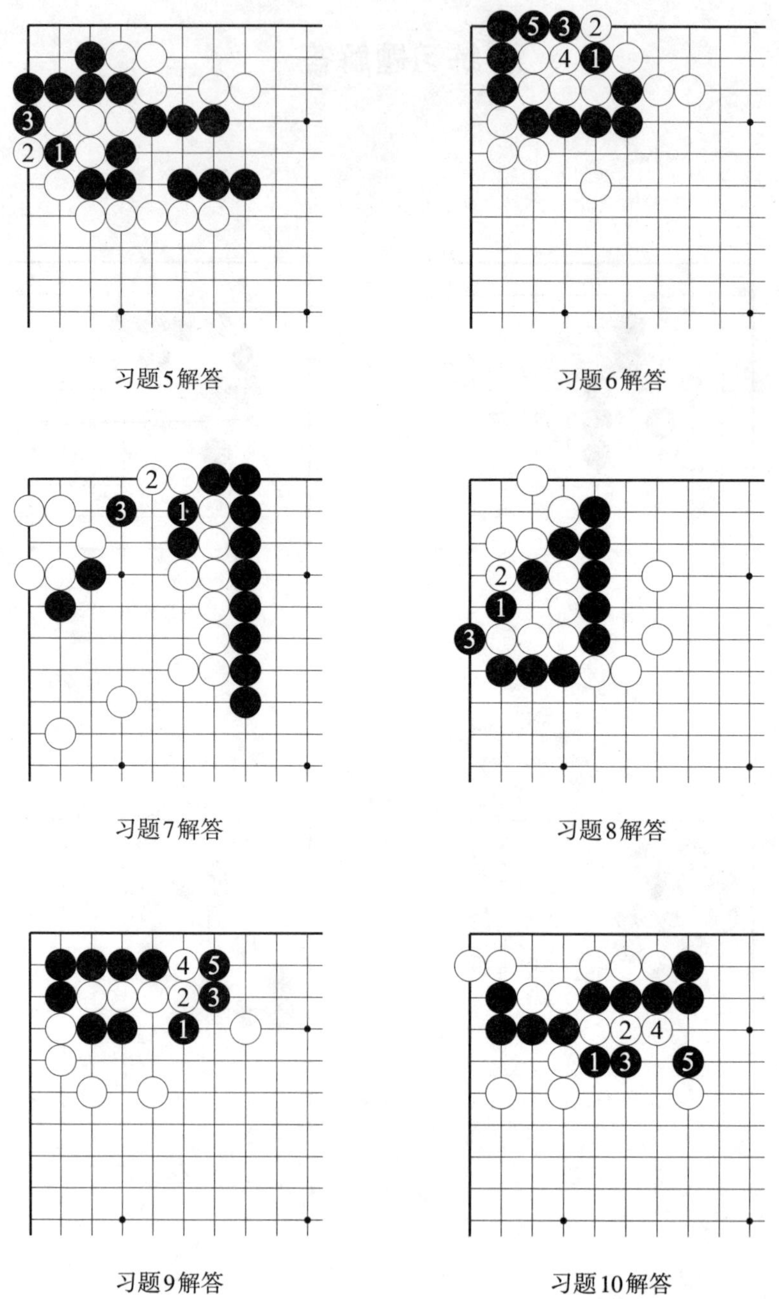

习题5解答

习题6解答

习题7解答

习题8解答

习题9解答

习题10解答

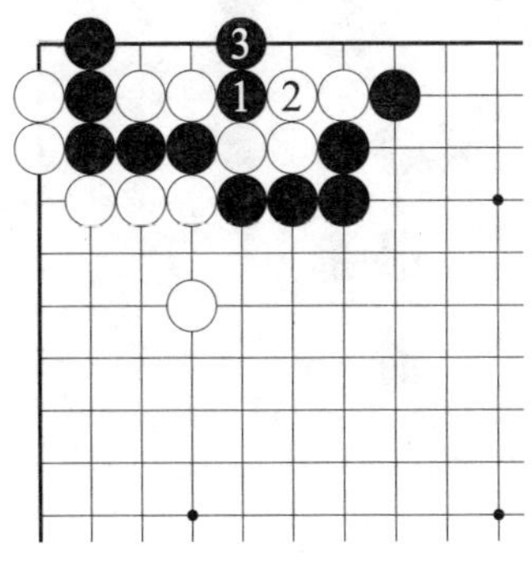

习题11解答（正解）

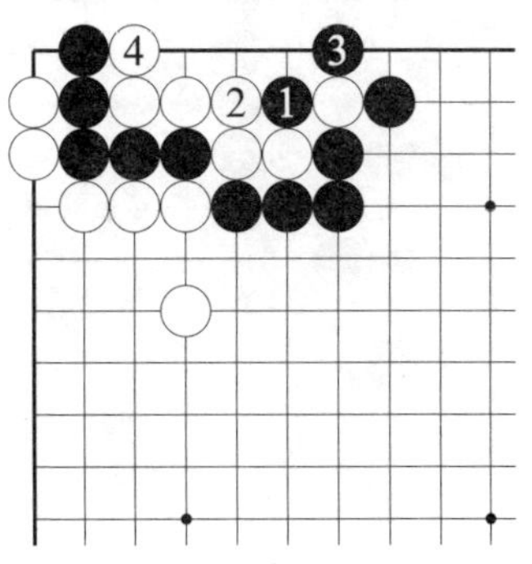

习题11解答（失败）

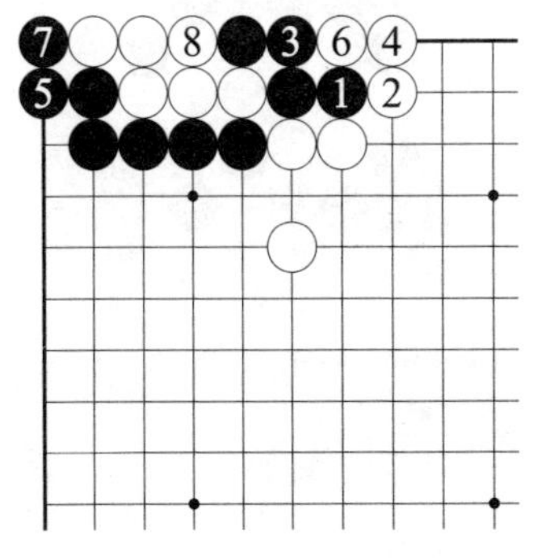

习题12解答（正解）

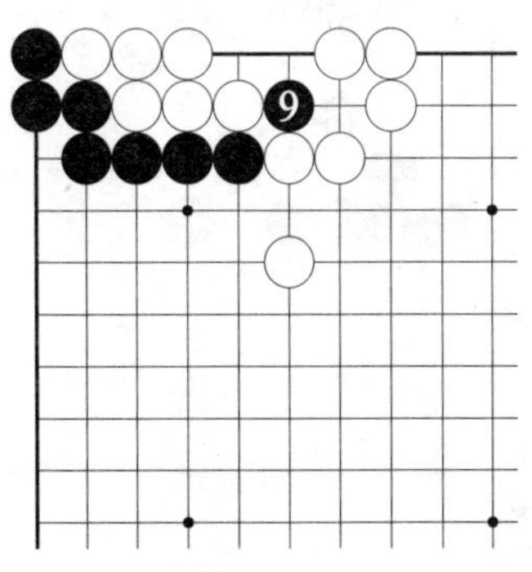

习题12解答（续正解）

第十四讲　连接与分断训练

实战中往往存在许多巧妙切断的机会，就看你能不能发现了。

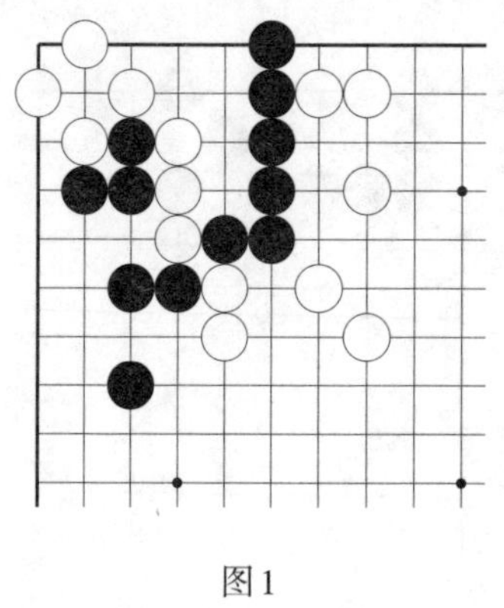

图1

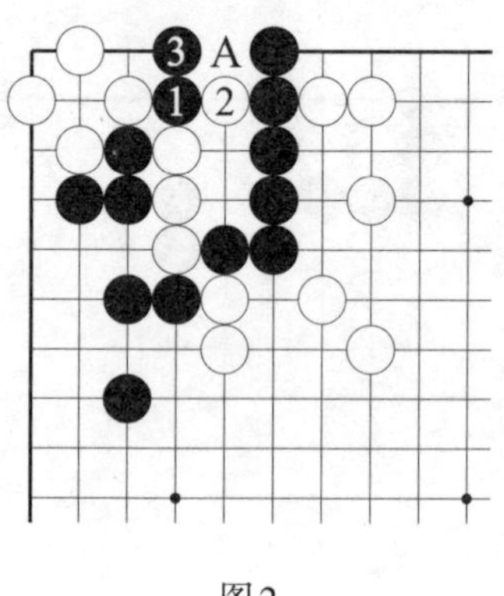

图2

图1　右侧黑六子已经被包围了。黑先，能把这些黑子救出来吗?

图2　黑1断成立，白2若打吃，黑3立下，A位白子放不进去。

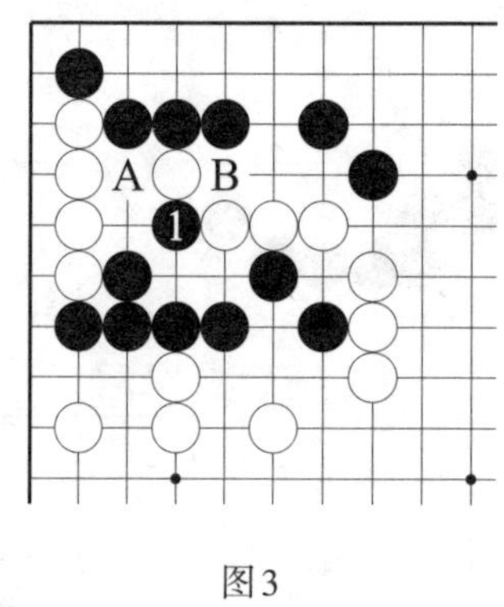

图3

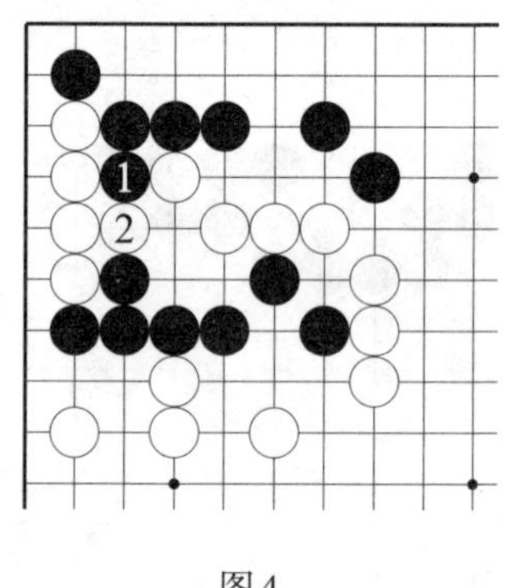

图4

图3　黑1挤断抓住了要领，以下A、B两点黑必得其一。如果不把二路上的四个白子断开，已被围住的黑七子难逃。

图4　黑若糊里糊涂地1位一冲，白2挡住之后，机会便转瞬而去。

当你的棋子被包围已无路可走时，往往会促使你去挖空心思地想办法；而当你没有此种紧迫感时，现成的施展妙手的机会便很容易从眼前溜过去。

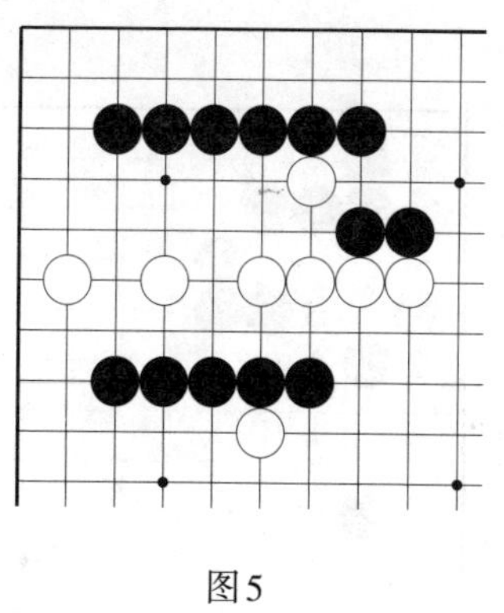
图5

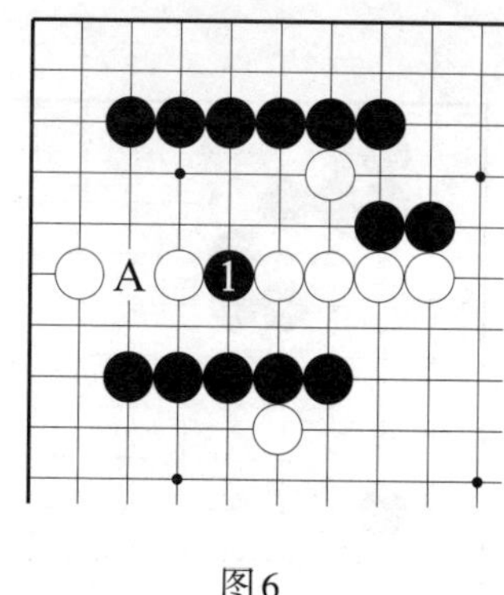

图6

图5　现在的黑棋就很安全，下侧黑五子的出路还有的是。黑有没有断吃白棋的手段？

图6　黑1挖正确，接下来不管白棋从哪边打吃这个子都不行。黑1如改在A位挖，就什么棋也没有了。

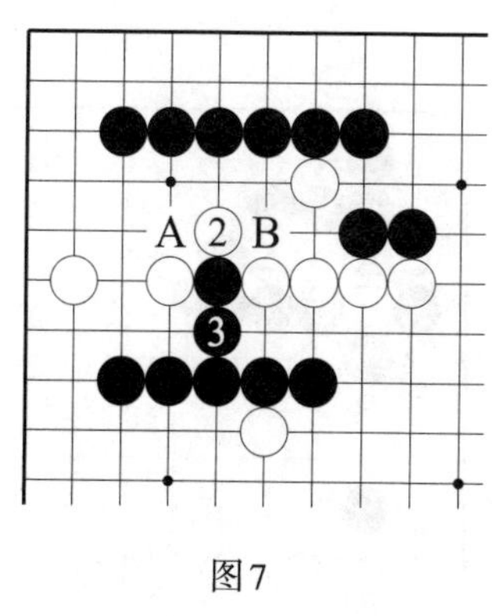

图7

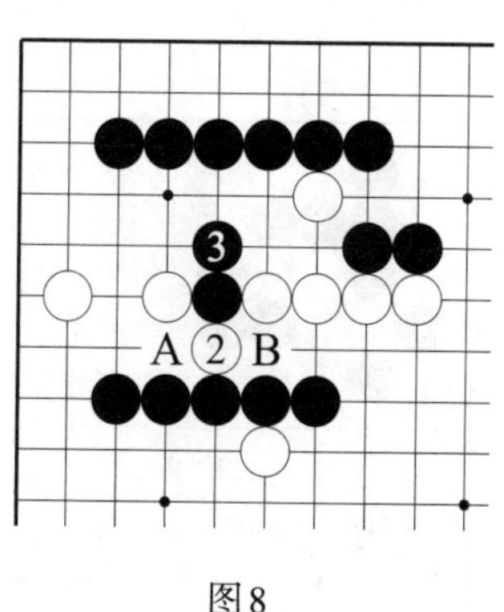

图8

图7　我们先来看白2打，黑3当然接住，可以看到现在出现了A、B两个断点。接下来白若在A位接，黑就在B位断；白若接B位，黑就A位断。估计为尽量减少损失，将来白会补去B位断点，但无论如何，左侧的两个白子总要被断吃。

图8　白2换个方向打显然更不行，黑3后看得很清楚，白不可能把A、B两个断点都接上。

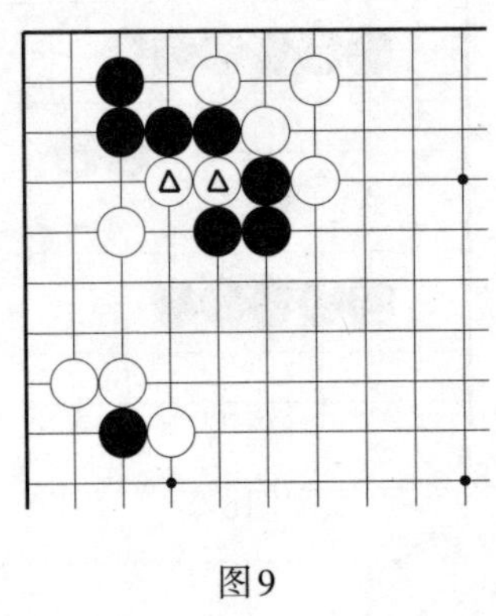

图9

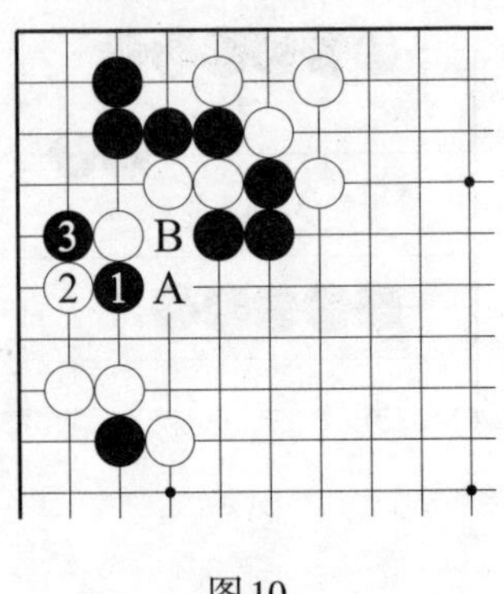

图10

图9 黑棋被一分为二，处于危险的境地。分断黑棋的是白△二子，通常把类似白△这样的重要棋子称作“棋筋”。

图10 黑1先搭，白2总不能在A位扳，那样的话黑B位一断，白二子明显被吃。白2只能从下面扳，此时黑3断很妙，人称“相思断”。黑1、3这两个子哪个都可舍掉，只要把作为棋筋的白二子吃住，便大功告成。

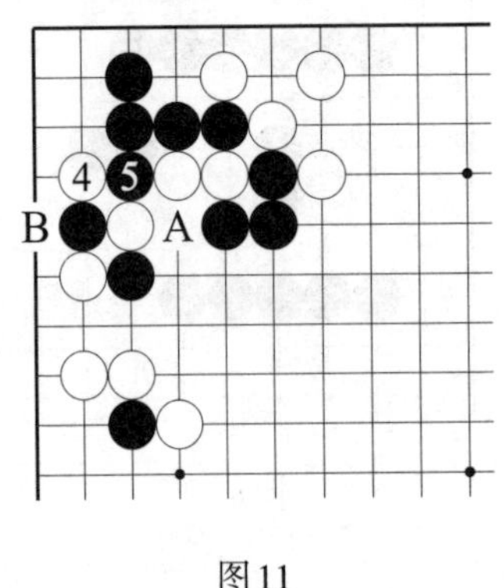

图11

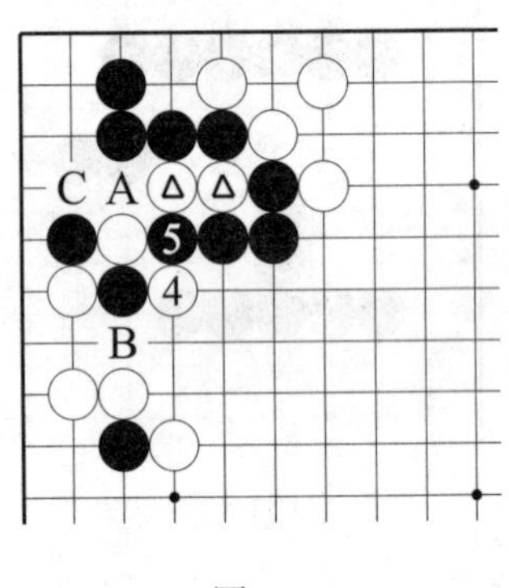

图12

图11 接下来，白4打吃二路上的黑子，黑5挤打，白已不能在A位接，只好B位提，于是黑得以A位提。

图12 白4换个方向打吃黑三路一子，黑5也换个方向挤打，这回白不能在A位接，只好B位提，于是黑不仅可在A位提，还可C位拉回一子吃白△子接不归。

练习题

白刚刚下了△子，黑能成功分断或成功联络吗？

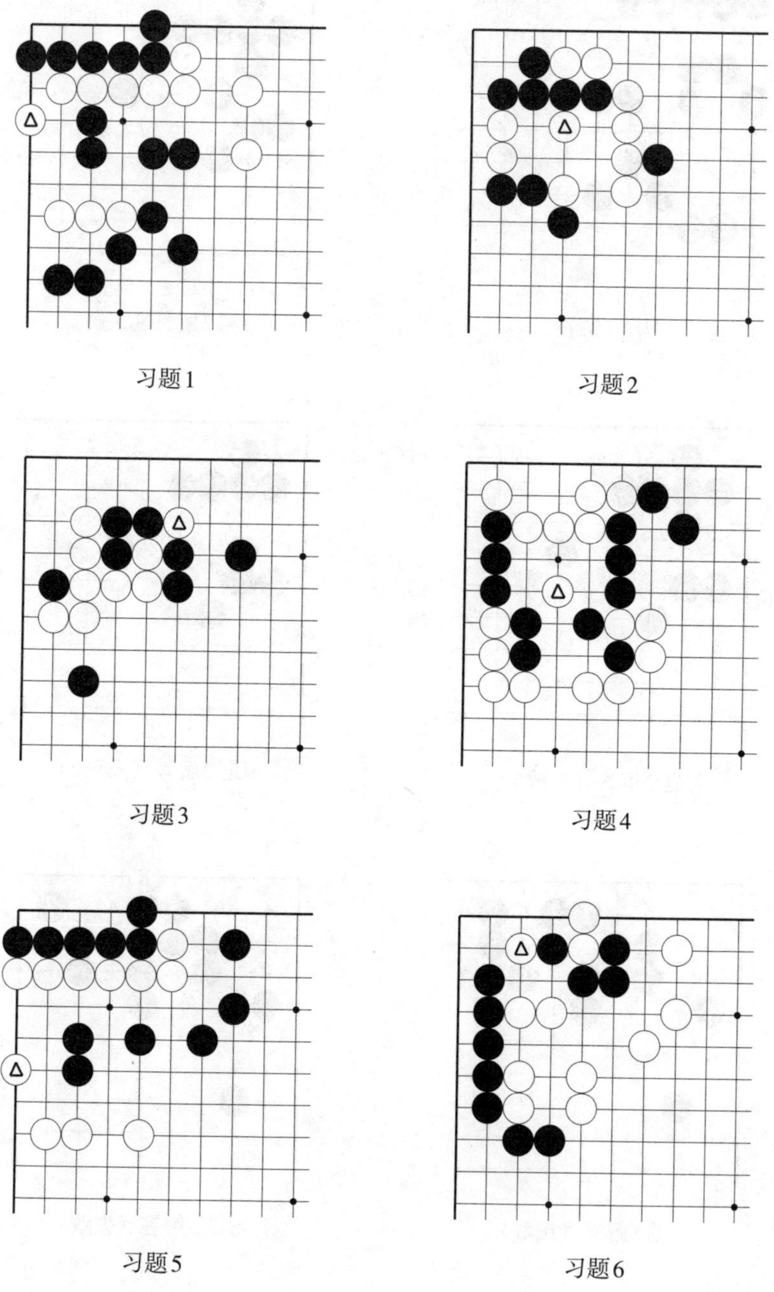

习题1　习题2

习题3　习题4

习题5　习题6

练习题解答

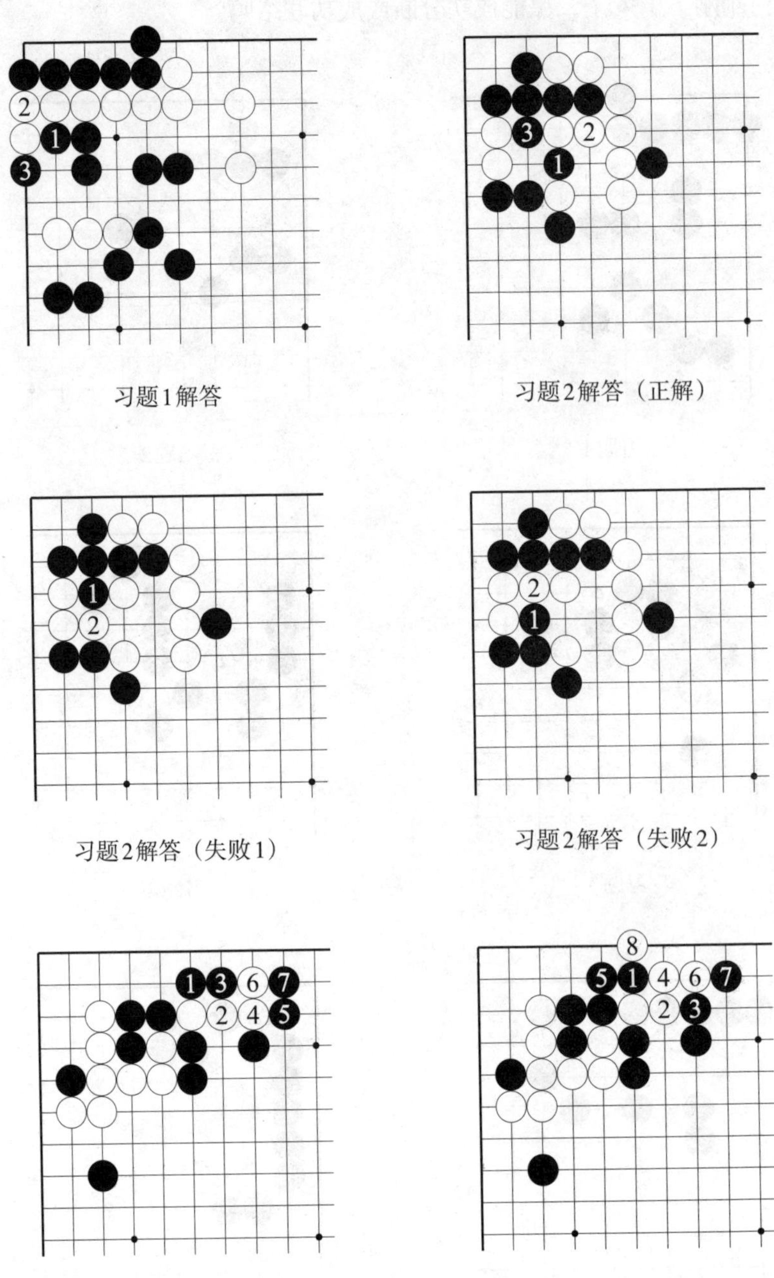

习题1解答

习题2解答（正解）

习题2解答（失败1）

习题2解答（失败2）

习题3解答（正解）

习题3解答（失败）

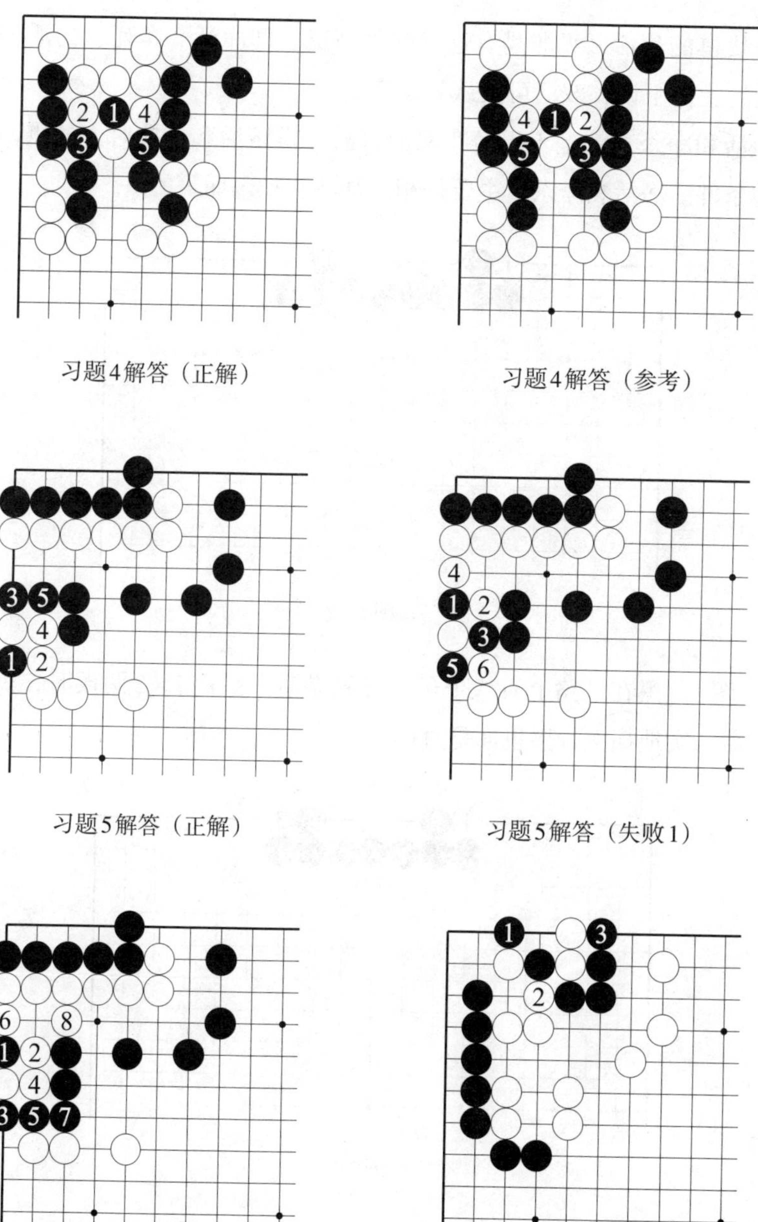

习题4解答（正解）

习题4解答（参考）

习题5解答（正解）

习题5解答（失败1）

习题5解答（失败2）

习题6解答

第十五讲　死活训练

一块棋的死活，无非是有这样几种情况，即净活、净死、劫活，或者是双活。大体上说，双活可被认为是净活。

净活和净杀，就是干干净净地把自己的棋做活和杀掉对方的棋，不附带其他条件。净活和净杀，主要是相对劫活和劫杀而言的。

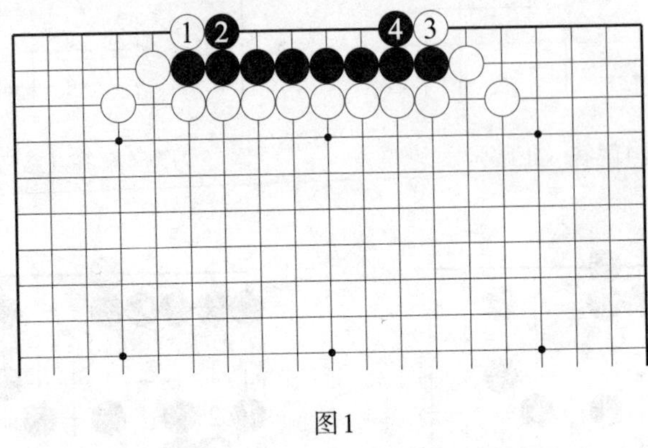

图1

图1　黑在二路上有八个子，已经净活了。白1、3两扳时，黑2、4只需老实地挡上，黑里面是直四。

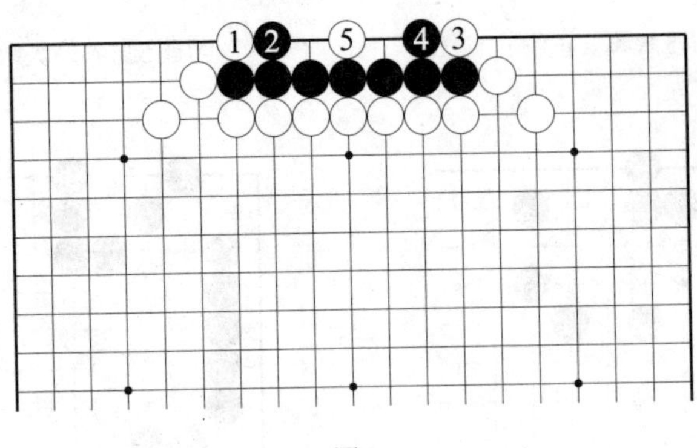

图2

图2　现在黑二路上的棋子只有七个，白1、3扳黑2、4挡后，里面只有直三，白5点眼，黑净死。二路上的棋子七个还不够活，要八个才够，这就叫“七死八活”。

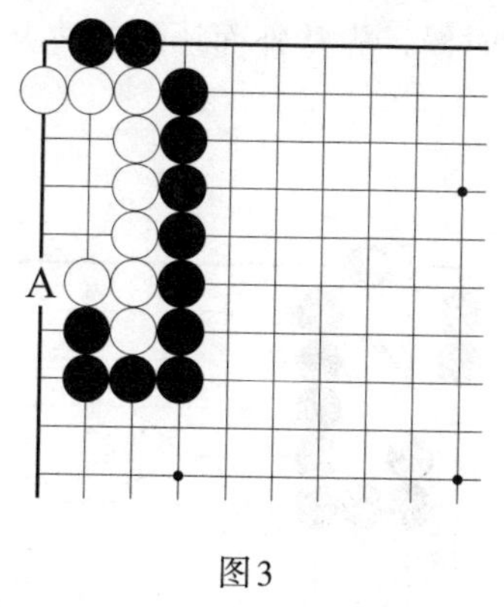

图3

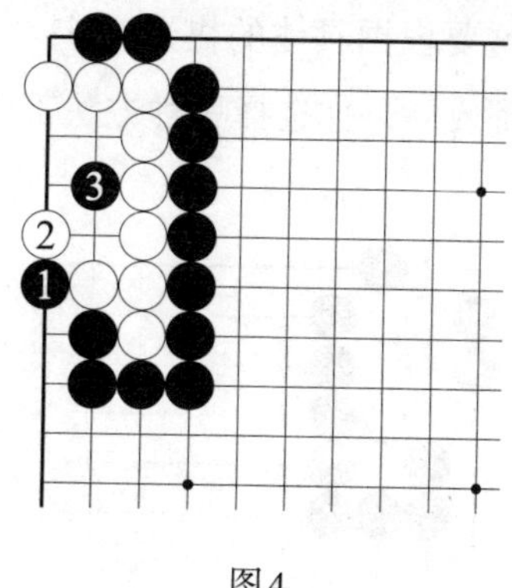

图4

图3　黑先，能把白棋杀掉吗？你应该这样来考虑：若A位有白子，白棋是板六，你自然无法杀白；现A位开着口，白不够板六，白不够活棋的条件，所以你能杀白。

图4　接下来你再考虑怎样杀白。黑1扳，白2挡，这一来里面的形状成了刀五，黑3一点白就死了。先从外面进行压缩，使里面的空间缩小，不够做活的地方，这是杀棋的常用手段。

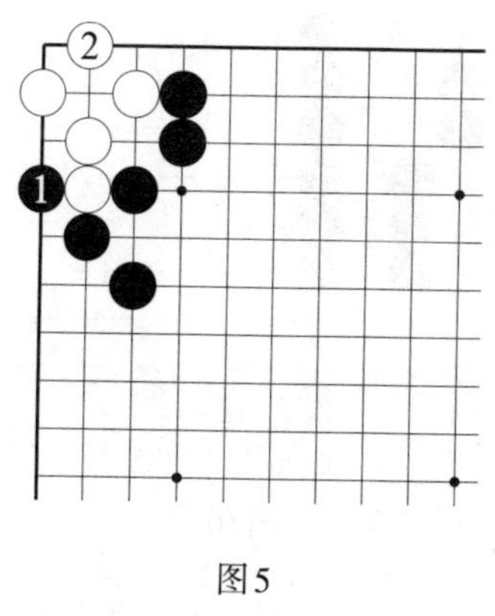

图5

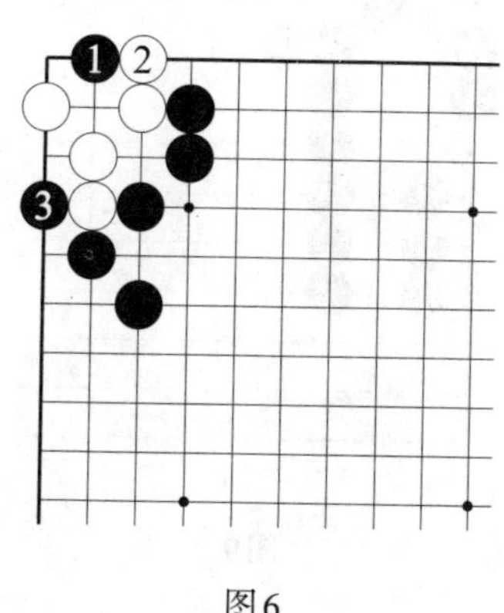

图6

图5　但又不能死搬教条，该先从外面压缩的要先压缩，该先点眼的就要直接点进去。此处黑1先压缩就错了，白2可踏踏实实活棋。

图6　黑1直接点眼才对，白2防黑1一子拉回去，这时黑3扳去眼，白棋活不了。

要杀掉一块棋，有时候必须先从外面压缩，有时候又必须先从里面点眼，这要根据具体的棋形来定。但也有的时候，先从外面压缩或先从里面点眼都成立，你选择哪种方法都无所谓。

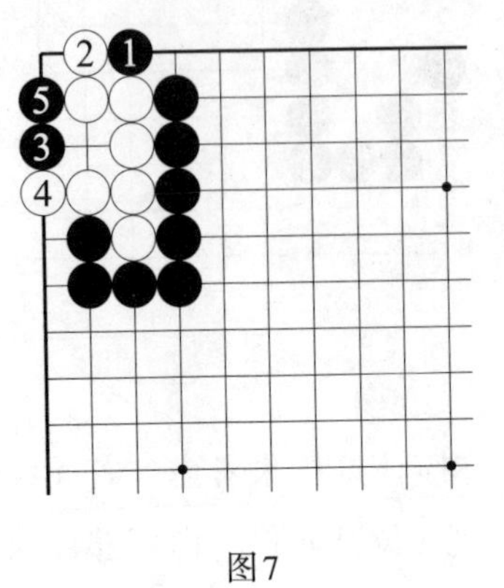

图7

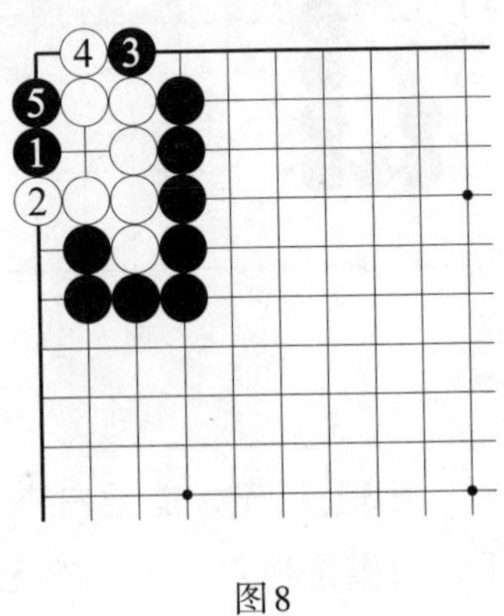

图8

图7　黑1先从外面压缩，至黑5，白死。

图8　黑1先点进去，至黑5，白也死了。

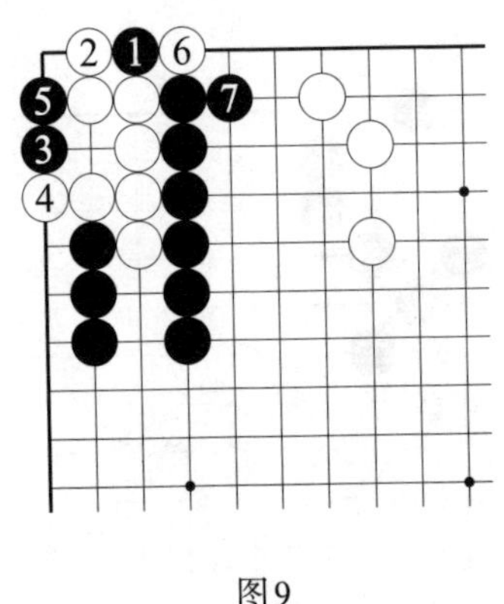

图9

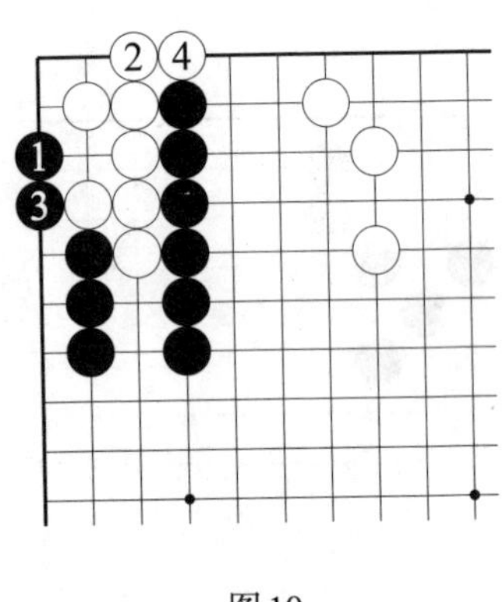

图10

图9　若把外围的棋子变动一下，情况就不一样了。这时，黑就只能先从外面压缩，然后再点眼。至黑7退，白角无法与外面的白子联络。

图10　此时黑1直接点进去就不行了，因为里外白子可连成一片，角上有没有两只眼已无关紧要。黑3若改在4位挡，则白4就在3位挡下，角上白棋是净活，读者不妨自己验证一下。

活棋和杀棋二者的关系如你中有我，我中有你，无法分割。

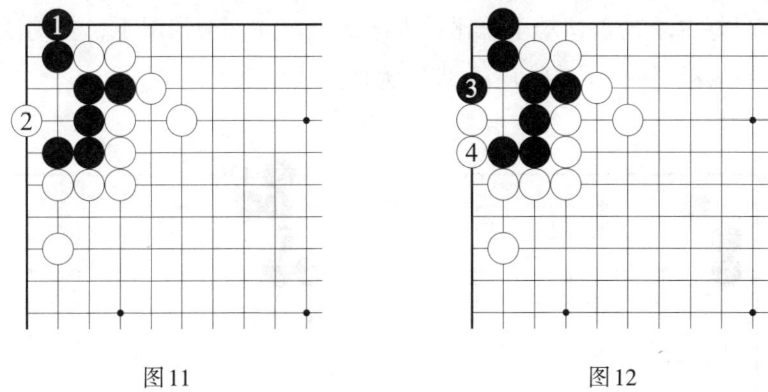

图11　　　　图12

图11　现在黑角该怎样做活？也许你想到了黑1立，你这样想也不是没有道理，因为若被白在1位一扳，黑棋就没有生存的空间了。但黑1立后，不知你想没想过白2的透点？白2这着棋很厉害，顷刻间使黑棋完蛋。白2这一手叫“老鼠偷油”，也有人叫它“耗子偷油”。你要是没学过这一手，做活时很容易把它疏忽。

图12　接上图，黑3当然不行，白4拉回，黑棋只有一只眼。

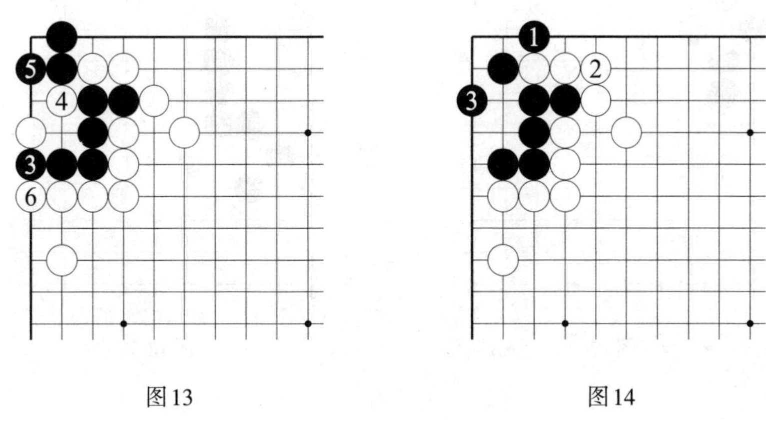

图13　　　　图14

图13　黑3若挡下，则白4断，至白6，黑被吃。

图14　此时黑棋正确的做活方法是黑1扳，待白2接后再黑3虎，方能确保无事。

你要是想做活一块棋，当然净活最好，但若无法净活，就只好寻求劫活，劫活总比净死强。你要是想杀一块棋，当然净杀最好，但若无法净杀，就只好寻求劫杀，劫杀总比让人净活强。在一般情况下，打劫活可理解为这块棋活了一半，打劫杀可理解为把这块棋杀了一半。

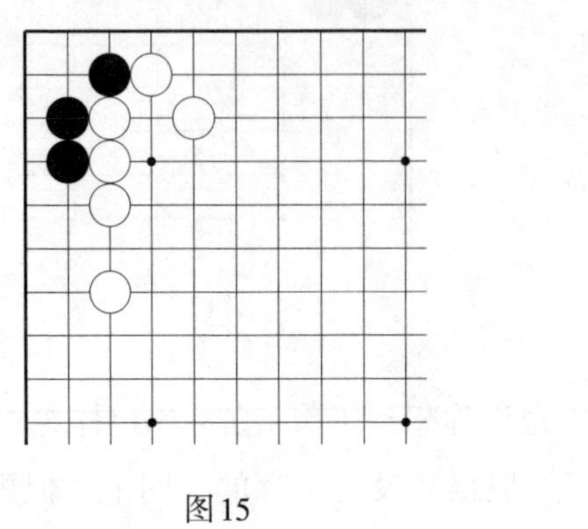

图15

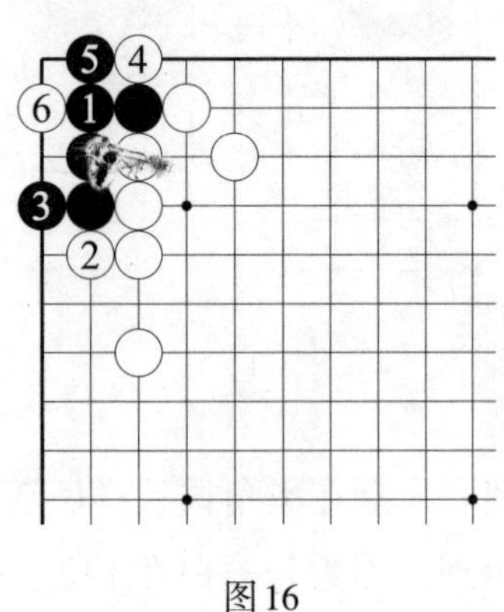

图16

图15　黑先，能在角上做活吗？

图16　黑1粘，无非是求净活，但至白6，黑死，黑棋无法净活。

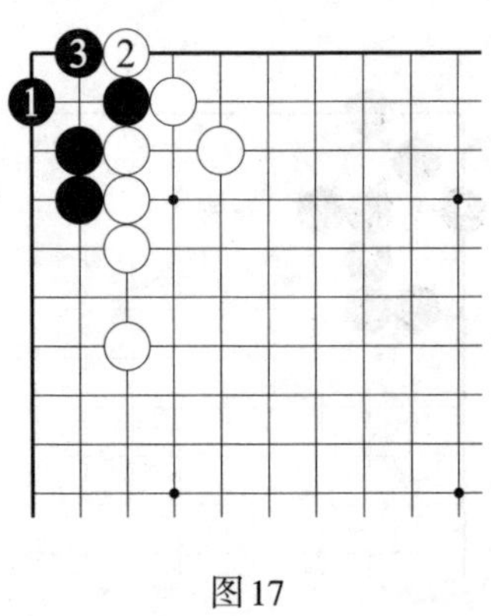

图17

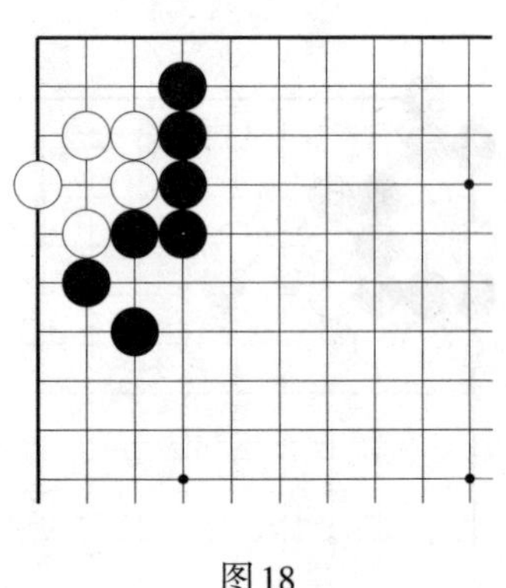

图18

图17　在无法净活的情况下，只有退一步寻求劫活。黑1是唯一正确的选择，白2打时，黑3做劫，用打劫的方法来争取活棋。黑要是打赢这个劫，黑活；黑要是打输了，黑死。

图18　这个棋形在实战中不时能见到。黑先，能把白棋杀掉吗？

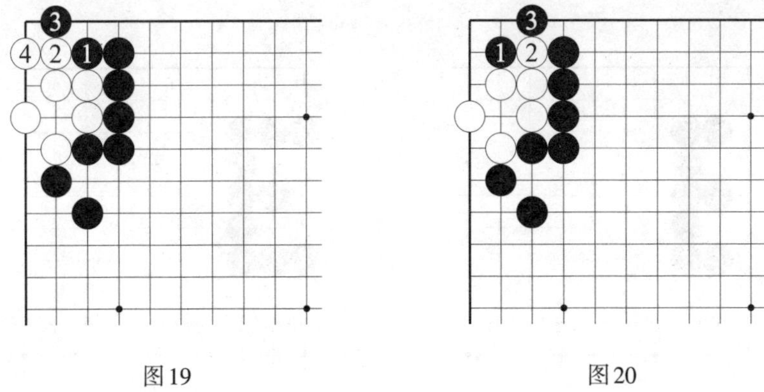

图19　　　　图20

图19　黑1若只是笨拙地拐一下，则至白4，白净活。

图20　本图黑1才是正确的选择。白2冲时，黑3从一路渡过，眼下乍一看，好像白棋已经死了。不过，别忙着下结论。如果你执白棋，你觉得此时还有好办法吗？

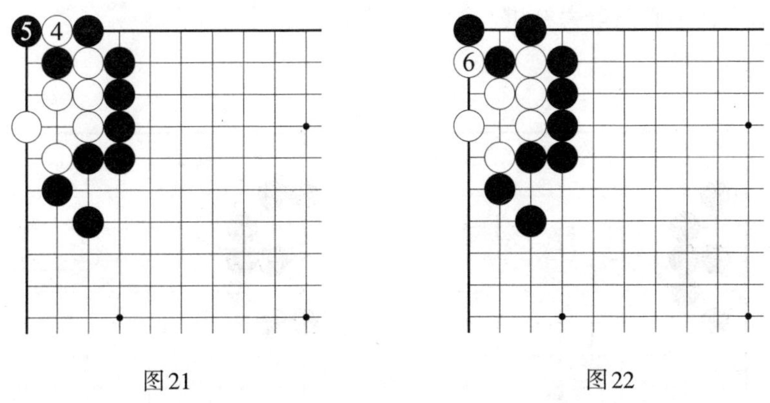

图21　　　　图22

图21　接上图，你想到白4扑的手段了吗？你一定要记住，此棋形下白4扑是常用的也是唯一的手段。黑5只好提。

图22　接上图，白6再抛劫，依靠打劫来吃黑接不归，也就是依靠打劫来顽强求活。

其实，图20下黑1时，黑就应当看到白存在着扑后抛劫的手段。但既然黑无法净杀白，也只有退一步走劫杀的路。

双活，也是一块棋死活形式中的一种。

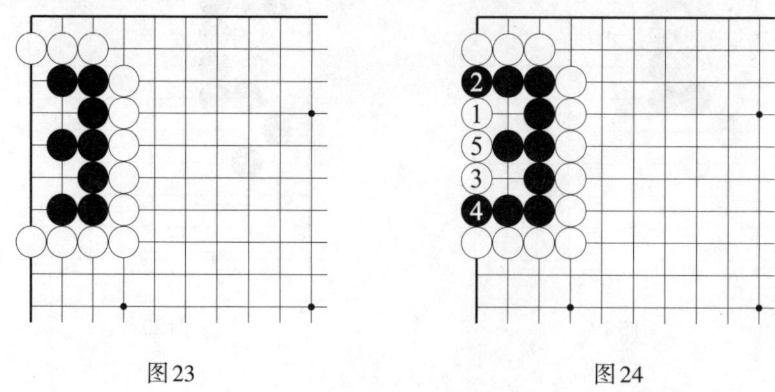

图23　　　　图24

图23　假如你执黑，又该你走棋，这块黑棋要不要补一手呢？

图24　要不要补棋，只能以对方在这里有没有手段为依据。显然，白1至白5是白棋的唯一手段，白只能后手双活，黑不足为虑。

如果一块棋是劫活，通常需要补一手；如果是双活，则一般可认为就是净活了，不必急着去补棋。

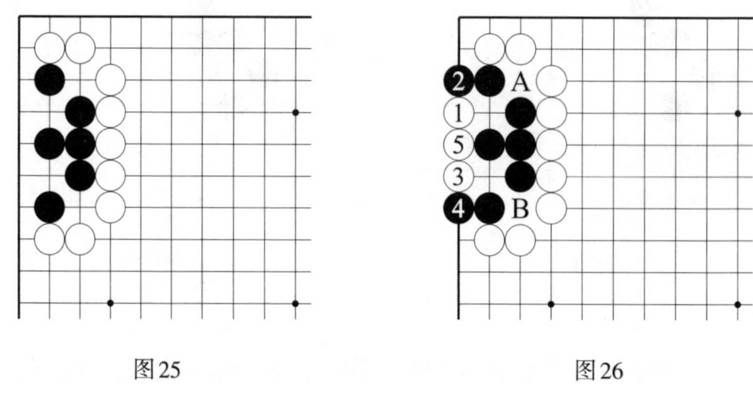

图25　　　　图26

图25　但现在情况不一样了，黑棋需要补一手。假若黑棋不补，白仍按上图那样下，就成了最严厉的手段。

图26　白1至白5之后，不知你发现没有，本图在A、B有两个断头，只要白能占到一个，黑就双活不了。

由于盘角的特殊性，一些普遍的死活规律在角上有时就不适用。

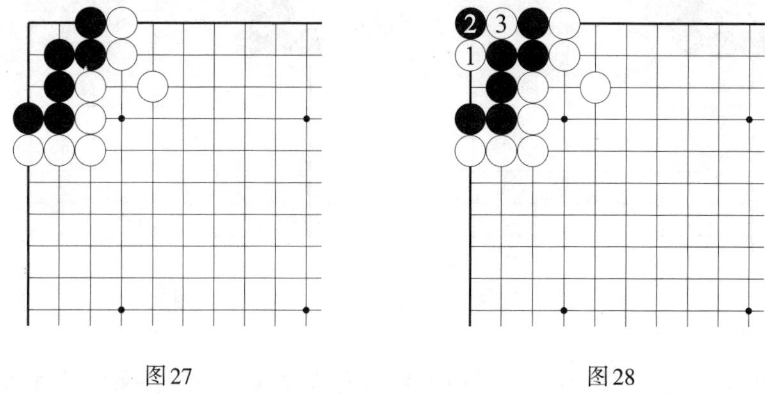

图27　　　　图28

图27　本图这个曲四的位置在棋盘角上，称角上曲四。

图28　白1点进来，黑2按常规占另一要点，但黑2正处于盘角，白3正可以提。于是，这块黑棋要靠打劫来活棋。

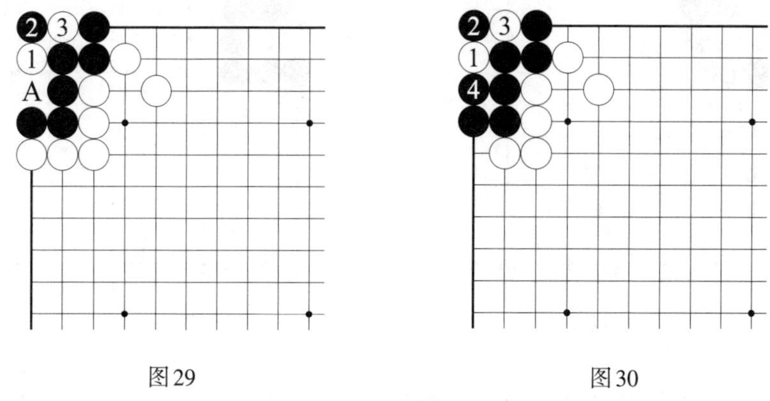

图29　　　　图30

图29　现在拿走一个白子，使黑外围松一口气。白3提劫时，A位黑仍不入气，死活仍靠打劫。此劫若白胜，可2位粘，黑净死。

图30　现在再拿走一个白子，使黑外围松两口气。这回白3提后，黑4可以打吃，白不能2位接，黑这种活棋法叫“胀死牛”。

结论是：角上曲四有可能是劫活，也可能是净活，要看其外气的多少。当没有外气或只有一口外气时，是劫活；当有两口或两口以上外气时，是净活。

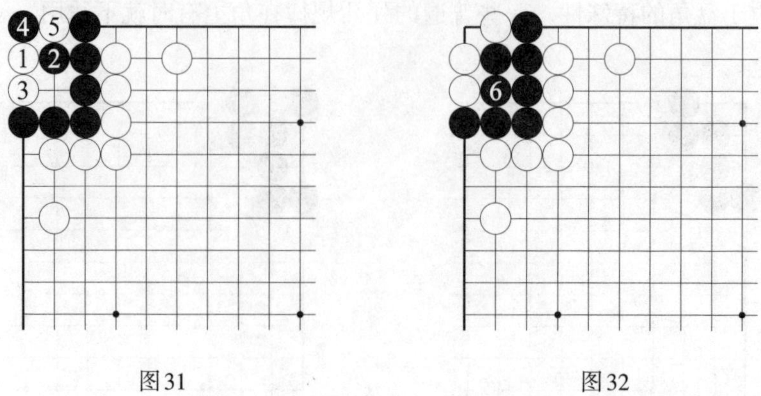

图31　　　　图32

图31　板六都是活棋，但角上板六有特殊性。先从有两口外气的角上板六开始。白3后，黑4抛劫是关键，白5提。

图32　其实黑并非真要打劫，接着黑6打吃，成“胀死牛”，黑净活。

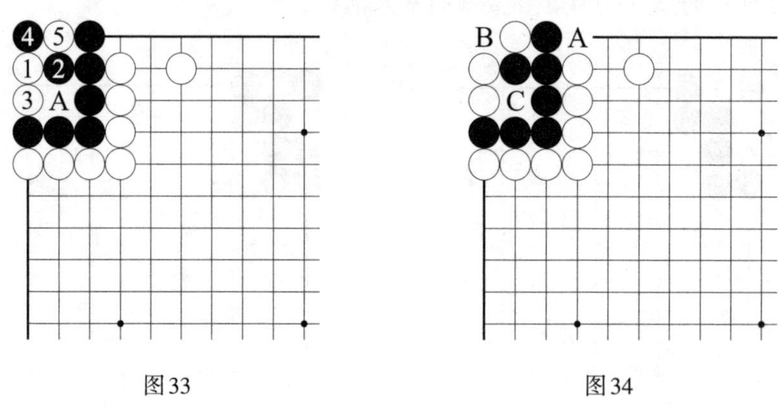

图33　　　　图34

图33　再看黑只有一口外气的情况。白1至白5的走法相同，但这回黑A位不入气了，死活只有靠打劫。

图34　白提劫之后，试想黑即使不应而他投，白有好办法吗？此时白A则黑B提劫，白B则黑仍可他投且以后黑C提成角上曲四，白想杀黑仍需打劫。也就是说，这个劫活有两次机会，只有两次劫都打输了，棋才会死。这个劫是个二手劫。

图35　这回黑一口外气都没有了。白1还按老样子那样点就不对了，这里同样成了劫活，只不过这时的劫是个一手劫。

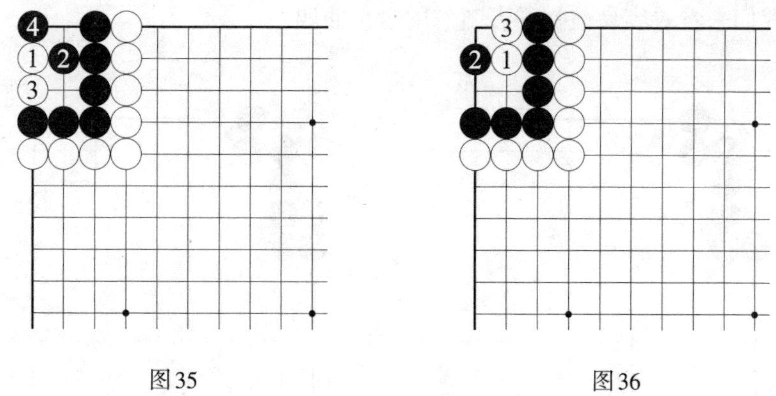

图35　　图36

图36　但白根本不需要打劫，白按本图这样下，黑净死。

结论是：角上板六有可能是净活，有可能是劫活，还有可能是净死，关键要看其外气的多少。当有两口或两口以上外气时，是净活；当有一口外气时，是劫活；当一口外气也没有时，是净死。

角上板八虽也有特殊性，但不会有死棋危险。当角上板八一口外气也没有时，就需要在角内补一手，否则角空会被一扫而光。

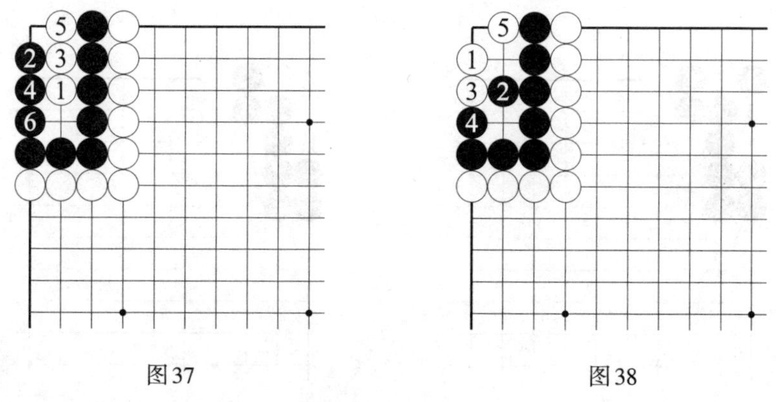

图37　　图38

图37　这时的角上板八就一口外气也没有了。白1总是点在这个地方，黑2至黑6是正解，角上成双活，而且白棋还是先手。

图38　白1这样点不好，虽然结果也是双活，但白棋是后手。

一个是先手双活，一个是后手双活，差别很大。

我们来看看容易被初学者疏忽的盘角曲四。

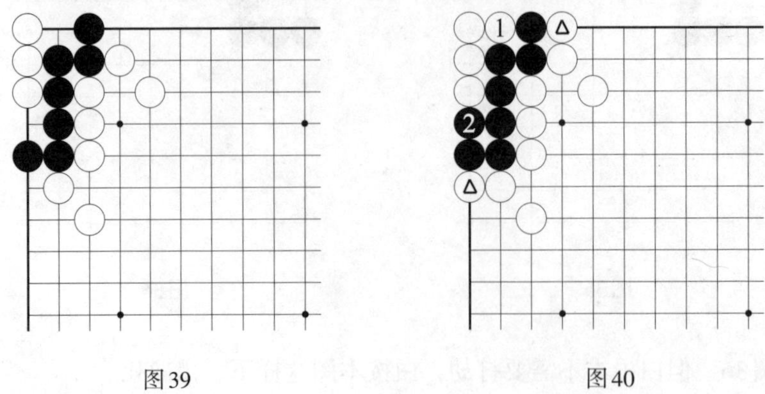

图39　　　　图40

图39　按照普遍规律，这个棋形只要不在盘角上就是双活，唯有此处例外。这种特殊的形叫盘角曲四，盘角曲四是死棋。

图40　有人或许还想不明白，盘角上的这个曲四不是早晚要打劫吗？那好，让我们用实际情况来说明这一点。我们可以先用白△二子把黑外气紧上，当然白什么时候愿意紧都随便。现在白1来打吃，黑2提白四子。

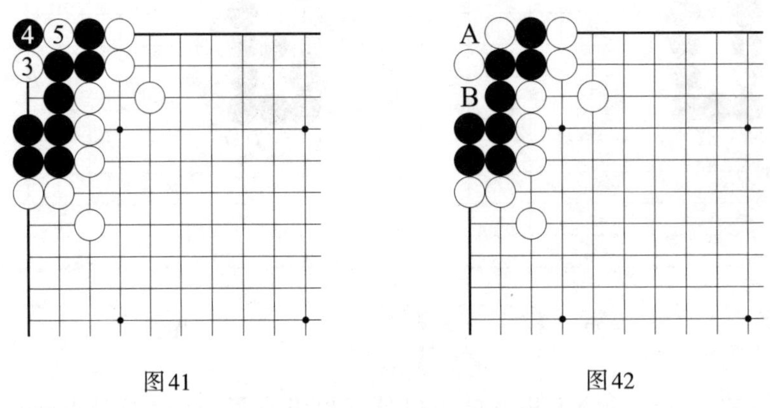

图41　　　　图42

图41　接上图，白3点进去，黑4看似抛劫，白5提。

图42　这是白棋刚刚提劫后的图形。按照棋规，黑不能紧接着在A位反提，必须停一着，而现在的情况是，接下来不管黑棋走什么，白棋都会下B位把角上黑子提光。这是什么原因呢？

仍回到图40中去。白ⓐ二子什么时候下，白1什么时候下，都是白方的权利。反正黑既不敢走1位，也不敢走2位，只能被动地干等着。既然如此，白方当然不用着急，等盘上所有的地方都占完了，再来收拾角上的黑棋不晚。

我们可以这样来理解：白方在动手之前，完全能够把盘上自身所有的毛病全补掉，该连上的都连上，不给对方任何打吃和可利用的机会。这时的白方有太多的闲工夫，白一个一个地补毛病的时候，黑却一着有用的棋也下不出来，原因已经说过了，这时盘上所有的地方不是都占完了吗？

白一切准备就绪之后，再来对角上的黑棋动手，难怪图42中白刚提黑一子后，黑一着有用的棋也没地方找，只能坐视下一着白在B位提了。

实际上，上面讲的吃黑过程，在对局中不会出现。对局双方都明白盘角曲四是死棋的道理，局终将盘角曲四这块棋子统统从棋盘上拿掉就是了。

有一句话，叫“盘角曲四，劫尽棋亡”，说的就是这回事。杀盘角曲四，看似最终要打一个劫，但由于其劫材早晚会补尽，故而棋必然死亡。

实战中，对盘角曲四有时不易察觉，还误以为是双活，那就会吃亏上当。

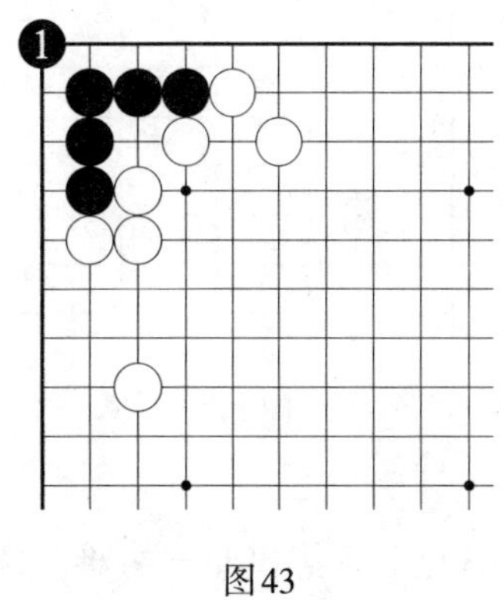

图43

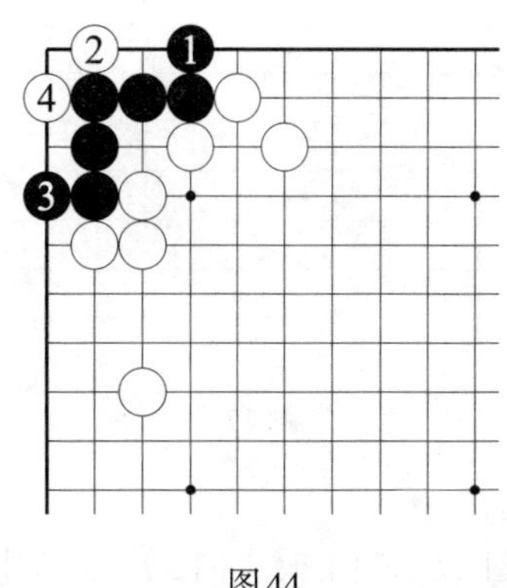

图44

图43　这块棋要做活，黑1是唯一正解，左右各一只眼，稳稳当当。

图44　要是下黑1立就错了，以下至白4，角上很容易误看为双活，实际上是盘角曲四，黑净死。

我们再来看看“大猪嘴”和“小猪嘴”这两个常见的角上死活图形。

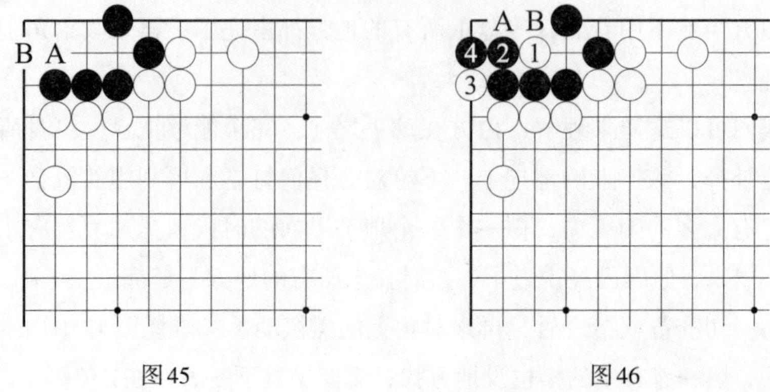

图45　　图46

图45　黑棋角上的这个图形俗称“大猪嘴”。对这个棋形，白有何手段？首先可以告诉你，别指望A位夹，因白A后黑B位一扳，黑棋就活了。

图46　白1点入如何？黑4后，A、B两点黑必得其一，黑净活。

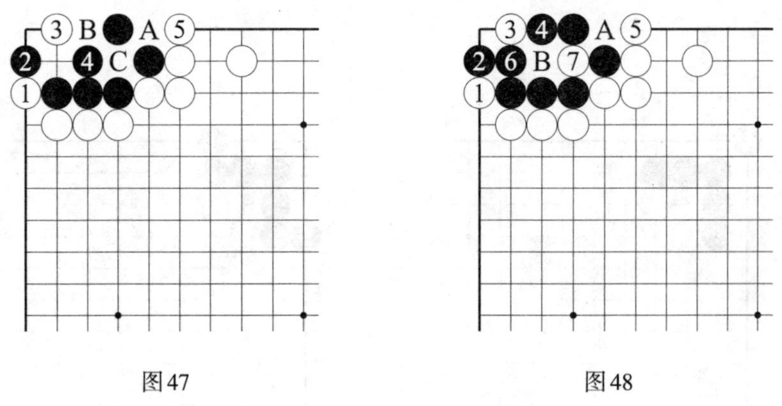

图47　　图48

图47　白1扳、白3点才击中要害。白3点后，黑棋非常为难。黑4若想先做出一只眼，白5立，以后A、B两点白必得其一，C位这个眼便无法存在，黑就只有一只眼。

图48　本图黑4改变应法，白5仍立。黑6后白7扑很妙，由于有白3这个子存在，黑不能A位团而只能B位提，于是白得以占A位去眼。

原来，“大猪嘴”是个死形。

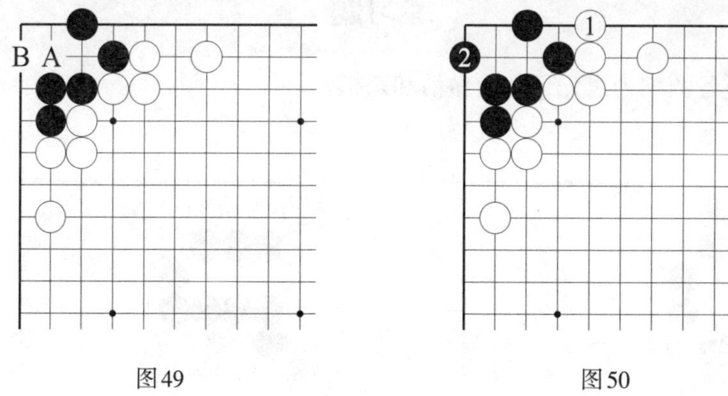

图49　　　　图50

图49　现在黑棋角上的图形俗称“小猪嘴”。对这个棋形，白又有何手段？同样可以告诉你，别指望在A位点，因为白A则黑B，黑活。

图50　白1立行不行？只要黑2占据紧要处，黑总能做出两只眼。

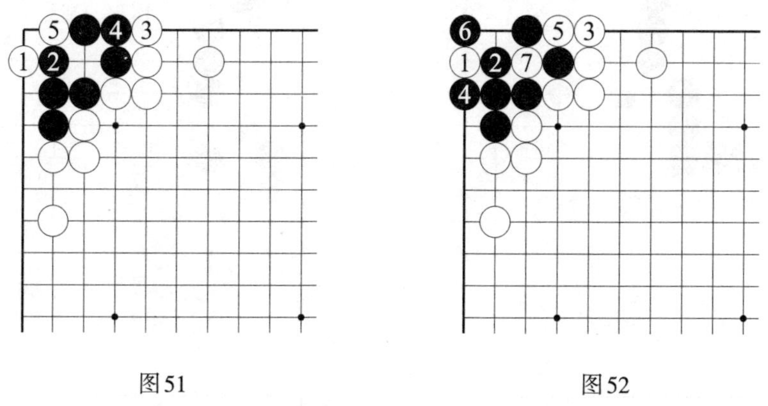

图51　　　　图52

图51　白1先在要紧处点，黑一下子就有点麻木。黑2只有先做一只眼，白3立下，黑4不得不团，于是白5得以扑进去，这块棋变成了劫活。

图52　白3下立时，若黑4打吃白一子，或者黑4改下图中6位，则白5都是挤入打吃。之后黑6提白一子，白7也提黑一子，结果仍然是打劫，只是所打的劫换了个地方。

棋谚说：“大猪嘴，扳点死；小猪嘴，是劫活。”短短一句话，就把这两个角上常见图形的死活状况全说明白了。

练习题

以下各图均为黑先，如何做活和杀棋?

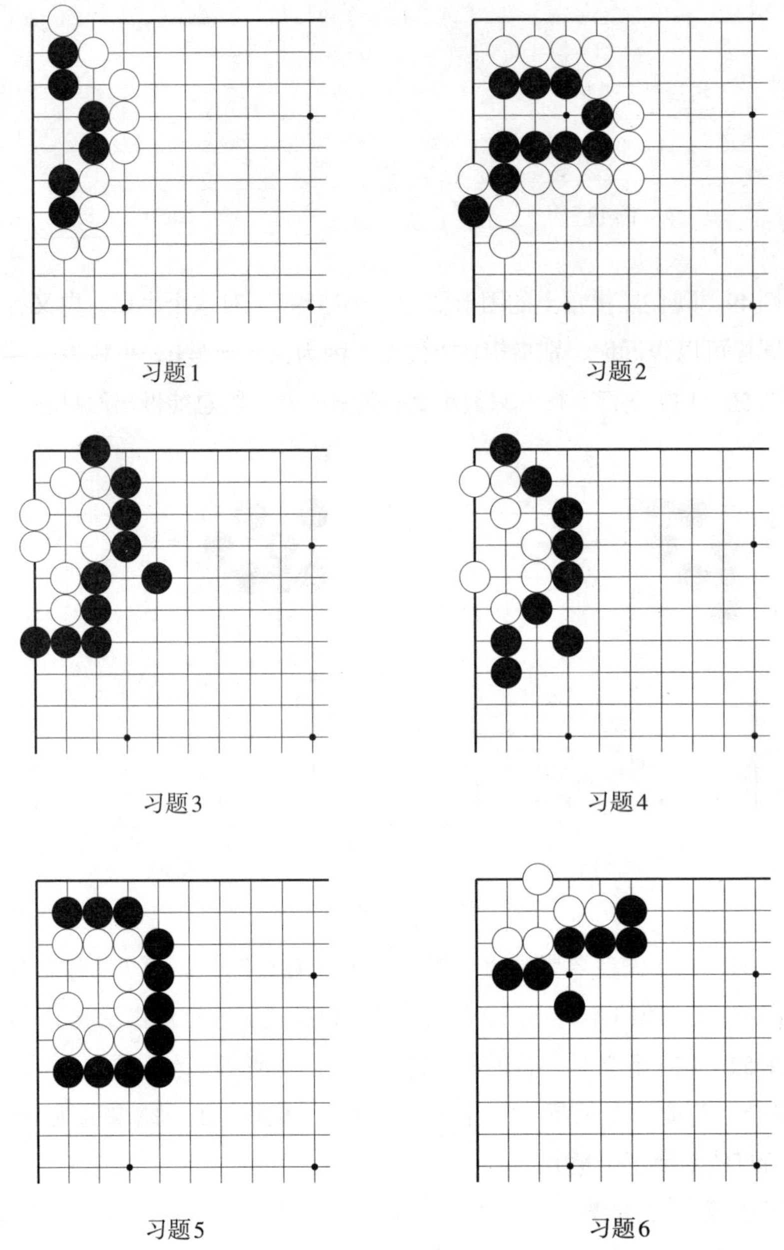

习题1　习题2

习题3　习题4

习题5　习题6

练习题解答

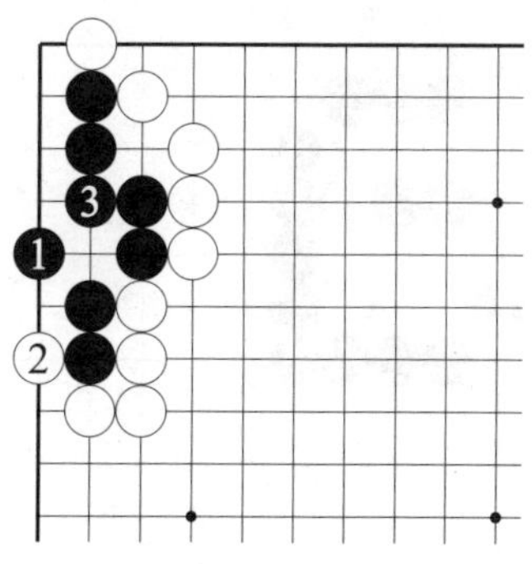

习题1解答（正解）

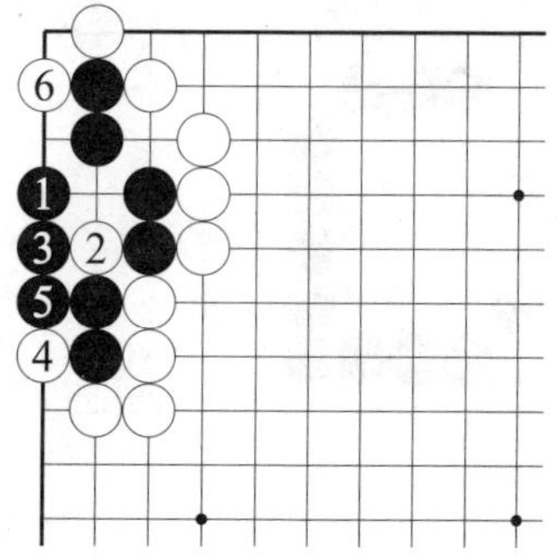

习题1解答（失败）

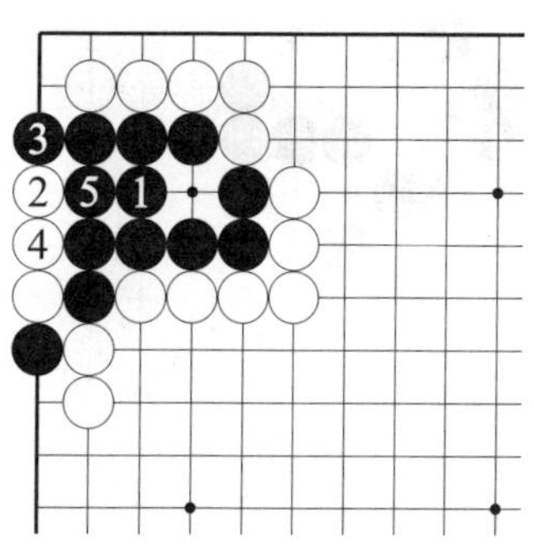

习题2解答（正解）

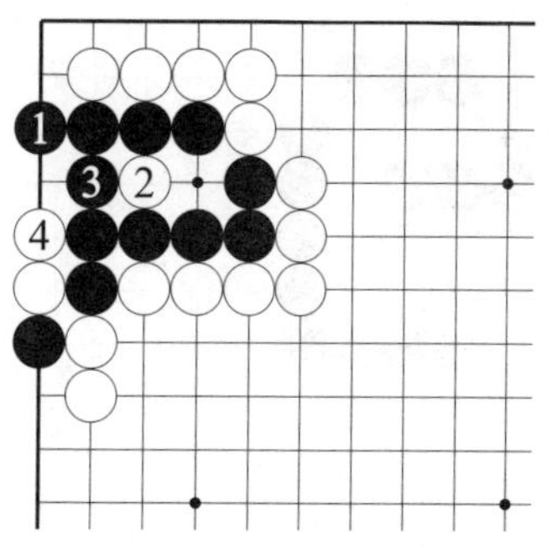

习题2解答（失败）

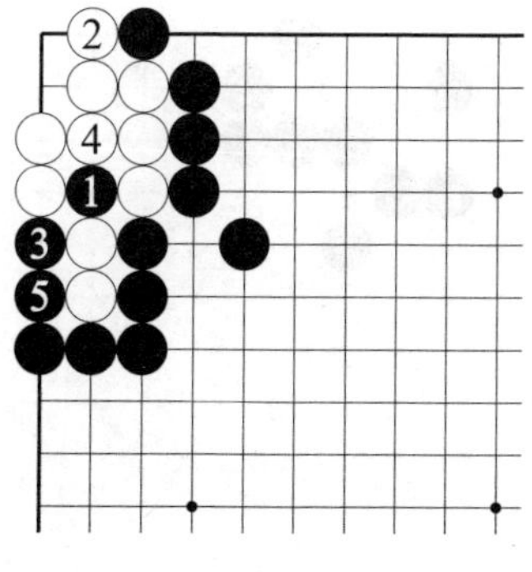

习题3解答

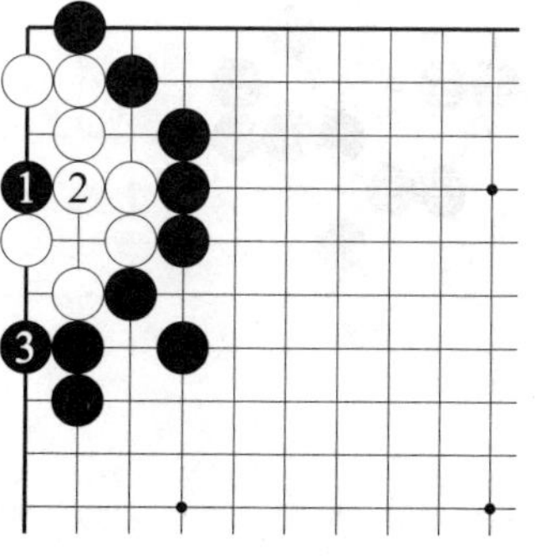

习题4解答

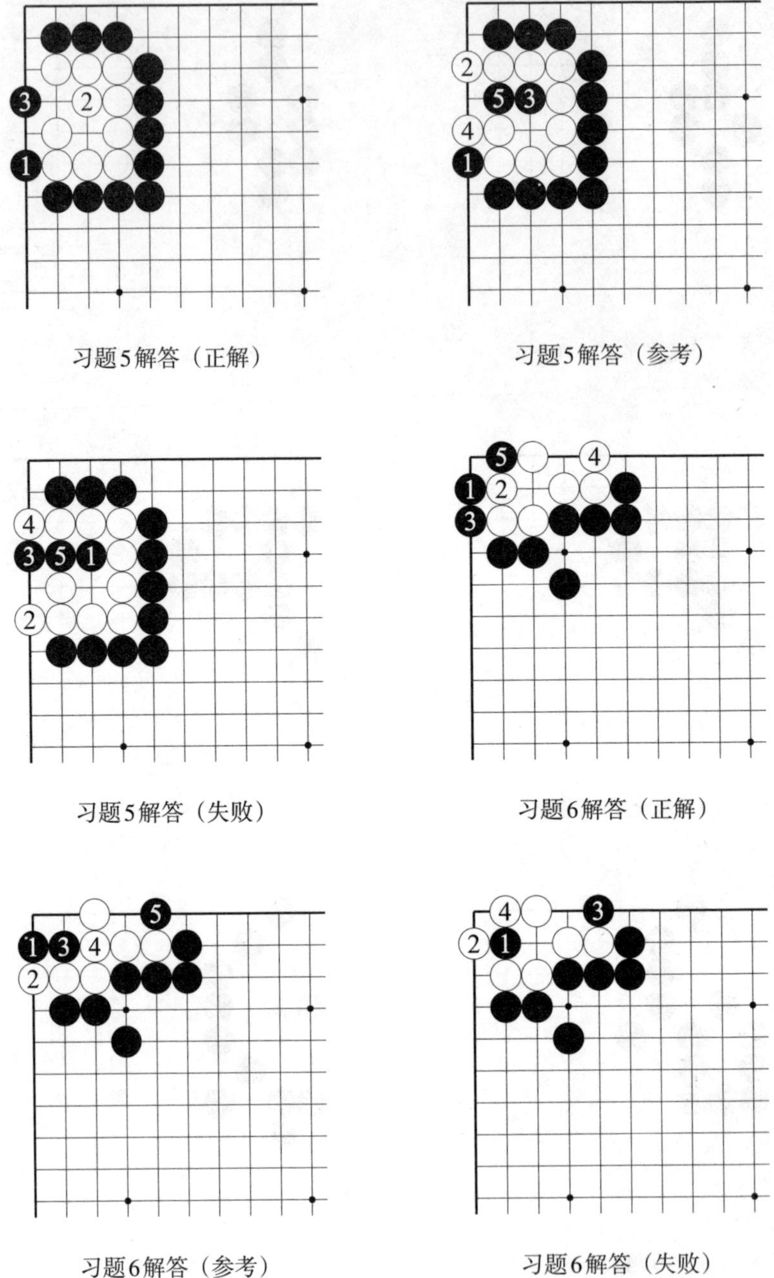

习题5解答（正解）

习题5解答（参考）

习题5解答（失败）

习题6解答（正解）

习题6解答（参考）

习题6解答（失败）

第十六讲　行棋手法训练

当双方的棋子互相接触，自然会引发战斗。如果不掌握基本的行棋要领，战斗时就容易吃亏。

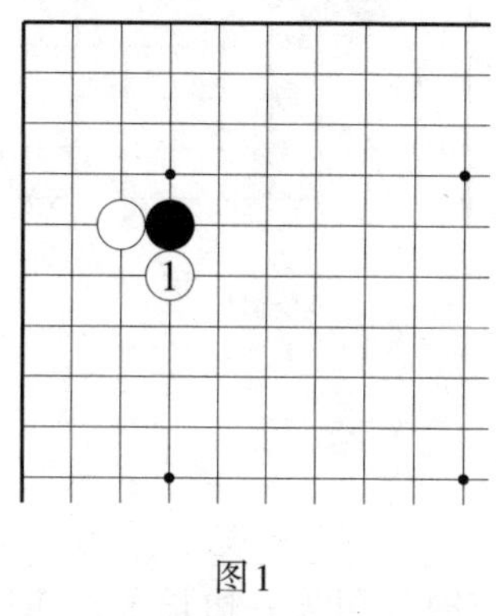

图1

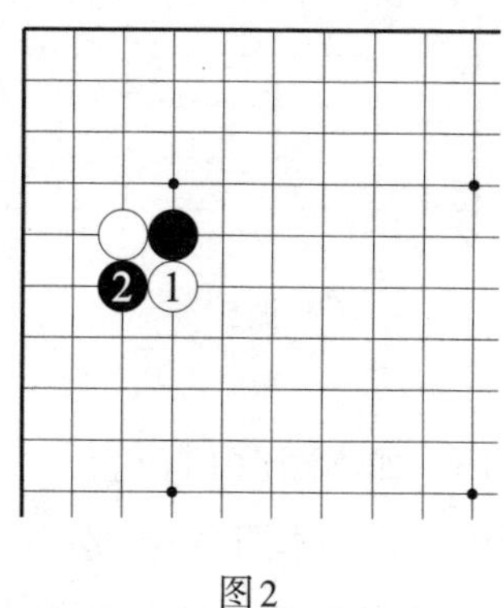

图2

图1　白1扳时，怕不怕黑棋来断呢？不怕。

图2　黑2若断，便成了扭十字。

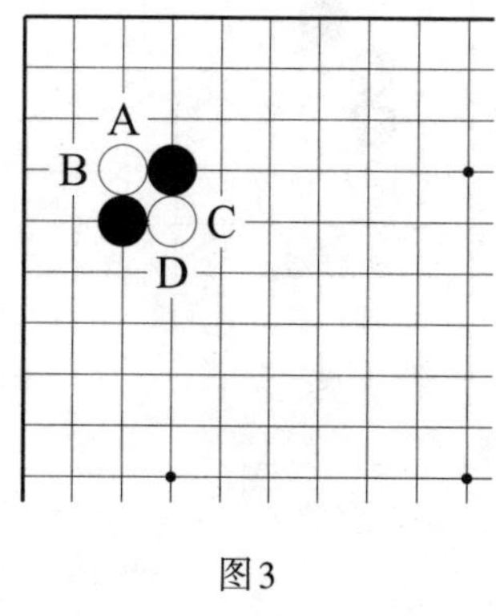

图3

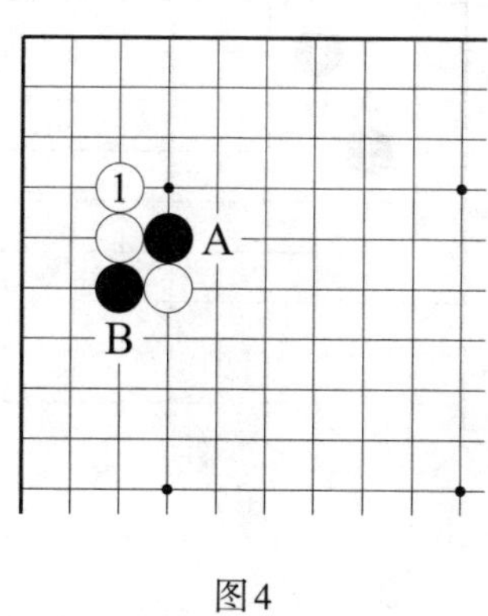

图4

图3　棋诀说，“扭十字，一边长”，此时白棋可在A、B、C、D诸点中选择长的方向。

图4　比如白棋选择了白1长，接下来白既能A位吃又能B位吃。由此我们可以看出，被白棋先一边长，通常意味着黑棋吃亏。

当出现扭十字时，不要轻易去打吃。

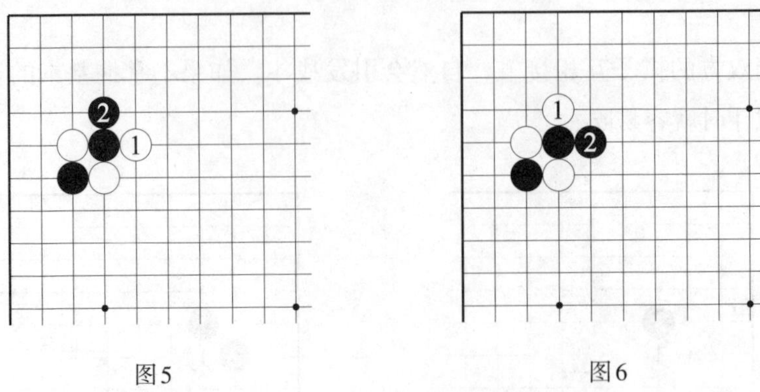

图5　　图6

图5　如本图白1打吃。

图6　又如本图白1打吃。

两图白棋随手打吃的结果，等于扭十字时让黑先一边长了，而这通常正是黑棋所期盼的。

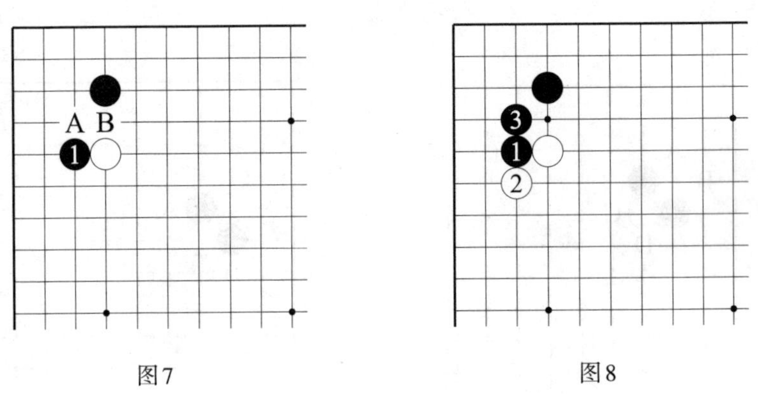

图7　　图8

图7　在小目一间高挂后的下法中，经常可以看到黑棋采用黑1托，不怕白A位扳断，正是这个道理。要是接下来白棋果真在A位内扳，黑棋当然在B位切断，无异于扭十字时黑先一边长。

图8　所以，当黑1托时，白2总是外扳。接着若让白再3位打断可不得了，于是，黑3拉回一子。

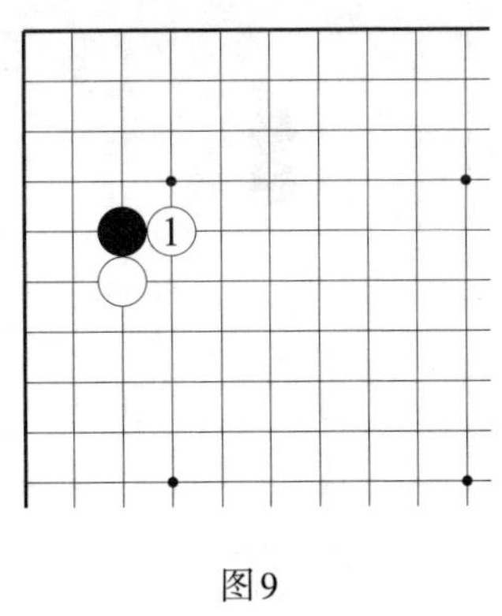

图9

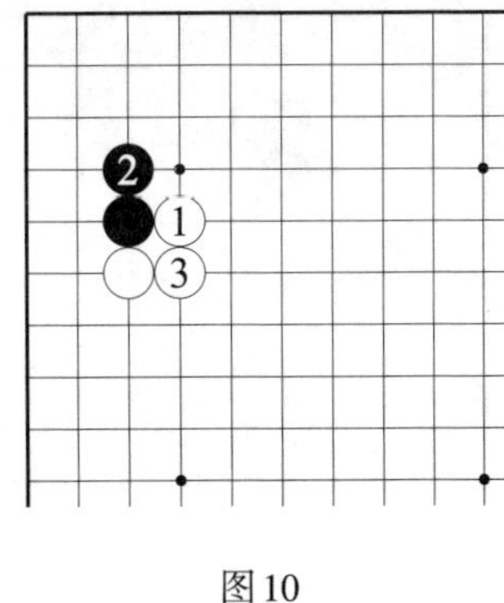

图10

图9　当双方各一子，而对方又扳在前时，你怎么办呢？如本图白1扳，黑棋如何应付呢？

图10　既然不能断，通常就只有长，本图的黑2长又叫退。黑长出一子后，白3补断就十分有必要了。当然，白棋除了白3粘之外，还可以用虎的方法来补断，可根据不同情况来选择。

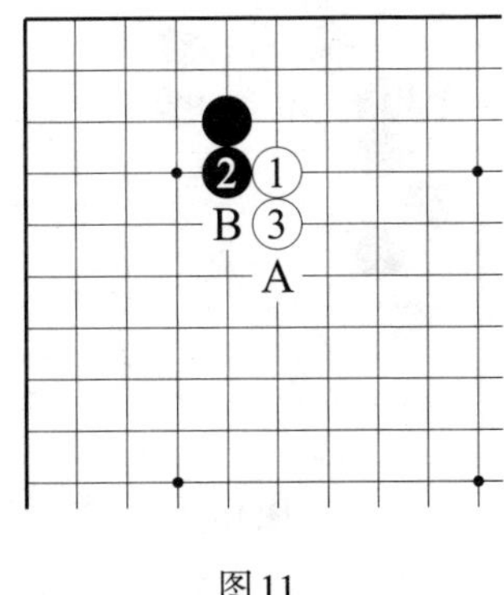

图11

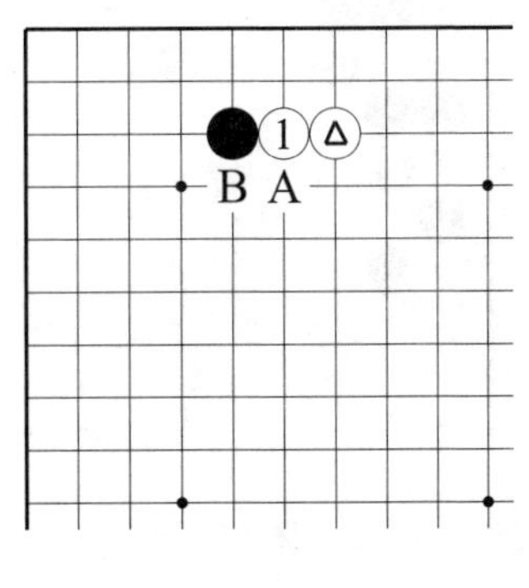

图12

图11　正是基于这个道理，现在假设白1尖冲、黑2长，白3则或如图长或A位跳，而不能在B位扳，否则黑会3位断。

图12　现在，白1的下法一般不再称靠，而应称顶。一个子靠时称靠，像这样连着△子一起来靠称顶。白1来顶时，黑能不能在A位扳呢？当然不能。黑若A位扳，白B断严厉。

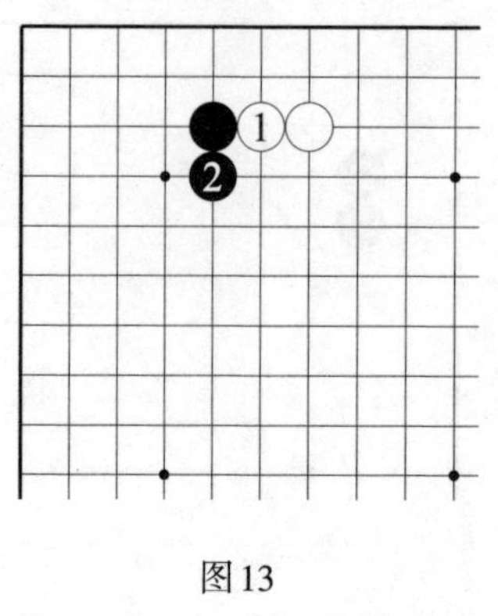

图13

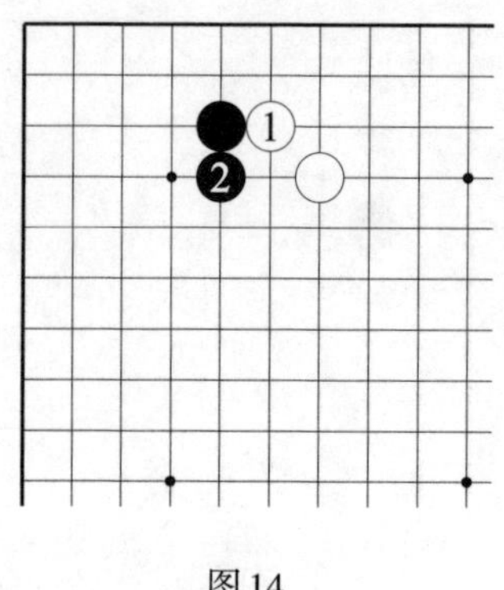

图14

图13　本图白1这样的顶可称横顶，此时黑2只能长。

图14　本图白1的顶法叫尖顶。棋诀说“逢尖必长”，那里所说的“尖”就指本图这样的尖顶。尖顶在实战中经常被运用，当遇到像本图白1这样的尖顶时，黑2也只能长。

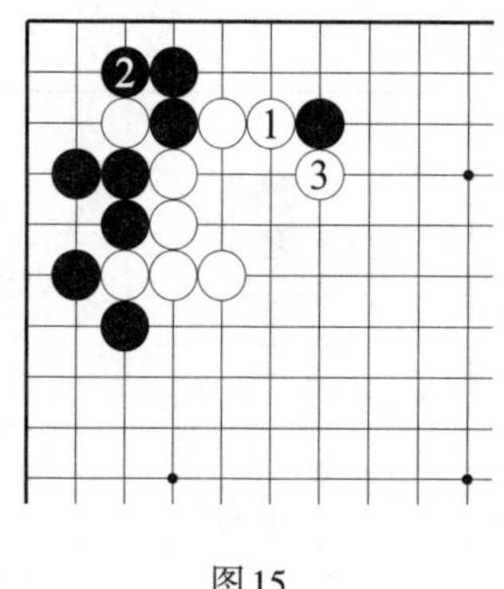

图15

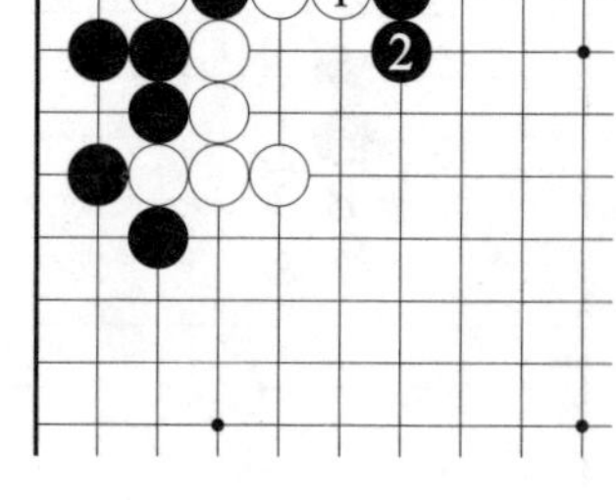

图16

图15　不妨举一个顶在实战中的应用例。本图是黑占小目白一间高挂后演变出来的，此时的白1就是顶。白1看起来针对右侧黑一子，其实暗藏着对左侧黑二子下手。黑2只好吃住角上白一子，于是白3扳，也获得了一定利益。白运用顶的手法得以整形。

图16　白1顶时，若黑2教条地强行长起一子，则白3贴住，黑二子被吃，黑损失更大。

我们再来看看跳的运用。

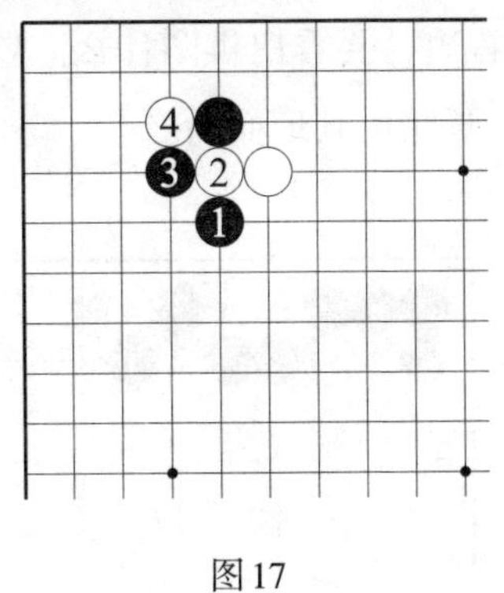

图17

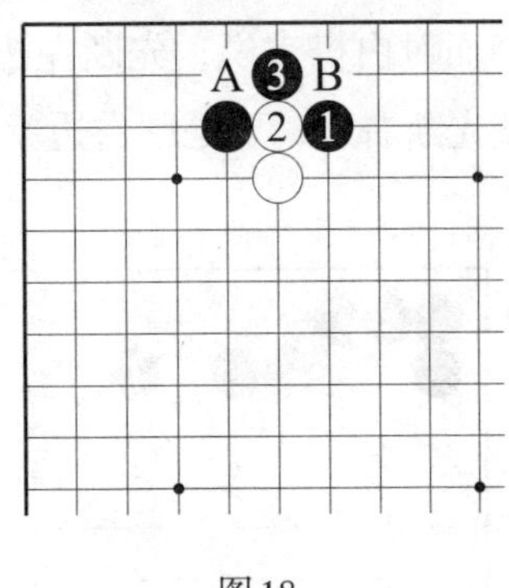

图18

图17　仍说白棋来尖冲，黑1跳应就不行。黑1若跳，白2、4只需冲断，便回到了扭十字时黑随手打吃让白先一边长的状态。

图18　但在三路上的跳有所不同。在实际对局中，经常可以看到类似本图黑1这样的跳，接着白2若冲，黑3当然挡住。这时在二路线上，存在着A位和B位两个断点。

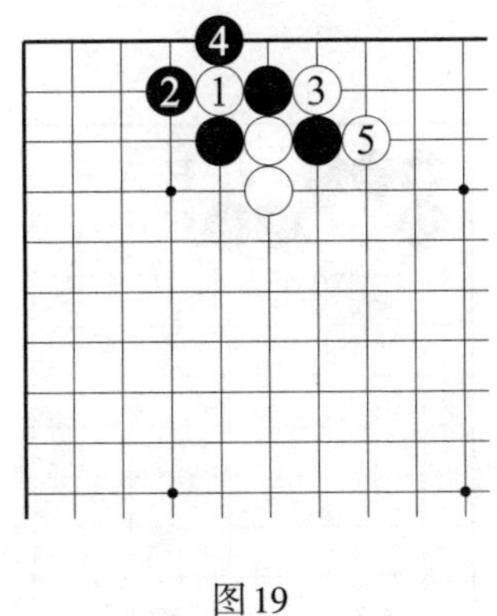

图19

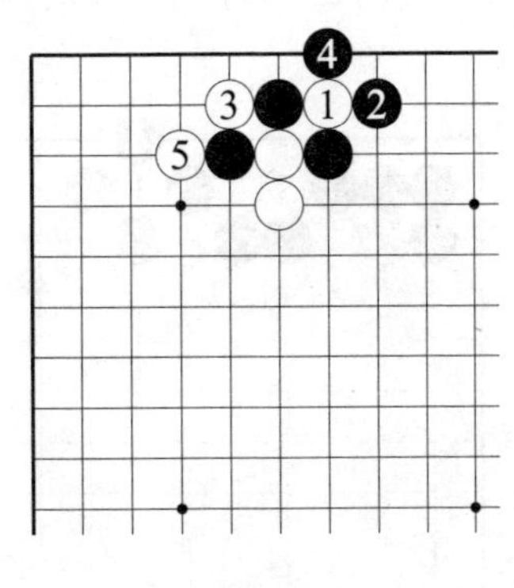

图20

图19　接下来，白1若先断左边，则黑2、4打拔一子，白5征吃黑右侧一子，通常黑还会有针对右侧一子的引征之利。

图20　白1若先断右边，则黑2、4同样打拔一子，白5征吃黑左侧一子，通常黑还会有针对左侧一子的引征之利。

总之，白棋断哪边，黑棋就打吃哪边，尽管黑两侧之一子要被征吃，但黑总能先手拔一朵花。正是从此意义上说，在三路上跳时，不怕对方来冲断。而对白棋来说，先断左边还是先断右边，要看白棋图什么。要是图左边就先断右边，要是图右边就先断左边，真是反其道而断之。

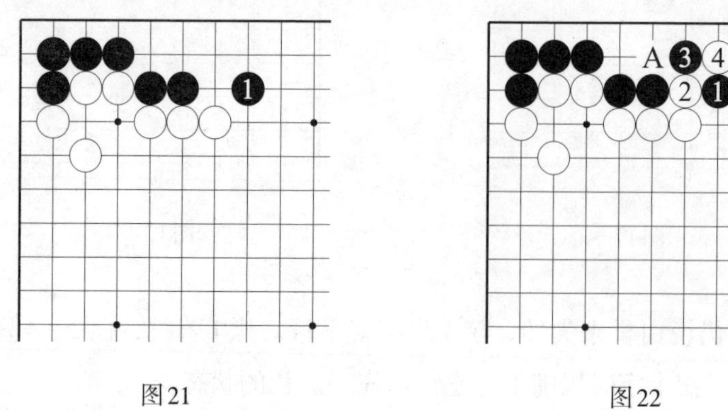

图21　　　　图22

图21　但上面说的一般规律在特殊情况下或许就不适用。例如在本图这样的情况下，黑1跳只能是自找倒霉。

图22　白2、4冲断，此时黑大概只有放弃外面一子而在A位接了。

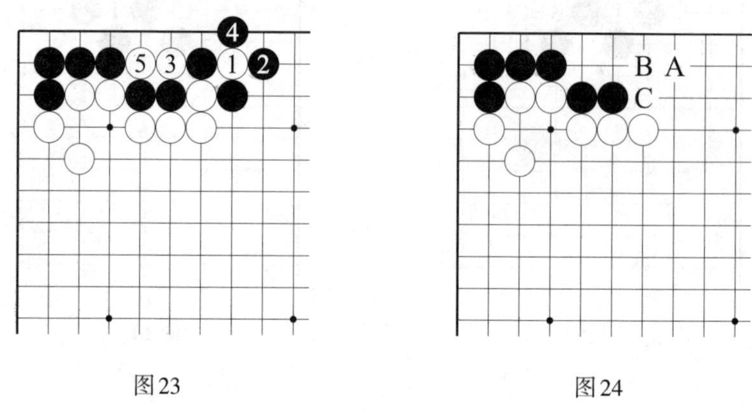

图23　　　　图24

图23　白1断时，倘若黑2、4仍强行打拔，则不但黑二子被吃，角上的黑子也都成了“蟑螂死光光”，黑损失就太大了。

图24　因此，这时黑不能再跳，只能走A位飞或B位尖或C位爬。

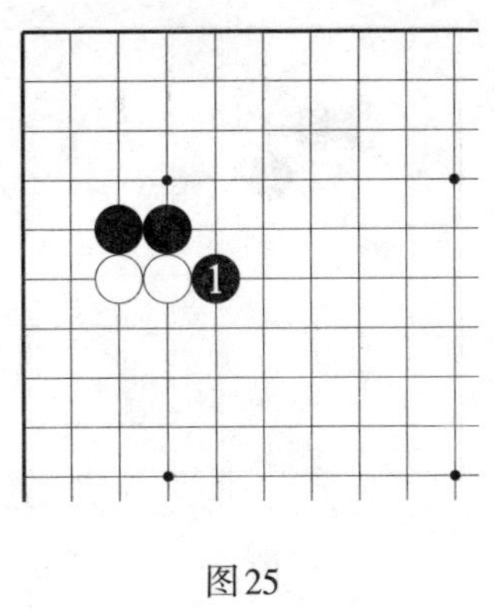
图25

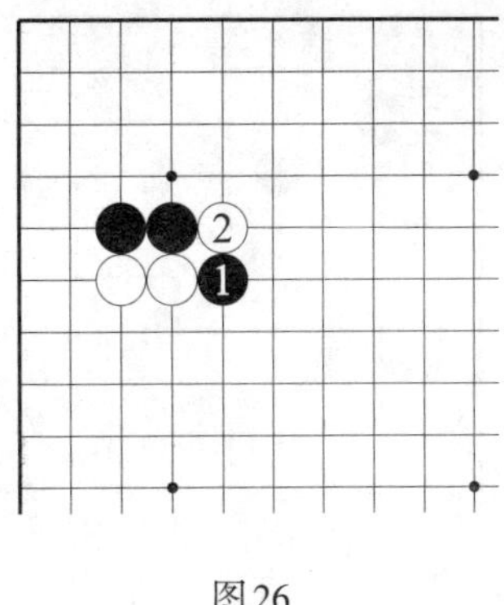
图26

图25　上面说到的扳头是扳一子的头，下面看看扳二子的头。黑1就是扳二子头。通常扳二子头是占便宜的。

图26　黑1扳二子头后，怕不怕白2来断呢？不怕。

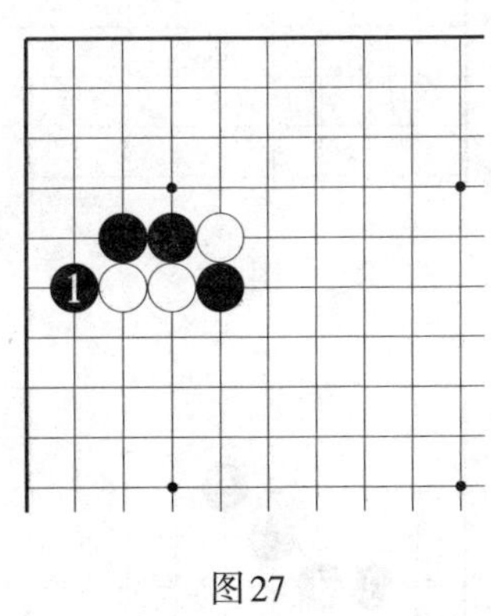
图27

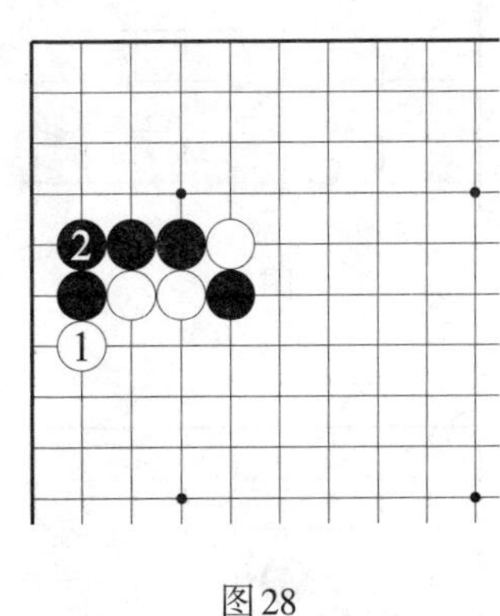
图28

图27　此时黑不要轻易去打吃，黑1可继续扳白二子另侧的头。

图28　接下来，白1反扳，黑2接住。这里黑棋是以多打少，黑一子正断在紧要处，白不会有好果子吃。

图29　所以，当黑1内托时，白2总是下扳，既不下A位也不下B位。

图30　倘若成白2、黑3，等于白被扳二子头，白不舒服。

图31　而当黑1外靠时，白2也总是在二路扳。

图32　若白2外扳，被黑3断，等于扭十字时黑先一边长。

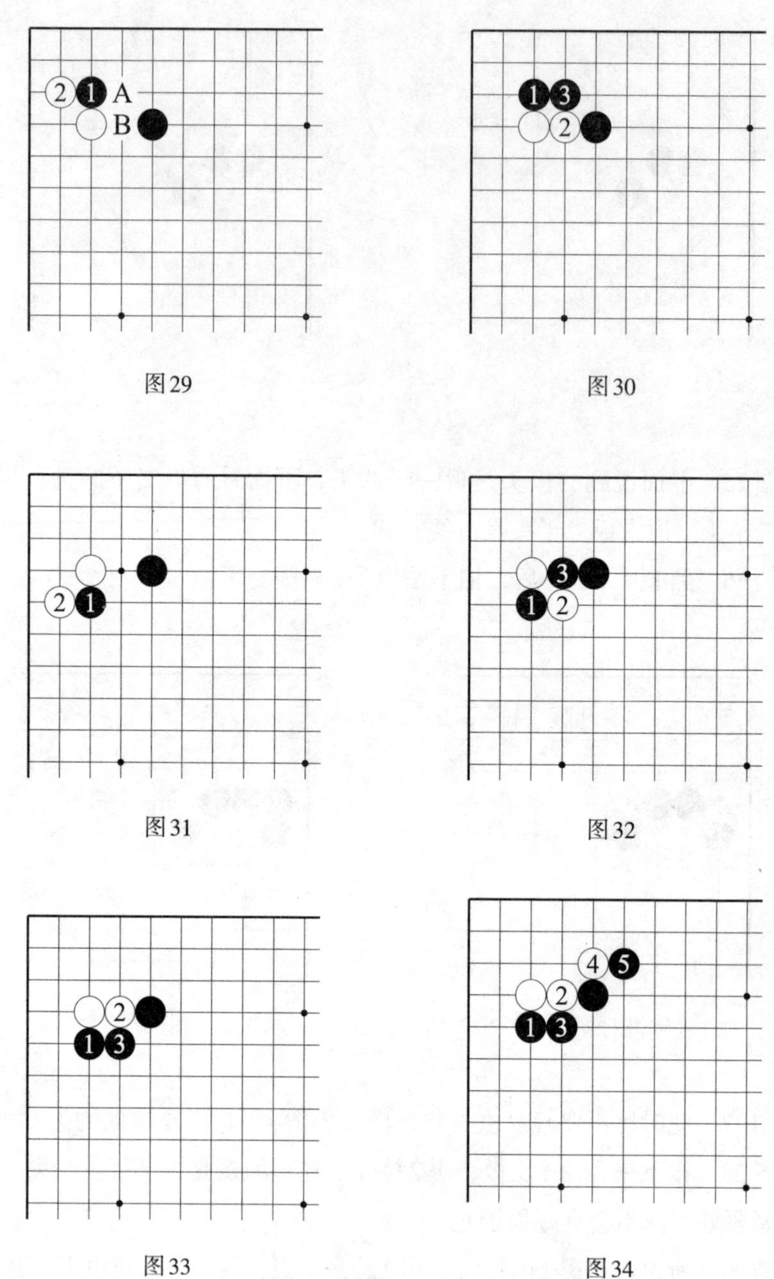

图29　图30　图31　图32　图33　图34

图33　若白2顶，又等于被黑扳二子头，令人心情不爽。

图34　接下来若白4反扳，黑5可连扳，白只有委屈地被封锁在角部。

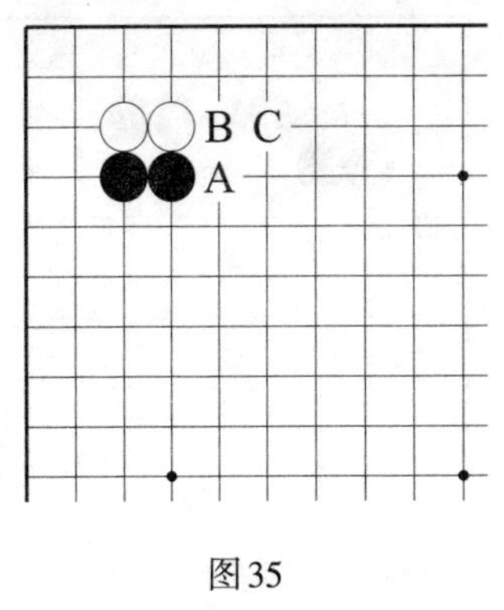

图35

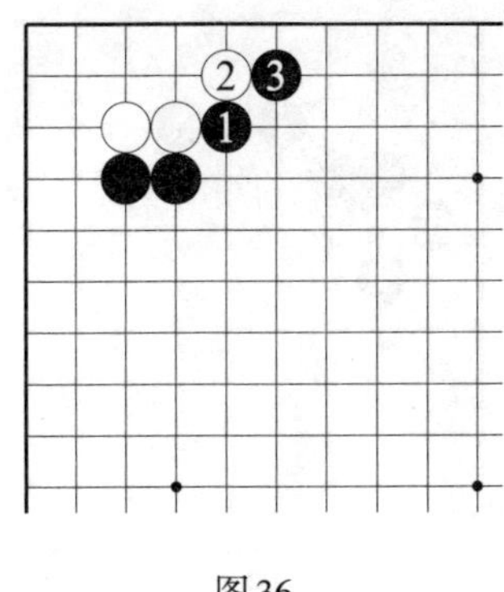

图36

图35　此时的局势，大概该白下的机会不多。为了不让白在A位扳二子头，黑会在A位长，也可能黑下B位或C位。

图36　随着人工智能的出现，在当下棋手的意识里，如果下黑1扳，当白2反扳时，黑3多半是准备连扳的。白2反扳是能想象出的，因为除此外白无其他应手，于是黑3的连扳也就呼之欲出了。

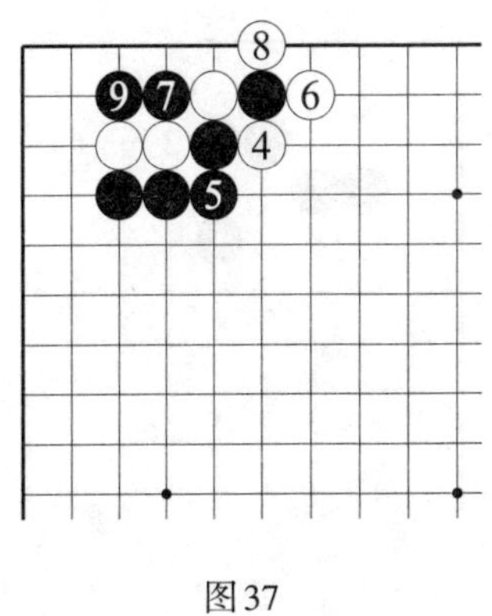

图37

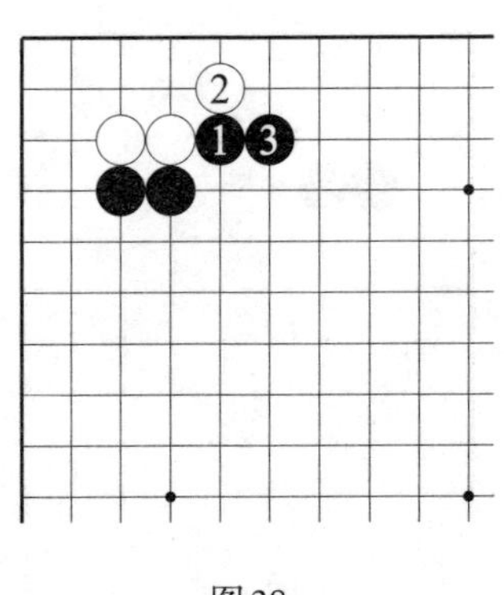

图38

图37　接上图，至黑9，白在外面先手拔花，而黑吃住白二子得角地。这样的结果，向来被视为两分，并不认为黑棋通过上图黑3的连扳就占了什么便宜，甚至有人还觉得白棋不错。

图38　按照传统理论，当黑1扳、白2反扳时，黑3是要长的。黑3长可谓传统意识中的主流下法。

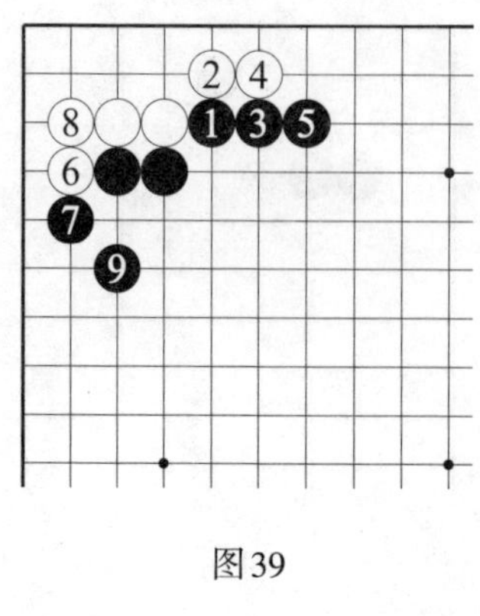

图39

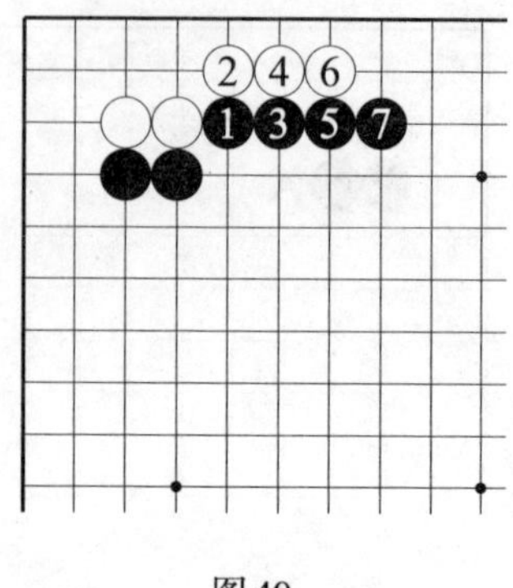

图40

图39　本图已是大家耳熟能详的一个定式，白先手占据角地，而黑的外围非常厚实，一直被公认为属合理下法。

图40　但白方似乎感觉到了丝丝不满，即认为上图的白6、8有凑黑走厚之嫌。于是，白在传统下法的基础上做了些许改进，即当黑5长时，白6多爬一手，然后就在此处脱先了。

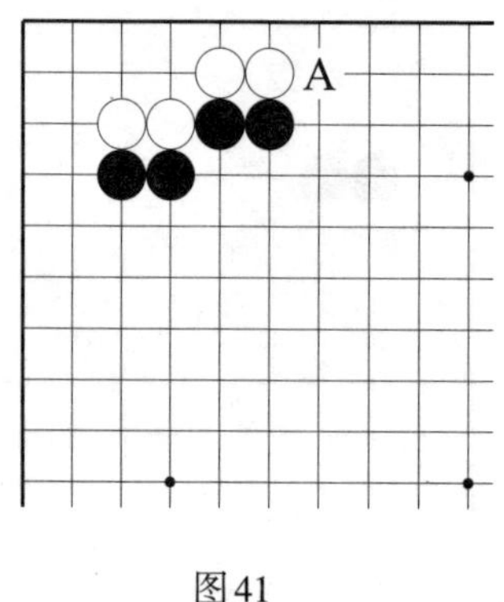

图41

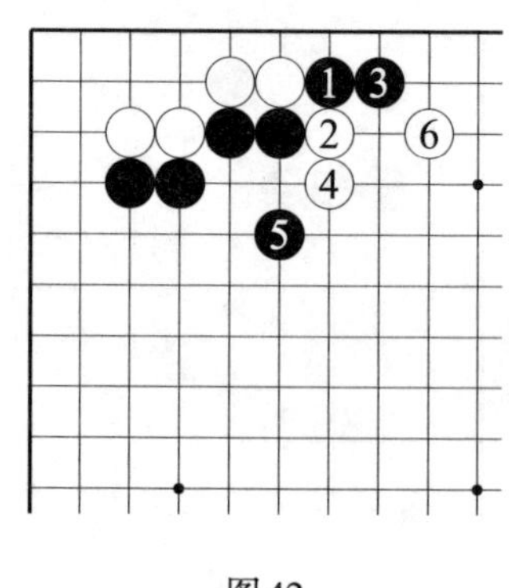

图42

图41　应特别强调指出，当棋局进行至此轮黑棋下时，绝不可机械地以为下A位也是扳二子头。

图42　如果黑1强行扳下，白2会毫不犹豫地断上来，以下无非是黑3至白6，黑将被迫在二路爬行，黑明显不利。

第十七讲　布局训练

要注意大场先行。大场，即大的地方。除了占角、守角、挂角都是当然的大棋之外，我们一般说大场，常常是指有利于开拓己方地域、扩展己方势力范围和妨碍对方开拓地域、限制对方扩展势力范围的好点。

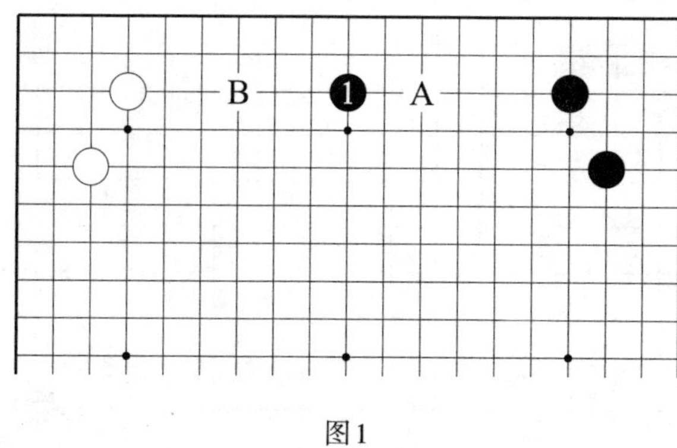

图1

图1　黑1是令双方瞩目的大场，既扩大了自己，又限制了对方。以后白棋若在A位打入，黑可在B位拆二，白打入一子却无拆二之余地。

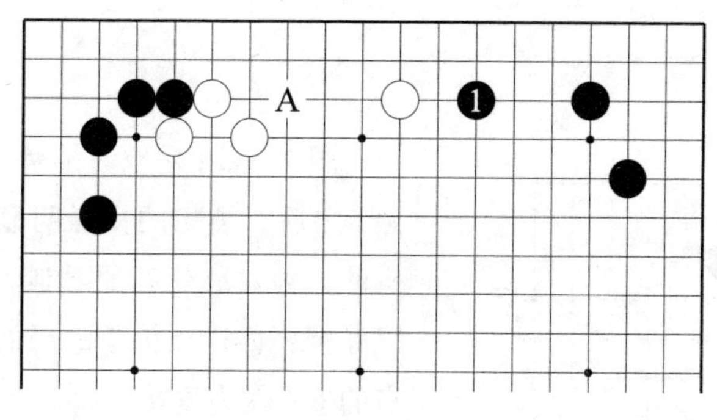

图2

图2　大和小是相对而言的，同样是大场也有轻重缓急之分。如本图黑1拆二，既扩大了角地，又瞄着A位的打入。这种具有后续手段的大场，尤应注意抢占。

要注意急所必争。急所，指急于抢占之处。那些关系到整块棋的安危，关系到双方的强弱或形势消长的要点，都是要争先抢占的。

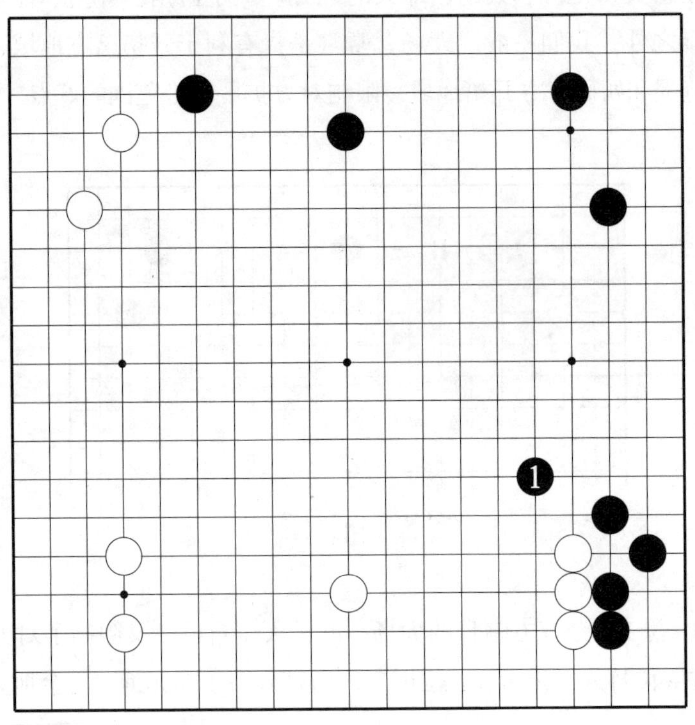

图3

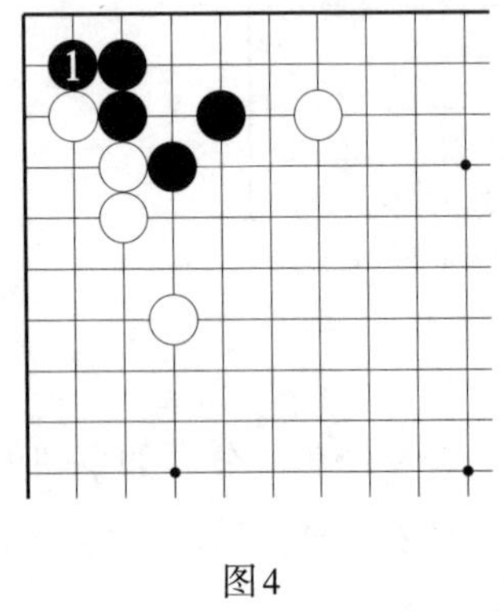

图4

图3　黑1是双方形势消长的要点。黑1之后，黑棋的模样明显扩大，而白棋的势力发展受到了限制。当双方形成以互围模样进行抗争的局面时，这种要点的争占尤为重要。

图4　黑1看起来好像不大，却关系到黑整块棋的安危。黑1之后，这块棋就活了，这对以后的作战必会产生很大影响。

要知道两翼张开是有利于取地围空的好阵形。

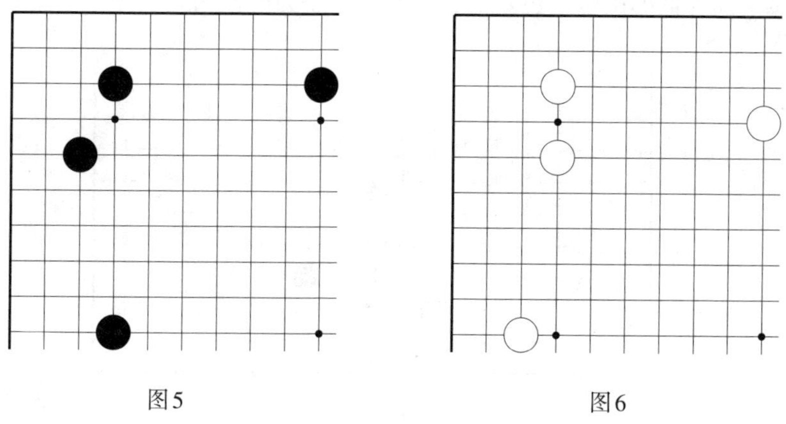

图5　　　　图6

图5、图6　黑子和白子分别以角地为依托，布成了两翼张开的理想阵形。当对方来打入或侵消时，一般来说自己起码能占住一边。

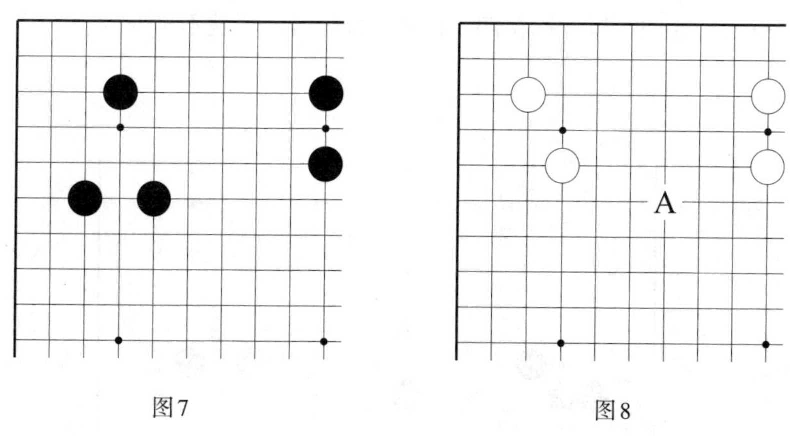

图7　　　　图8

图7、图8　两翼张开阵形的一个很大优势在于成空效率高。围棋中有一句话是“棋子围空方胜扁”，就是说同样子数围地，方的要比扁的大。方的，也就是立体形状，习惯上把这种形状叫“箱形”。本两图中的黑棋和白棋就分别布成了一个比较理想的箱形。白棋若A位再补一手，别看用子数不多，围空却既多又实。

要知道高低配合是有利于发挥子力作用的好结构。三线利于取地，但发展性较差；四线利于取势，但有点虚而不实。所以通常好的结构，都是注意了高与低的配合，也就是充分发挥了子力的作用。

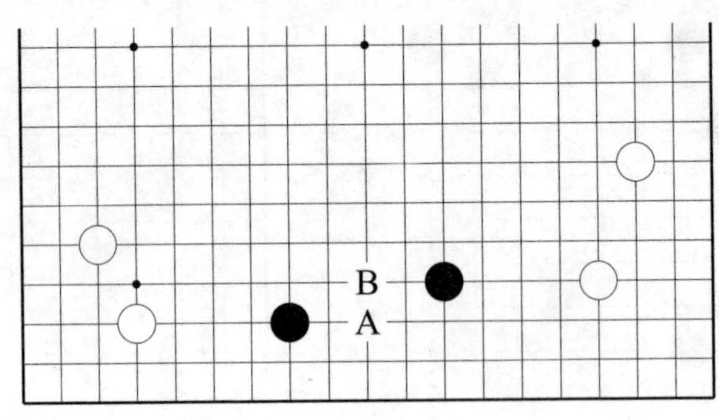

图9

图9　要让两个棋子间隔三路又能保持有效联络，大概只能属本图这样两个黑子一高一低的配置了。在这里，白A位打入时黑B位压过，白B位打入时黑A位托过，总不能把两个黑子截然分开。倘若两个黑子都在三线白A位打入，或两个黑子都在四线白B位打入时，黑就不易处理。

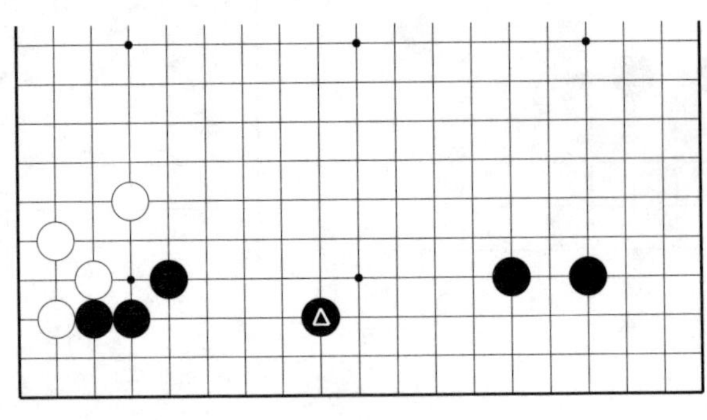

图10

图10　黑子高低配合，错落有序，即便从视觉上也让人感到舒服。由于两边黑子的位置都比较高，▲子位置低一些就很合适。如果▲子也放在四路线上，下边显得空虚，白棋打进来相对较容易。

接着看一看拆地与夹攻。布局阶段在三线上走出一个拆二，大致上就可以认为已是一块活棋。夹攻则是不让对方在边上拆。一旦对方的棋没有根据地，便可对其展开攻击。

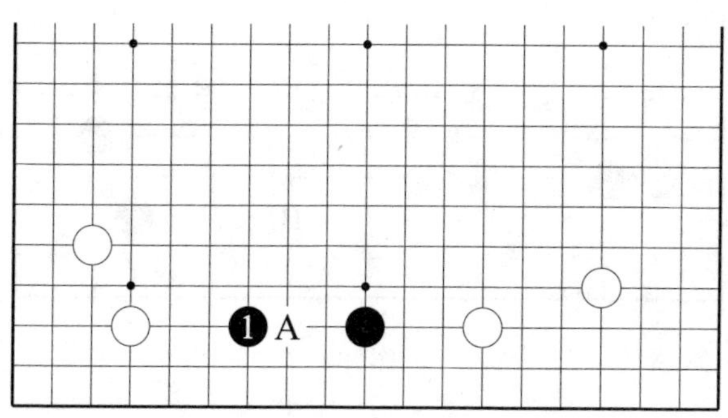

图11

图11　黑1就是拆地，是一个拆二，在边上建立根据地是非常重要的。若黑1不拆，白棋就会下A位，白下A位这手棋就是夹攻。一旦黑棋在边上无根据地，便只剩下仓皇出逃一条路了。

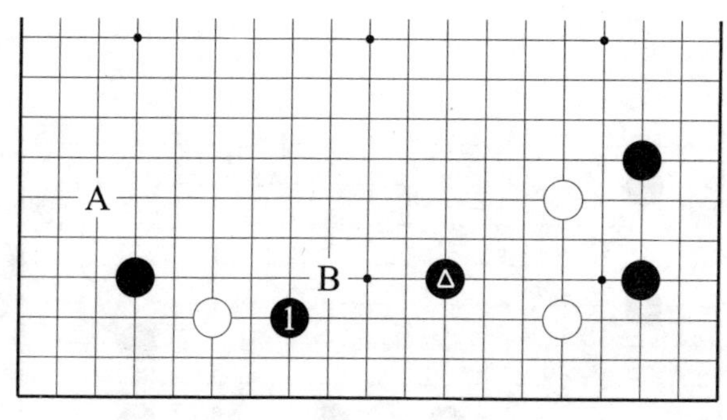

图12

图12　如果一个棋子既是拆边又是夹攻，那么这一子的效率就非常高。有的时候，若你不去占领拆兼夹的好点，反过来还会给对方留下这样的好点，这时抢占这样的点便显得更为重要。本图黑1就是连拆带夹。黑1若改下A位守，反过来被白占B位连拆带夹攻黑▲一子，则攻守完全颠倒。

接着看一看分投与拦逼。

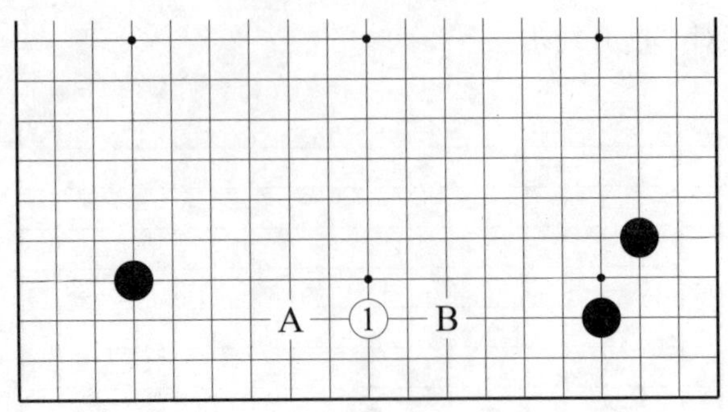

图13

图13　白1是分投的好点，接着无论黑从左边拦白向右边拆，还是黑从右边拦白向左边拆，白总能拆到一处。白1下了之后，总能在边上开拆，像这样的一手棋叫分投。此时黑阻止白开拆已不可能，但选择拦逼方向的权利却在黑方。黑可选择A位方向拦，也可选择B位方向拦，视需要而定。

拦逼是围棋中的一种基本战术，也可把它看成一种比较强烈的手段。并不是只有当对方分投时才存在拦逼，而是在只要适合应用的场合都能看到它。

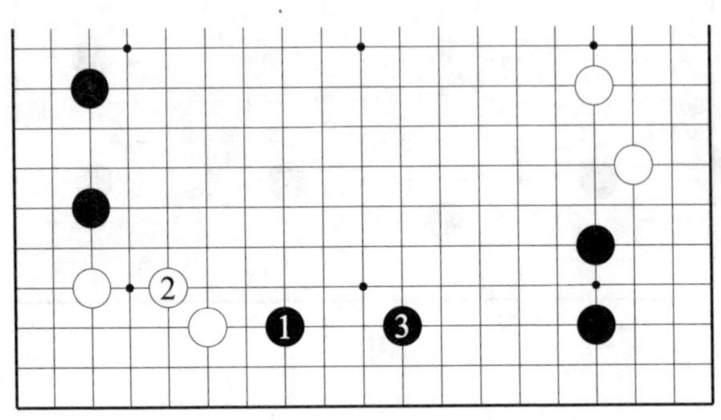

图14

图14　黑1逼是先手，由于左下白角空虚，白2需补一手，于是黑3得以拆回。通过黑1拦逼，黑占据了价值很大的下边。如果黑不运用拦逼战术而直接在3位一带拆，白多半会在1位拆，一出一入，相差不少。

再来看看出头与封锁。

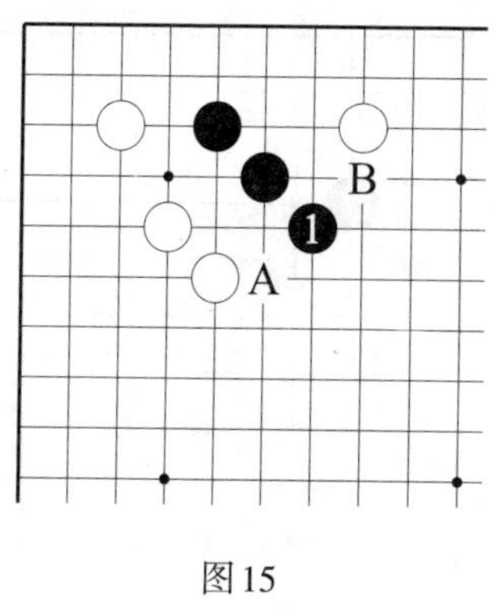

图15

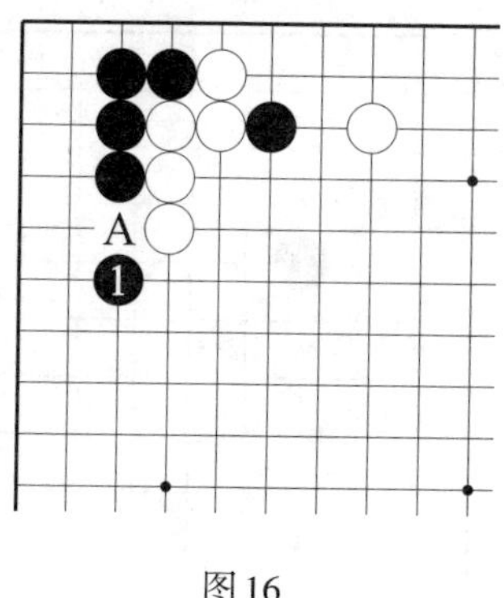

图16

图15　黑1出头，防止被白棋封锁，这步棋非常重要。根据不同情况，黑1也可改在A位或B位靠压出头。反过来，若黑1不下，被白在1位封锁，马上黑两子便危在旦夕。

图16　出头的目的并不是单纯为了求活。例如此时黑1跳出就是绝对的一手。往中腹出头也好，往边上出头也好，总之是不让对方把自己的棋封住。本图若黑1不跳，被白A位拐，黑角虽不致死，但也有生不如死的感觉。

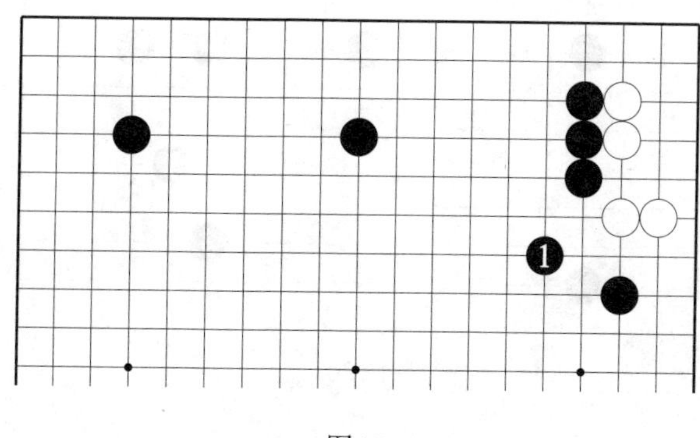

图17

图17　同样，封锁的目的也不是单纯为了吃棋。例如此时黑1飞封也可以说是绝对的一手。黑1后，黑势很壮观，但角上白棋并不存在死活问题。在这里，封锁是构筑外部势力的有效手段。

再来看看加高与压低。

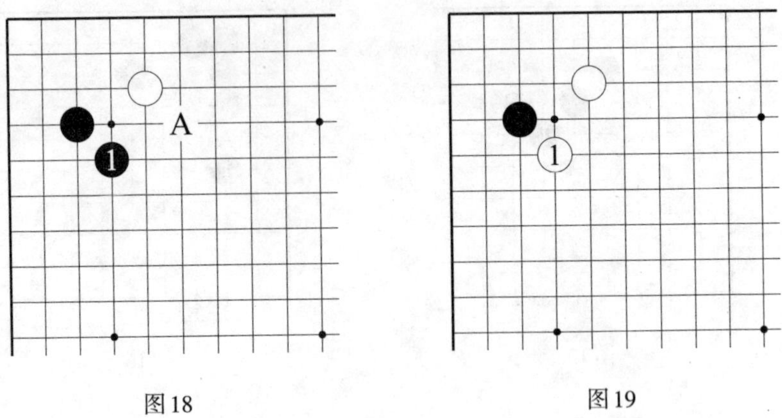

图18　　　　图19

图18　黑1尖起，可视为最简单的加高，利于向中腹发展。黑1加高后，便有了接下来A位压低白棋的手段。

图19　白1飞压，可视为最简单的压低，在压低的同时扩展己方的势力。1位对双方来说都是好点。

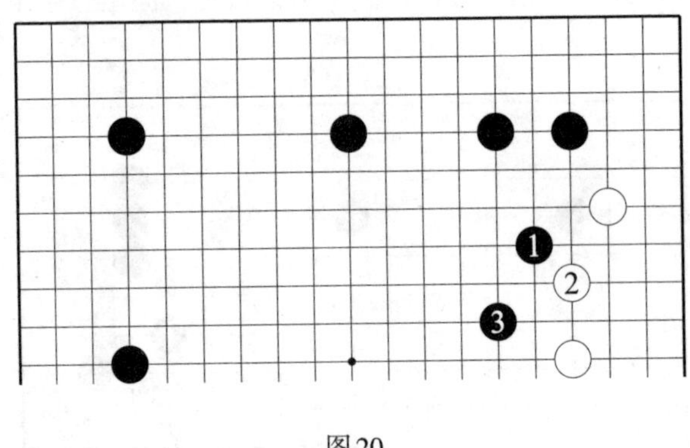

图20

图20　加高，是往中央扩张的战术，更多地应用在互张模样的对局中。加高和压低又是相辅相成的。例如本图，黑1、3在加高自身的同时，又有效地压低了白棋的阵势。

第十八讲　定式训练

布局离不开定式，学习和掌握定式非常必要。不过，所谓按定式下互不吃亏，是指局部而言，配合全局则另当别论。熟悉定式固然重要，但拘泥于定式就错了。更要紧的，是从全局出发，妥当地、灵活地选择和运用定式。

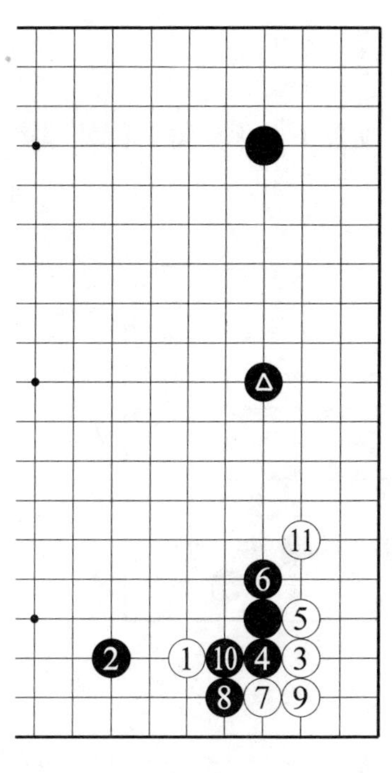

图1

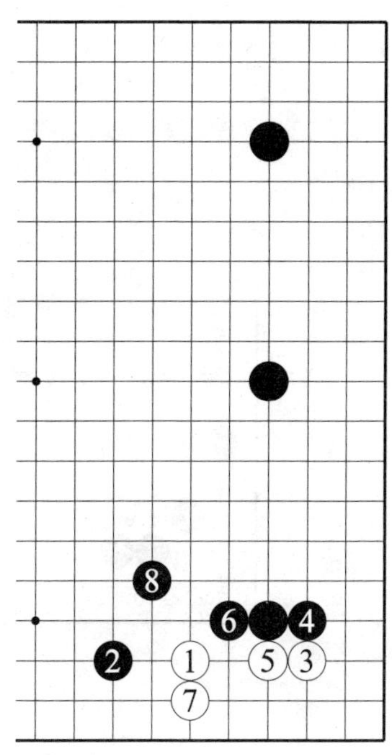

图2

图1　黑在右边布下了三连星，这是一个希望采取大模样作战的阵势。白1挂时，黑2一间低夹，于是白3来点角，此时黑4挡犯了方向性错误。至白11跳出，黑三连星阵势被打散，黑△子的效率不高。

图2　本图黑4挡，才方向正确。至黑8飞封，黑在右边构成了庞大的模样，贯彻了三连星的初衷。上图和本图选择的都是定式下法，效果却大不相同，其原因就在于是否考虑了全局的子力配置。

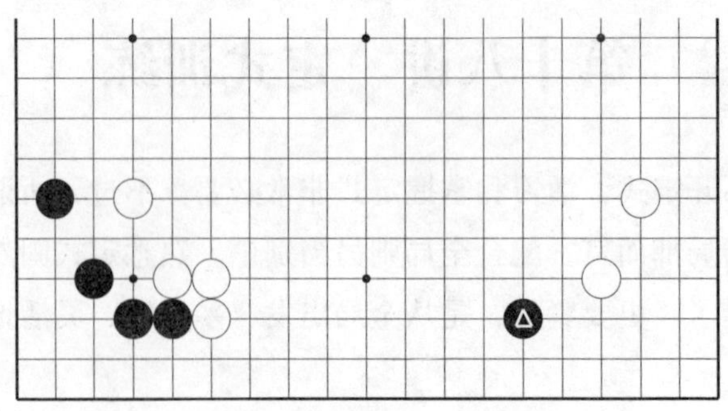

图3

图3　现在轮黑棋下，在下边这样的配置下，你觉得如何处理黑△一子为好呢？

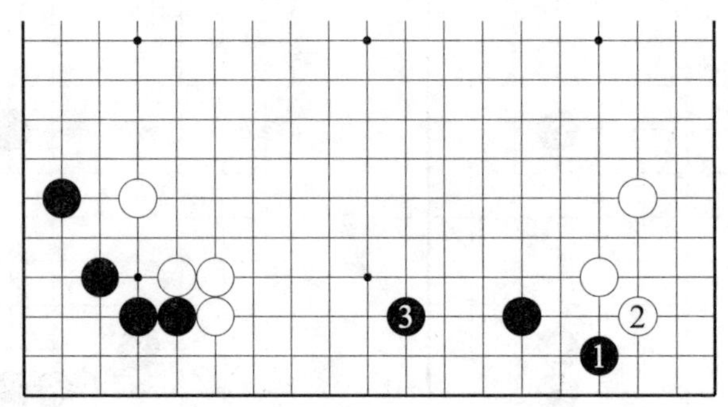

图4

图4　也许有人一下子就想到了黑1飞，他以为白2也会不动脑筋地守角，于是黑3得以拆二。这样下，黑当然极为理想。

图5　但当黑1飞时，白2会来夹攻，黑的如意算盘就会落空。至白6的结果，白棋放弃了角地，换来的却是上下连成一片的生动局面。

图6　黑1单拆二才是妥善的。白2尖顶，黑3长，虽然黑立二拆二好像被白得利，但从全局来看，黑棋这样下是必要的，也是可以满足的。

图7　黑1拆三企图立二拆三就过于一厢情愿了，被白2打入，左侧白势恰好能发挥作用，黑棋明显不利。

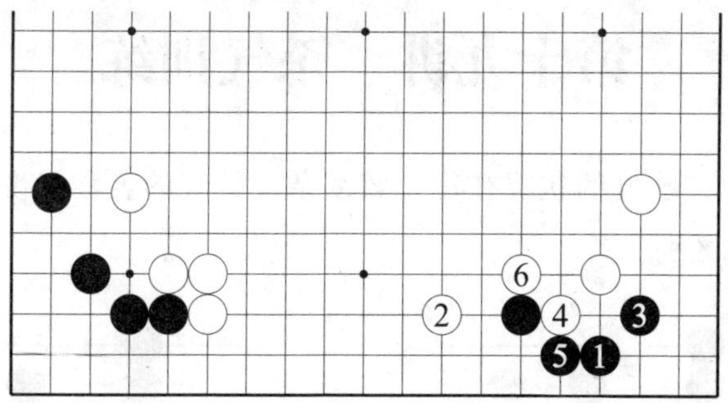

图5

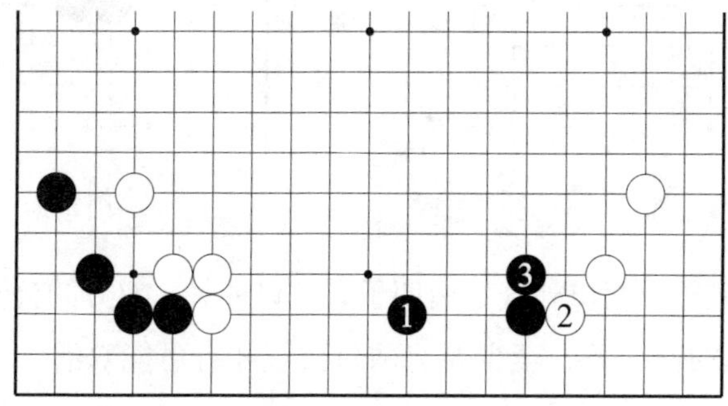

图6

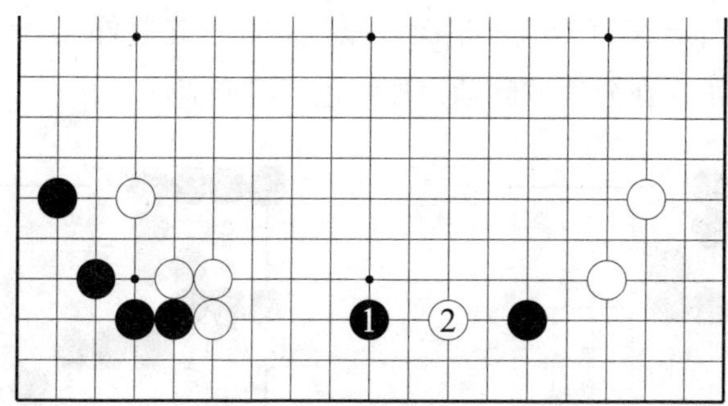

图7

由此不难看出，根据子力配置来正确选用定式非常重要。而机械地套用定式，不但无益，还往往是有害的。

第十九讲　杀气训练

在实战中，杀气的状况往往比较复杂，就气的名称来说，也有外气、内气和公气的区别。

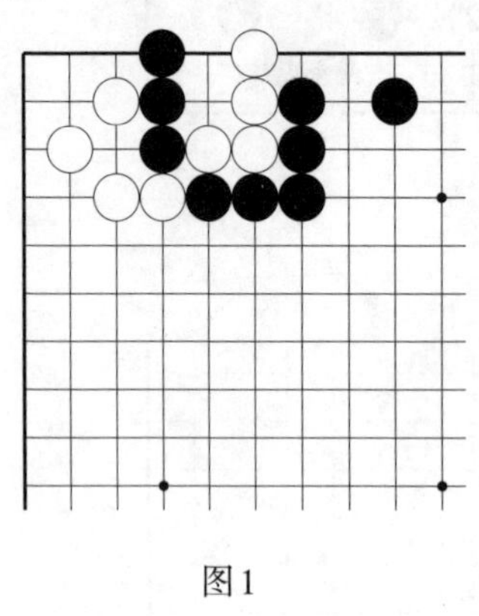

图1

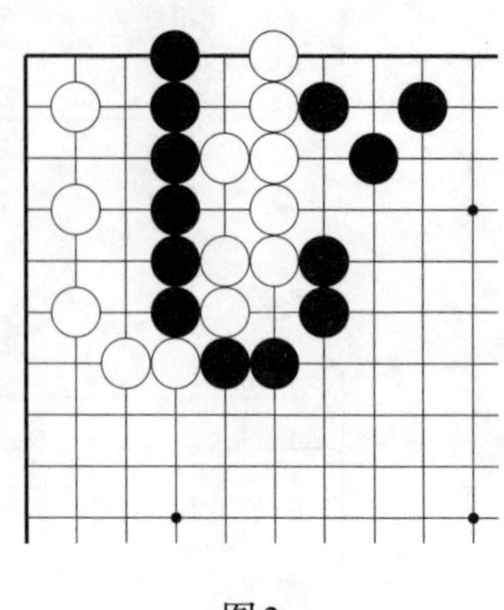

图2

图1　黑三子有两口外气，白四子有一口外气，双方的公气是两口。在双方都没有眼的情况下，至少要有两口公气才有可能双活。本图能否双活取决于该谁下。

图2　黑六子外气六口，白八子外气四口，公气三口。双方外气相减，等于黑净有两口外气。然后再算公气，便很容易得出本图杀气的答案。

凡遇既有外气又有公气的情况，紧气时必须先紧外气。当一方有眼一方无眼时，则不存在公气的问题，那时也不可能双活。

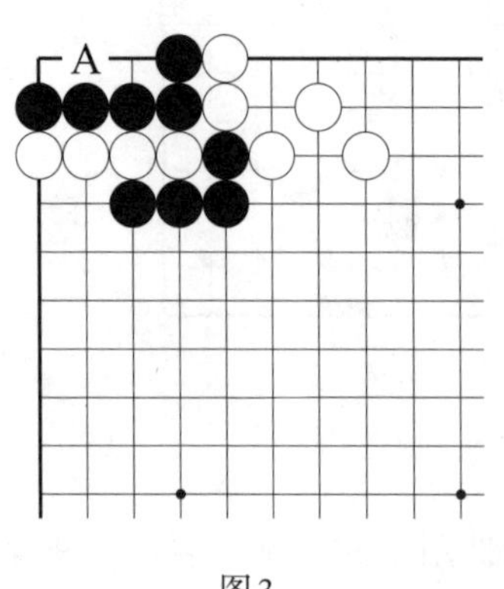

图3

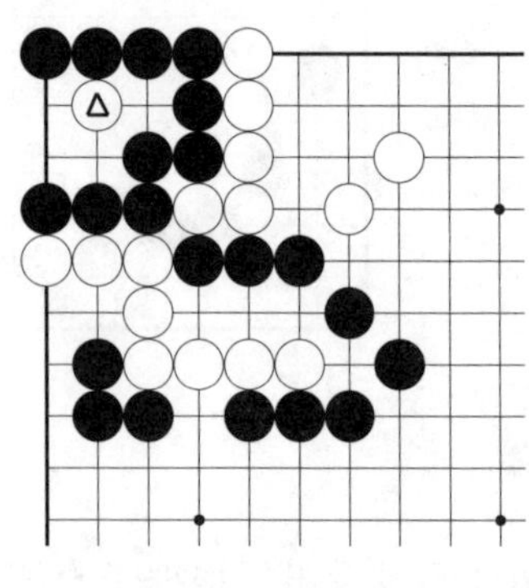

图4

图3　白四子有两口气，即便黑角上这块棋一口外气也没有，黑也不必在A位补活就能杀白，因为黑眼里有气，眼里的气叫内气。现在黑眼是直三，直三有三口内气，黑气比白气长，故黑不需要补活。

对于什么样的眼，里边有多少气，平时就必须熟记，真到杀气时便不必临时去计算。有一个内气口诀，应该把它背下来：直三、曲三是三气，方四、丁四是五气，刀五、花五是八气，葡萄六是十二气。

图4　但实战中杀气时，如本图黑以刀五的一块棋与白杀气时，很少有△位没有白子的情况。倘若此点无白子，黑占据此位，黑棋就活了，也就谈不上杀气了。此时黑刀五的内气，就须从口诀中的八口，改为实战中的七口。也就是说，对方在你的眼里点进了几个子，你就要相应减去几口内气。假若本图时你死记口诀，误以为刀五在什么情况下都是八口气，而当数出白棋只有七口气时便置之不理，一旦白棋先紧气你就来不及了。

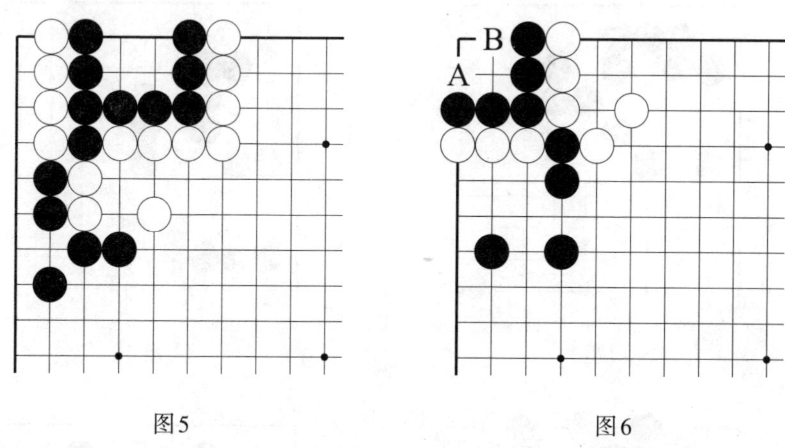

图5　　　　图6

图5　唯有方四例外，在方四中即使黑先下子也无法补活，故白无必要点眼。所以实战中方四的内气，往往仍然是口诀中的五口。本图轮黑下子时尽可他投，就算白先收气，白四口气也杀不过黑五口气。

图6　但盘角上的内气有其特殊性。如盘角上的方四，其内气便由五口减为了三口。白第一子放A位，第二子放B位就成了叫吃。别看白三子只有三口气，黑想杀白的话，必须马上紧气。

练习题

以下各图均为黑先，黑能在对杀中取胜吗？

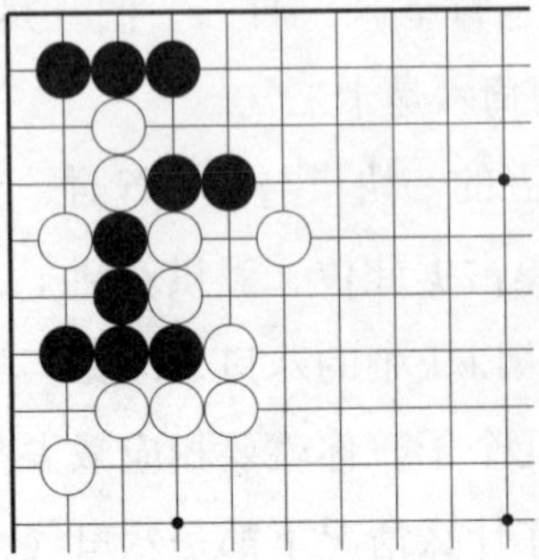

习题1

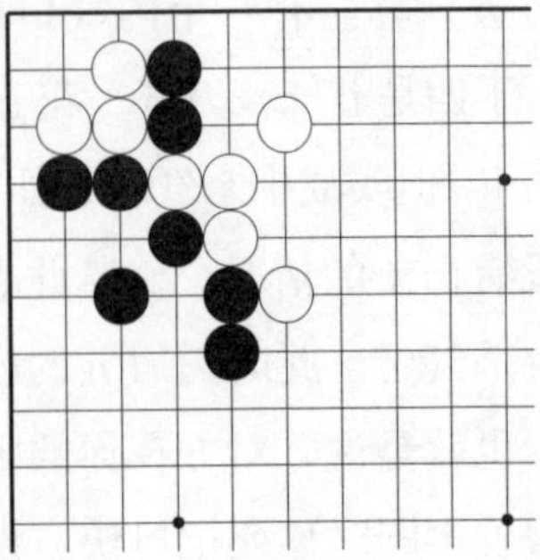

习题2

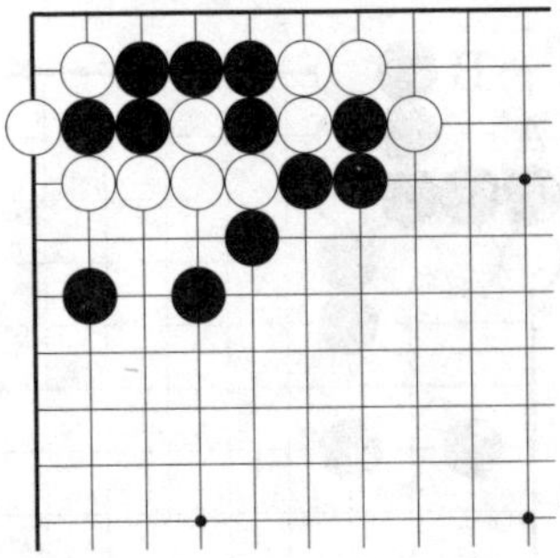

习题3

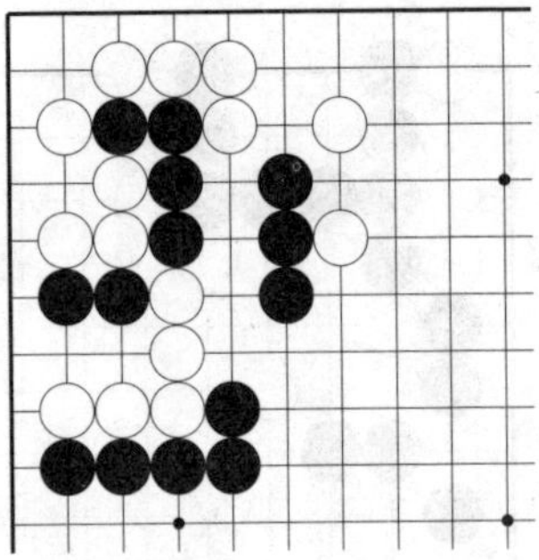

习题4

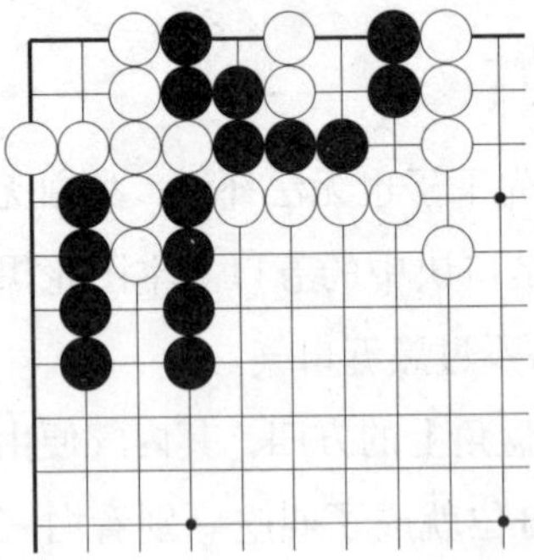

习题5

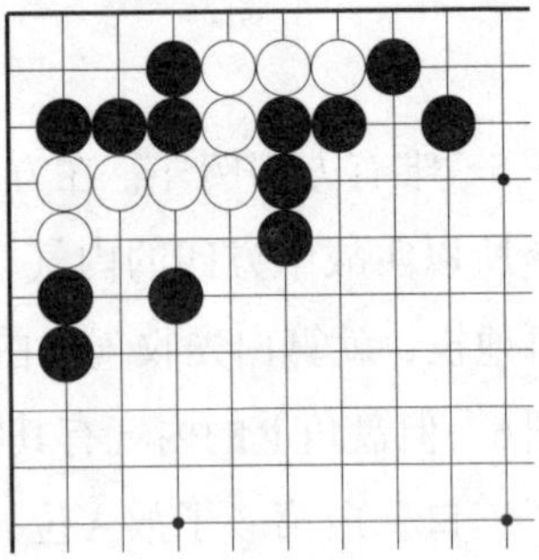

习题6

练习题解答

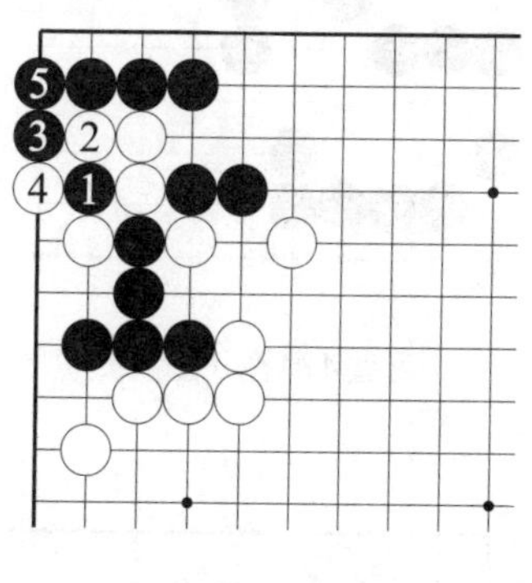

习题1解答

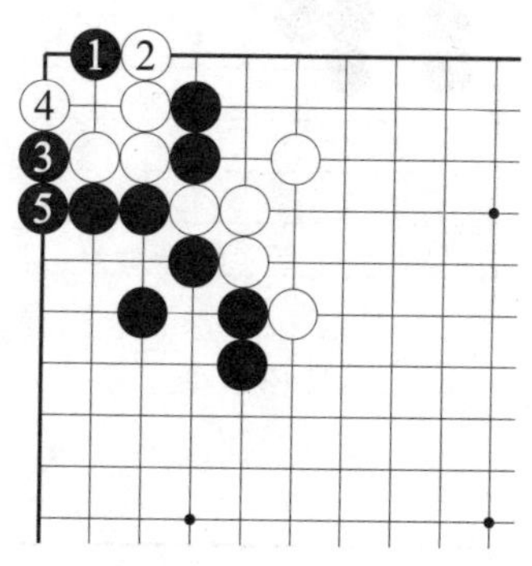

习题2解答（正解）

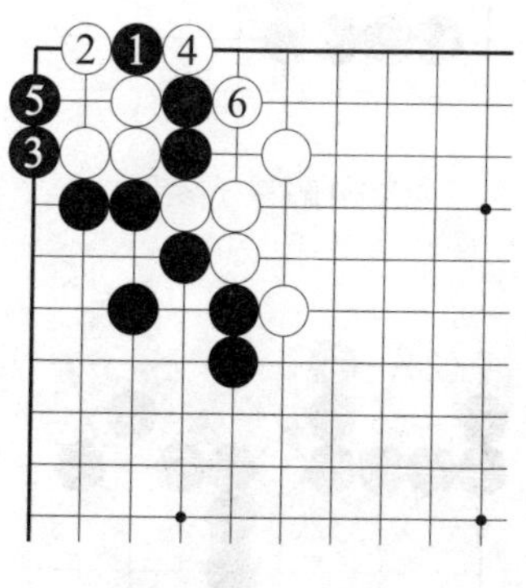

习题2解答（失败1）

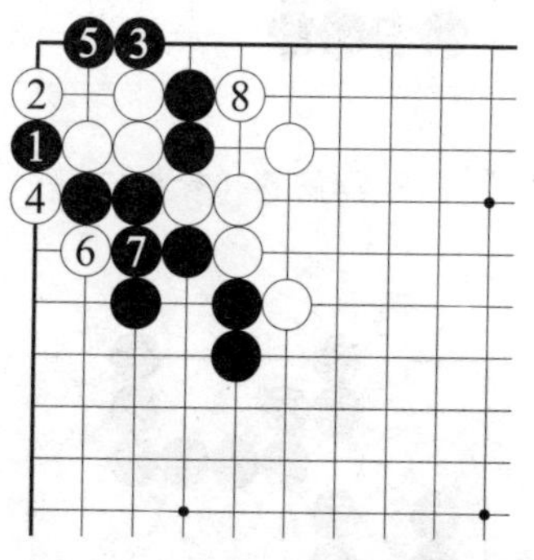

习题2解答（失败2）

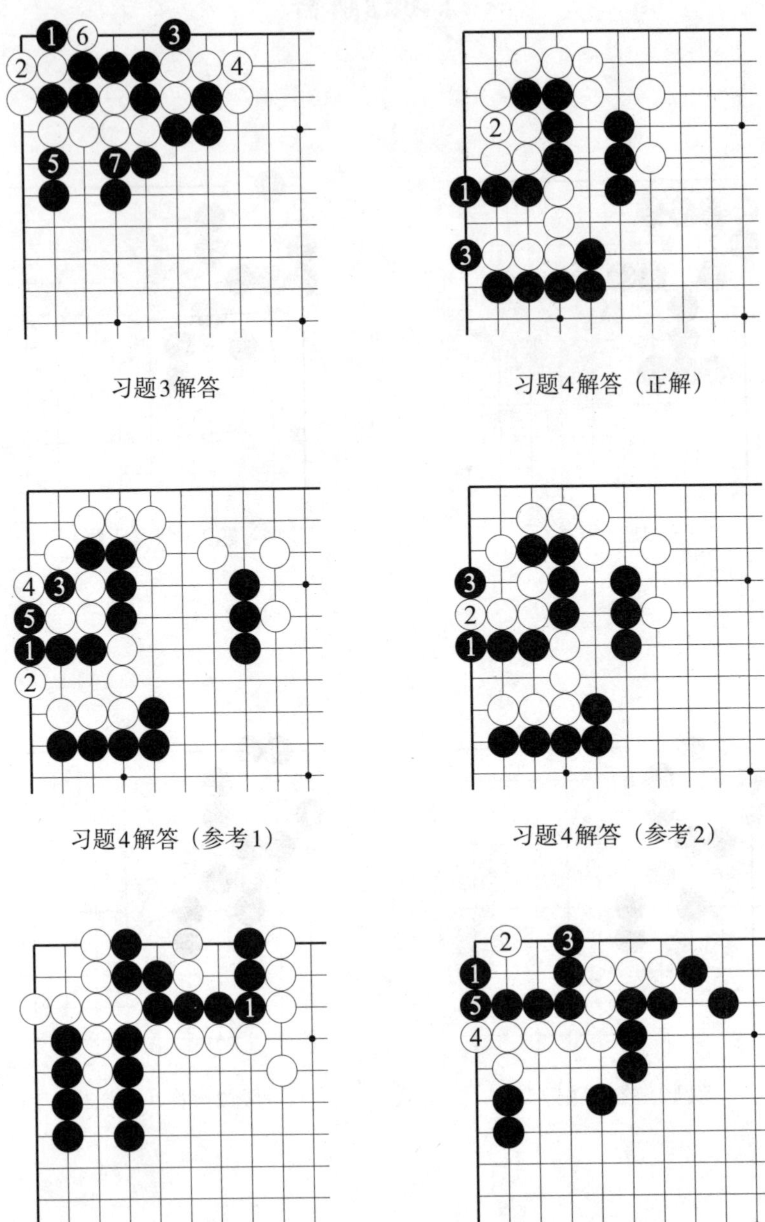

习题3解答

习题4解答（正解）

习题4解答（参考1）

习题4解答（参考2）

习题5解答

习题6解答

第二十讲　打劫训练

布局之初，当盘上棋子不多时，如果出现了一个劫，由于双方都缺少甚至没有劫材，这个劫就打不起来，这种状况叫“初棋无劫”。

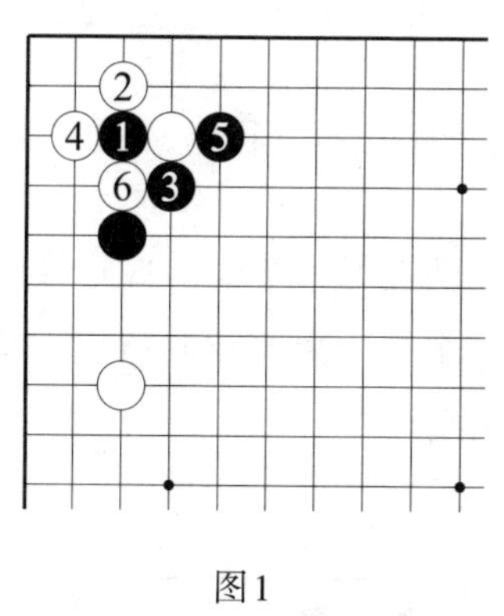

图1

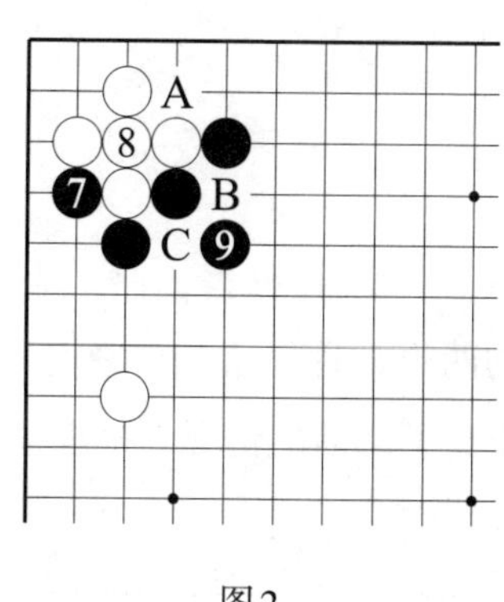

图2

图1　这是序盘时经常出现的一个棋形。黑1托至白6提，很多棋手都愿意这样下。

图2　这时黑7打，白8粘，于是黑9虎，黑取势，白收利，局面两分。黑7视情况也可能改在A位打，不管黑棋从哪面打，反正白8总是粘。白8之所以粘上而不下B位或C位开动，其道理很简单，那就是因为序盘之初无劫材可言。

随着局势的发展，盘面上出现了越来越多的劫材，这时劫就会无处不在。有可能运用劫来做活，有可能运用劫来杀棋，还可能运用劫寻求渡过，甚至运用劫占得官子便宜。

图3　黑1至黑5劫活，是正确的选择。黑3或黑5只要在A位粘，被白B位一扳，黑棋就净死了。当不能净活时，就要争取劫活。而且对这个劫，双方都没有退缩的余地。倘若白在C位接，黑在D位扳接后，黑角就净活了。故而，在这里必然会产生劫争。

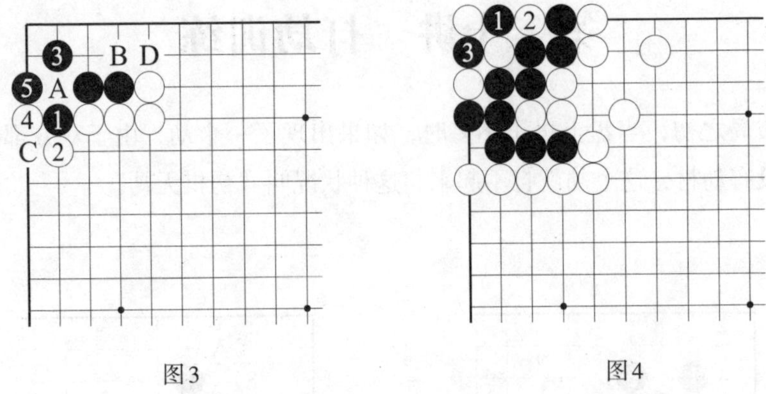

图3　　图4

图4　黑1扑进去，白2提一个劫，黑3则提另一个劫。像这样的可来回提的两个劫称摇橹劫，总是一人能提到一个劫。黑有意制造出一个摇橹劫，避免了劫活的情况。摇橹劫活相当于净活。

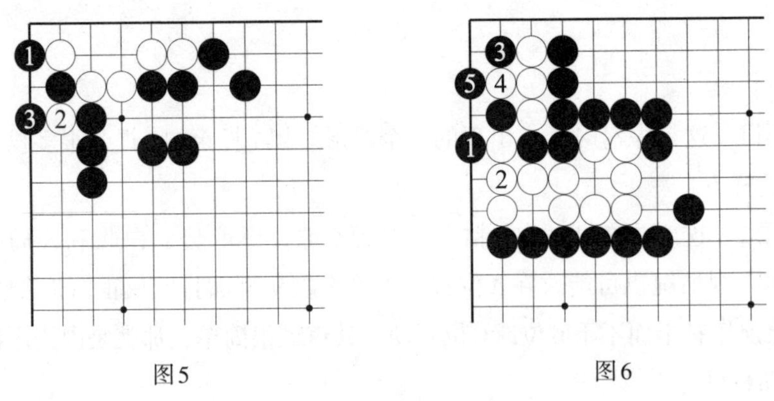

图5　　图6

图5　黑1扳进去，白2打吃时，黑3顽强做劫。这个劫黑打输了，损失有限；若打赢了，则能吃掉白整块棋。黑1若改在2位粘，那么白在1位立，白棋就净活了。现在黑制造出一个劫，利用劫来杀棋。倘若实战中你执白，对黑的这种劫杀手段不得不防。

图6　这是又一个黑运用劫杀的例子。黑以一个无忧劫来与白打生死劫，心情当然快活。倘若在实战中，你果真找到了像本图这样的好机会，这盘棋八成就快赢下来了。

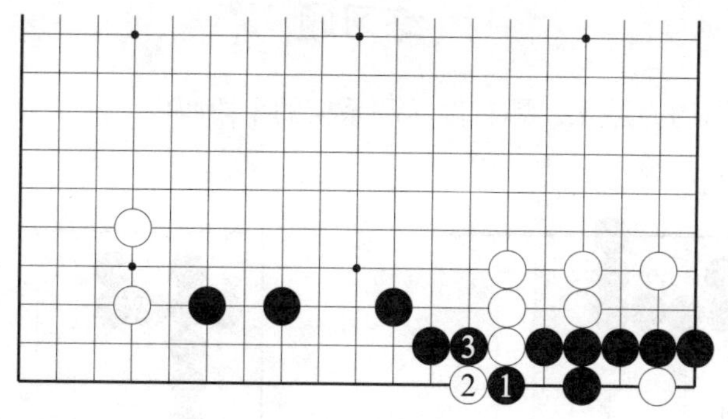

图7

图7　黑角已做不活，唯一的生路是与外面的黑棋取得联络。黑1时，白2打住，黑3则断打，利用打劫试图连通，这叫劫渡。黑棋寻求劫渡，也是无奈之举。

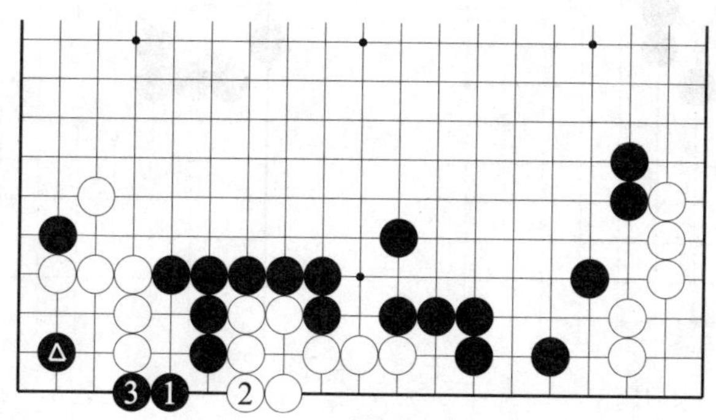

图8

图8　这是以打劫相要挟，实现削减敌空的目的。当然，此处的手段一般要到收官阶段运用。黑1尖，准备2位扑劫，白不敢拿一块棋开玩笑，白2只得自补。于是黑3钻入白阵，黑△一子由死变活。

劫争时，劫材的数量和质量都非常重要。数量，自然指劫材的多少；质量，就是劫材相对于劫的价值大小。劫的胜负，取决于双方劫材的多少。虽然劫材多的一方能够劫胜，但总免不了让对方连走两手，无论如何也总会付出一定的代价。

练习题

以下各图均为黑先，黑有做活和杀棋的手段吗?

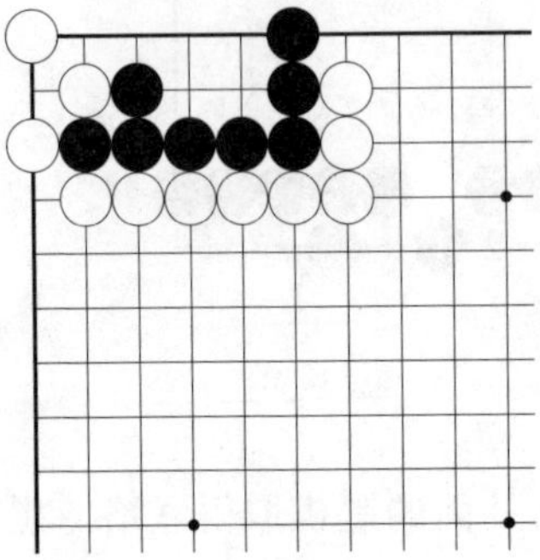

习题1

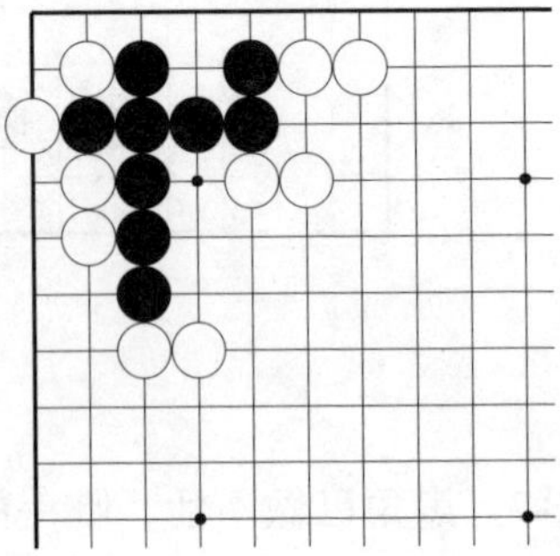

习题2

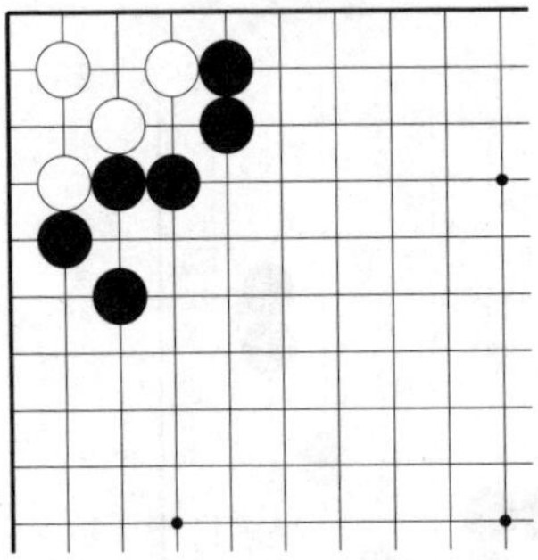

习题3

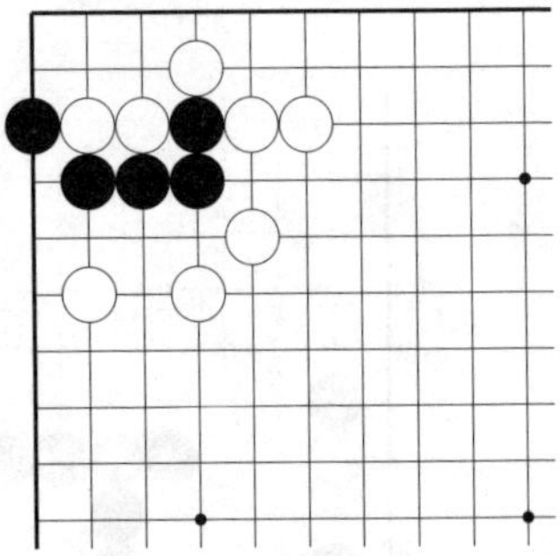

习题4

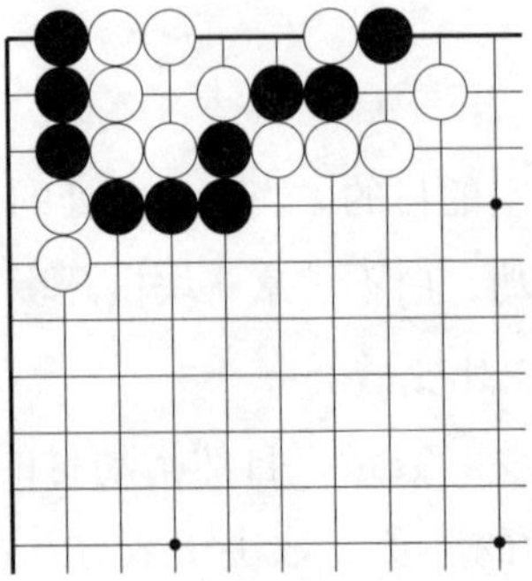

习题5

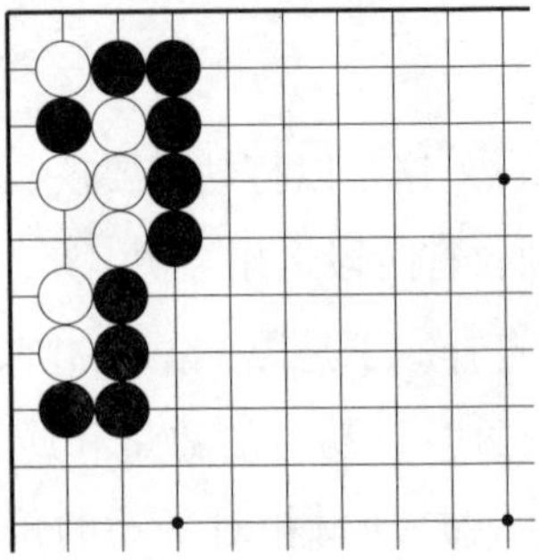

习题6

练习题解答

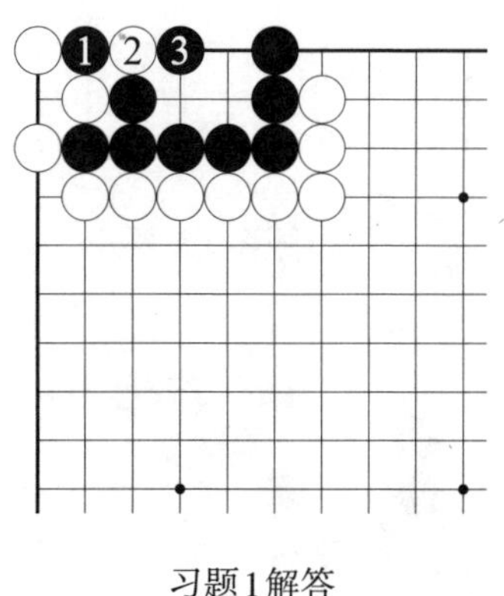

习题1解答

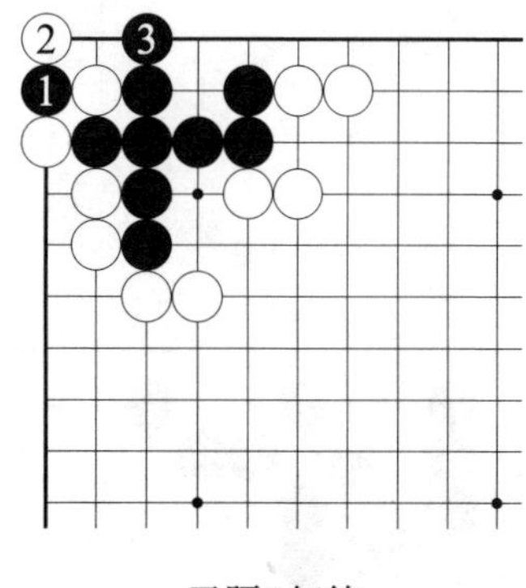

习题2解答

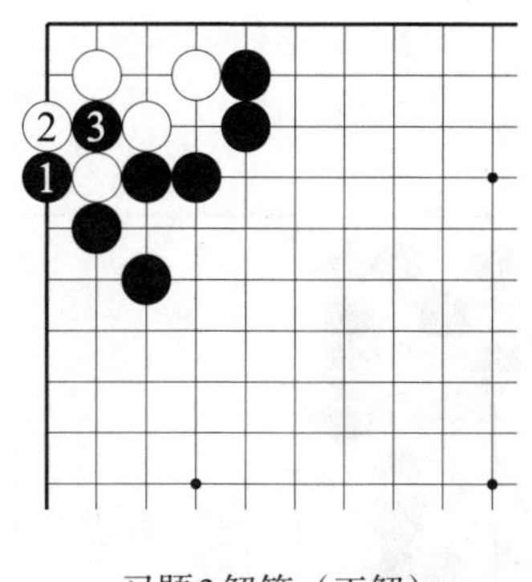

习题3解答（正解）

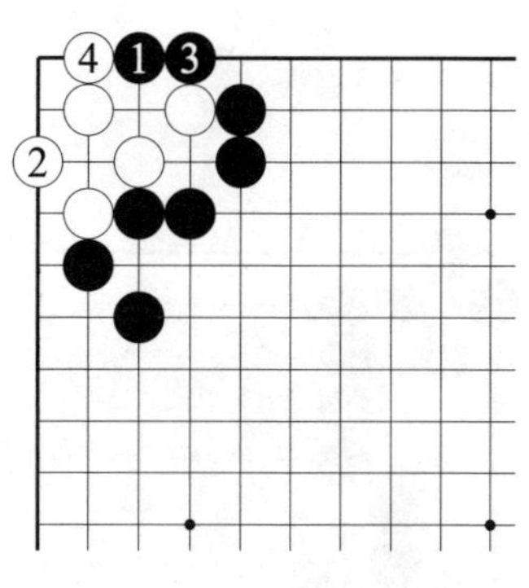

习题3解答（失败）

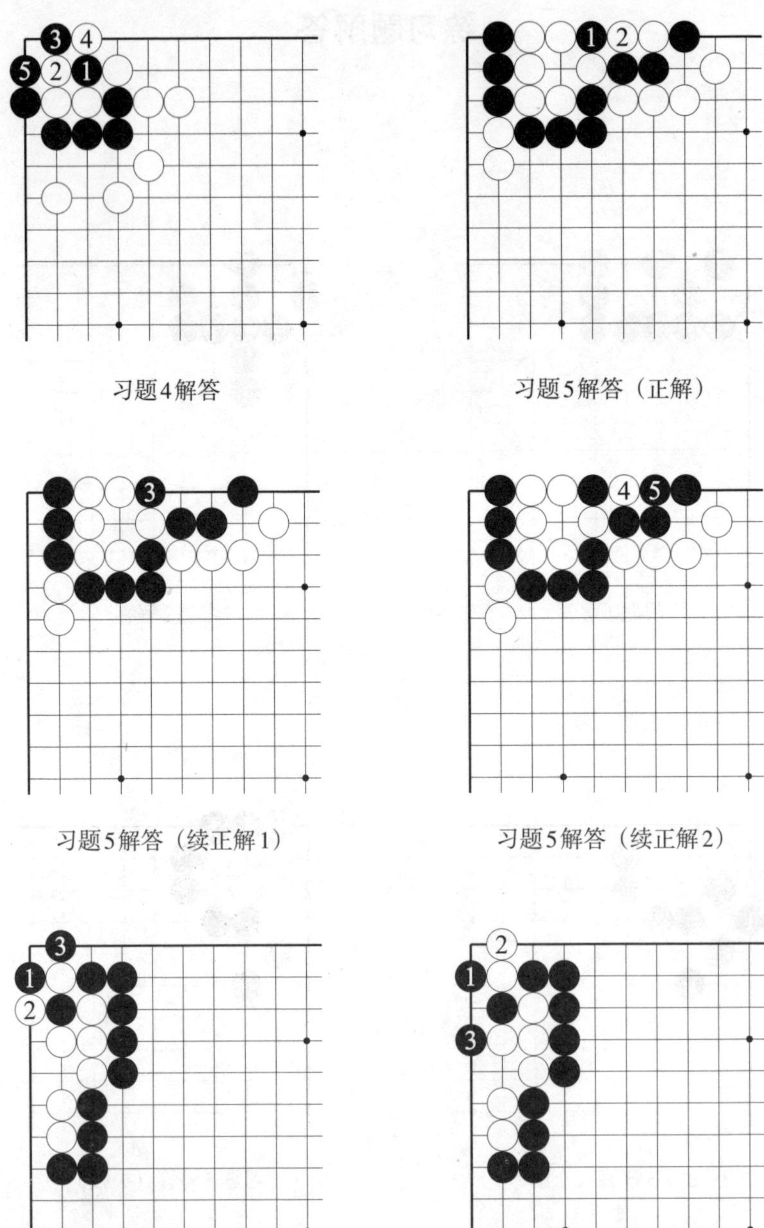

习题4解答

习题5解答（正解）

习题5解答（续正解1）

习题5解答（续正解2）

习题6解答（正解）

习题6解答（参考）

第二十一讲　手筋训练

围棋中的一着棋，又可称为一手棋。在一手一手棋之中，最为紧要的一手或几手棋，其既巧妙又出人意料，而且足以获得满意的效果，可称之为手筋。要用最简洁的语言解释，手筋就是巧妙的手段。

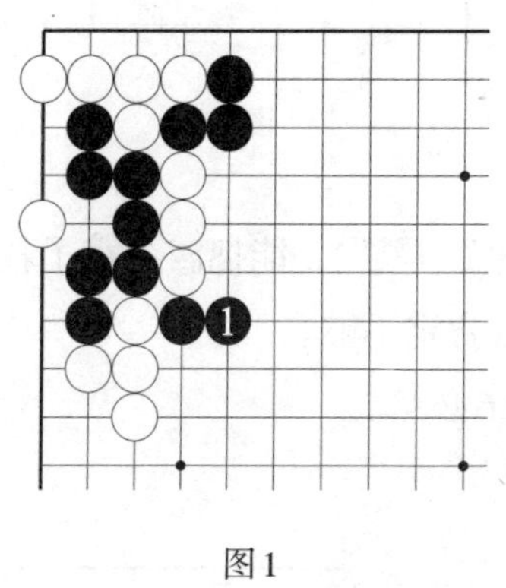

图1

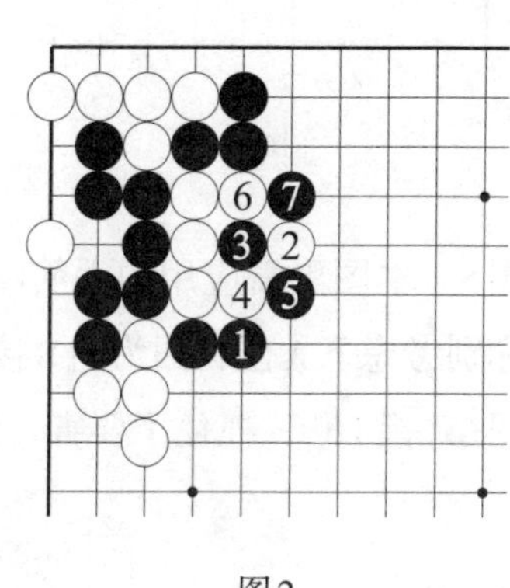

图2

图1　黑1长可谓最简单的吃子手筋，一下子把白三子关住。

图2　白2跳试图逃跑，黑3挖进去，以下至黑7，白接不归。这种形状叫“乌龟不出头”。

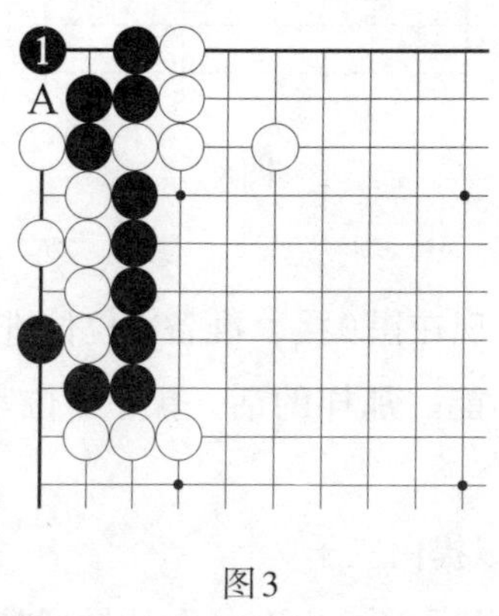

图3

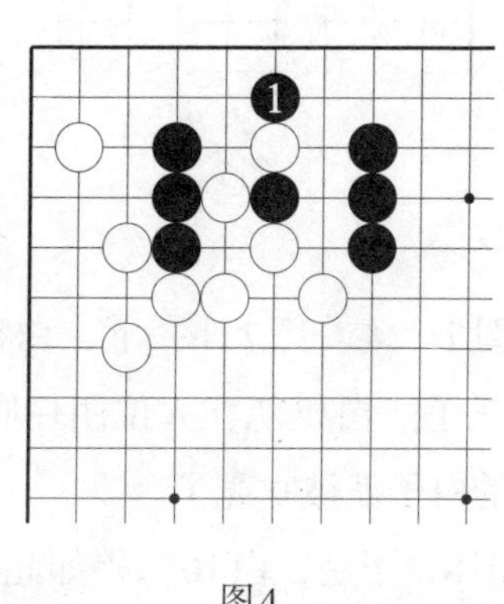

图4

图3　黑1圆眼可谓最简单的杀气手筋，若改下A位则成打劫。

图4　黑1托可谓最简单的联络手筋，令左右黑棋连为一体。

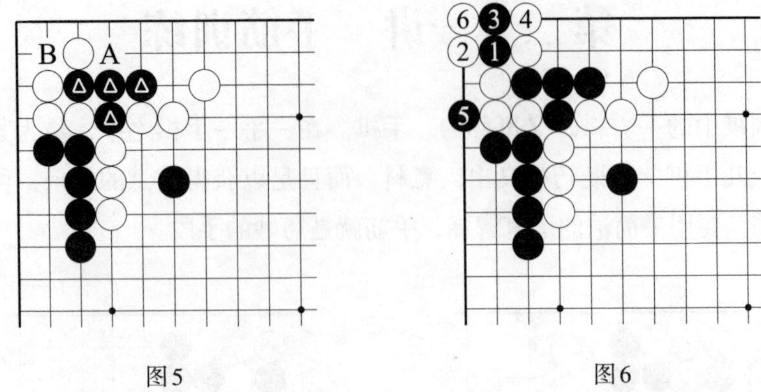

图5　图6

图5　本图黑需应用的手筋叫“大头鬼”。黑先，能把四个△子救出来吗？你别考虑下A位，因为白B接后，黑气肯定不够。

图6　黑1断，抓住了要害，以下至白6必然。

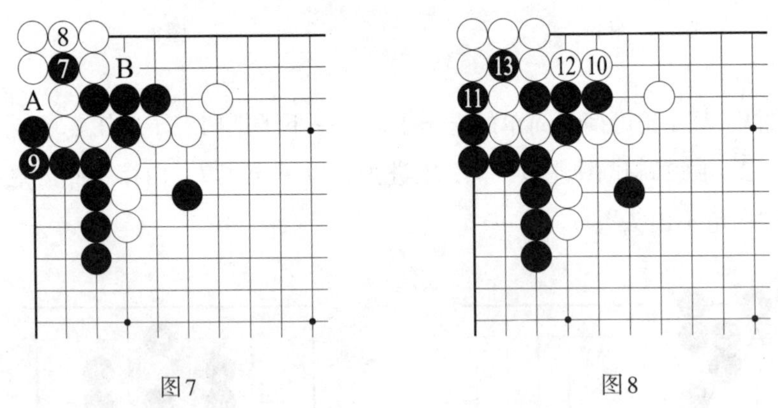

图7　图8

图7　接着黑7扑一下，白8只能提。现在黑9接，准备A位伸进去打吃白三子。白棋能在A位团住吗？当然不能。那样的话，黑下B位紧气，角上的白子就被吃光了。

图8　于是，白10只得如此，黑13得以提白三子。

手筋的作用在于击中要害。发现并使用手筋，也有一个从易到难的过程。这就需要我们在实践中进行长期不懈的努力，争取早日具备非凡的感觉和周密的计算能力。

第二十二讲　攻击与防守训练

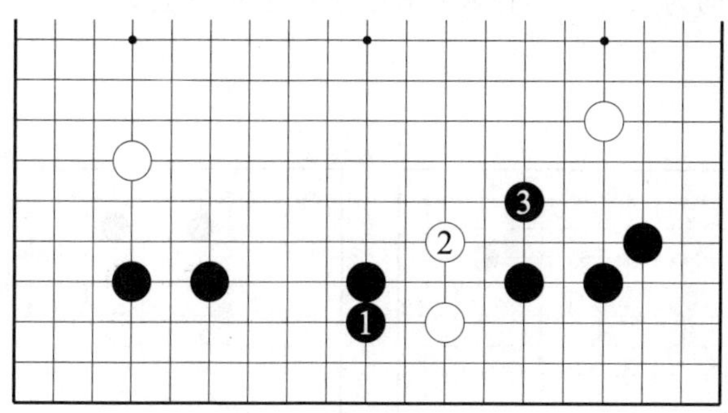

图1

图1　在进攻时不要忘记防守。白棋来打入时，黑1先坚实地守，就是攻不忘守的好例子。待白2外逃时，黑3再关起，黑能在攻击中获益是肯定的。如果黑1只顾从外面封锁，被白棋轻易地活在边上，也就谈不上攻击了。

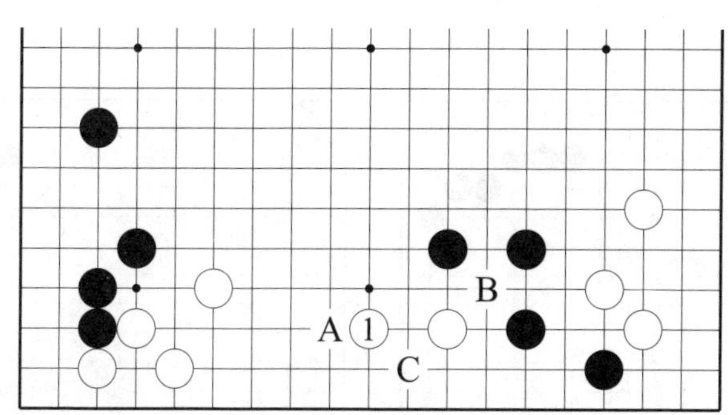

图2

图2　在需要防守时，又不能忘却可能的进攻手段。这是一个在高手实战中出现的例子，当白棋需要在下边补一手的时候，执白者下的是白1。按说就白棋在下边的配置，白1补在A位或许边空更稳固些，但白宁可少拆一路，也要给以后B位尖的攻击积蓄力量，同时防止黑在C位点整形。由此可以看出，攻和守并非一成不变，经常处在转化之中。

练习题

以下各图均为黑先，请在A和B中选择正确下法。

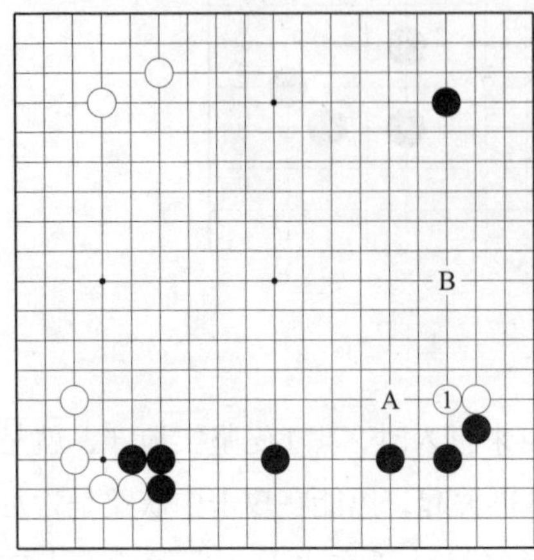

习题1

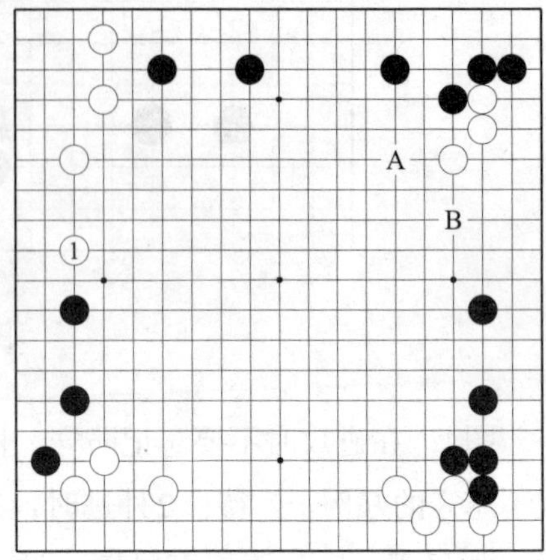

习题2

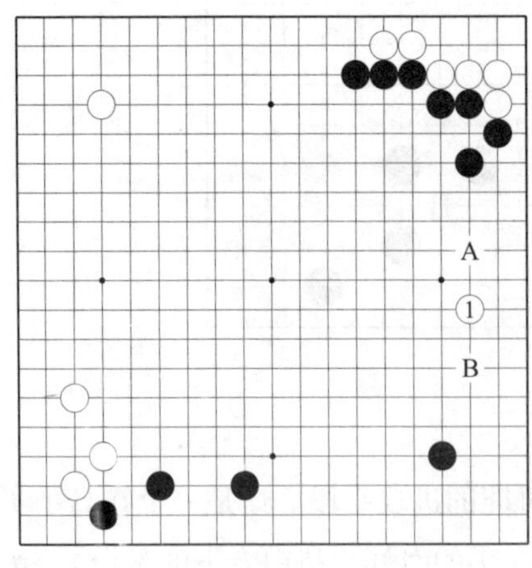

习题3

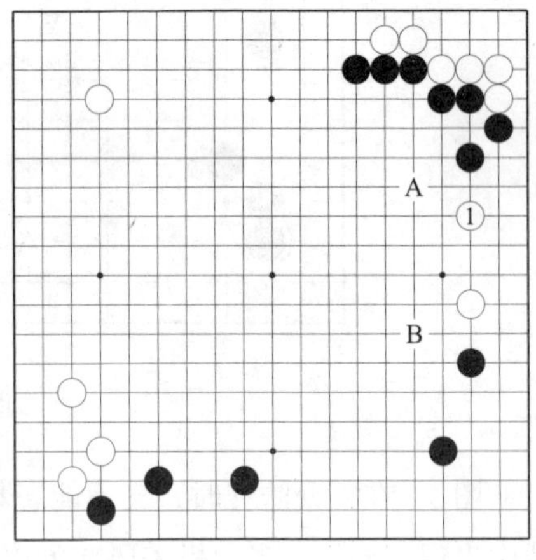

习题4

以下各图均为黑先，请在A和B中选择正确下法。

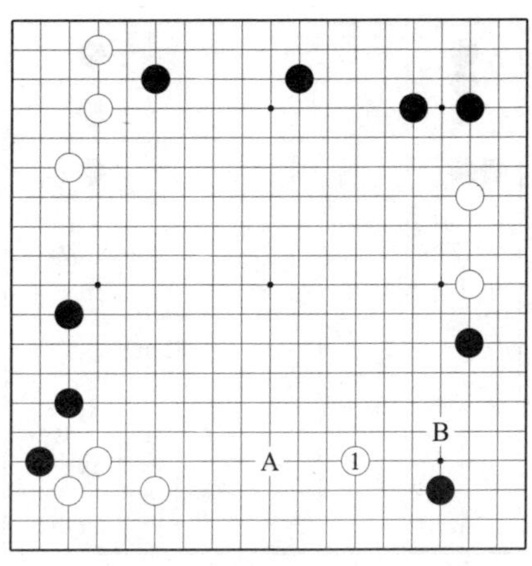

习题5

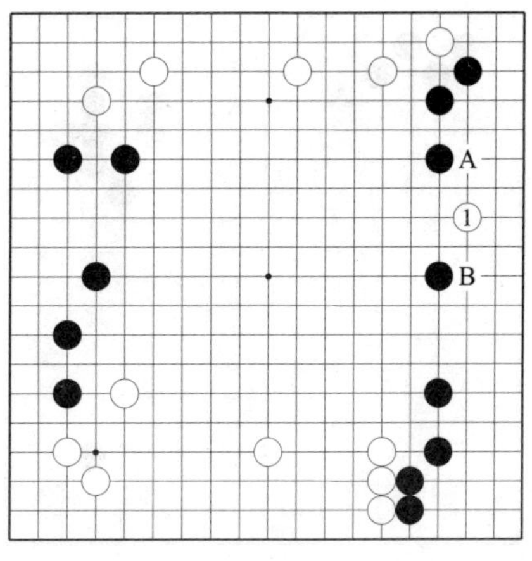

习题6

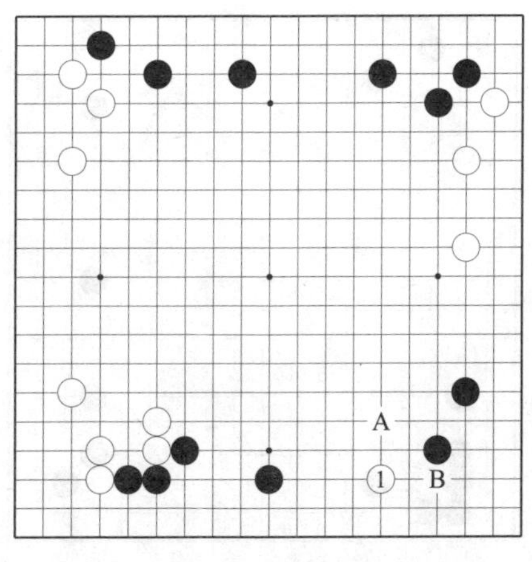

习题7

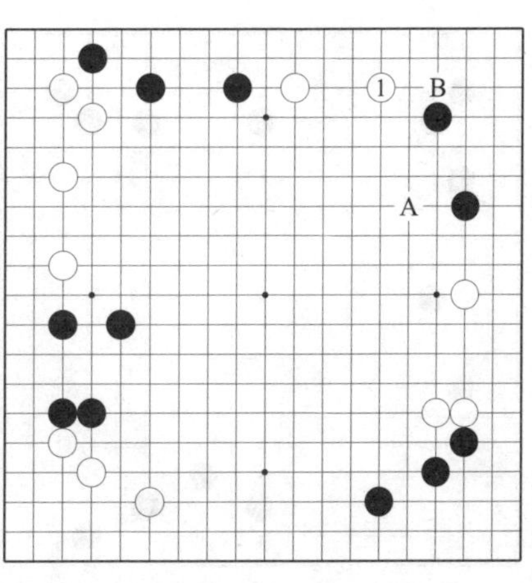

习题8

以下各图均为黑先，请在A和B中选择正确下法。

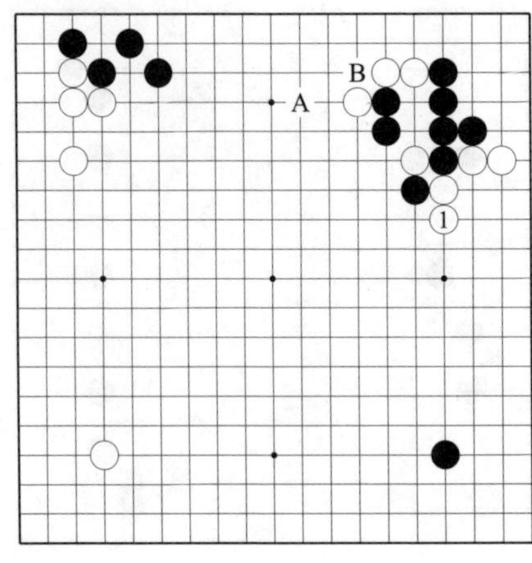

习题9

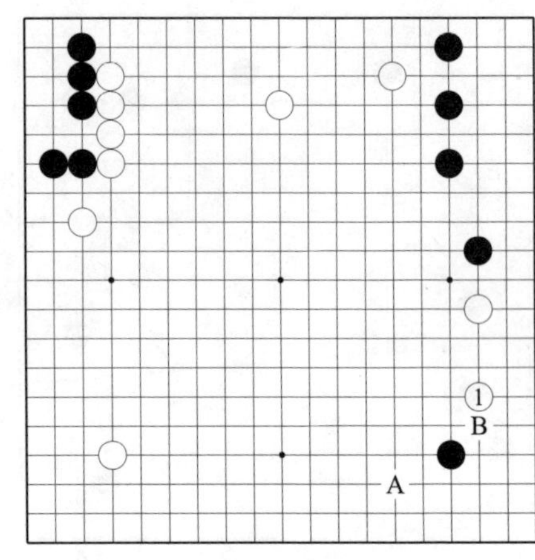

习题10

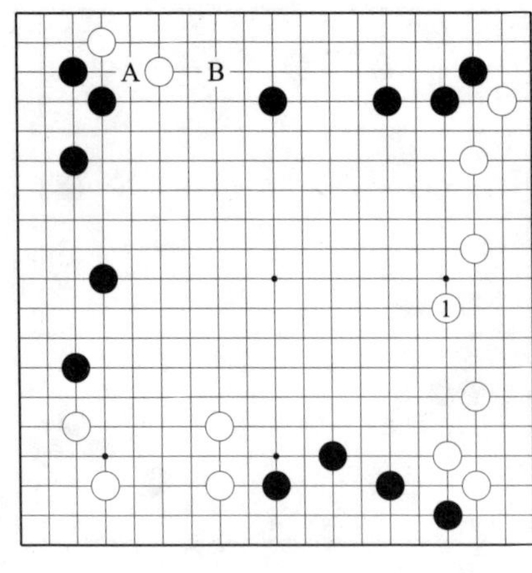

习题11

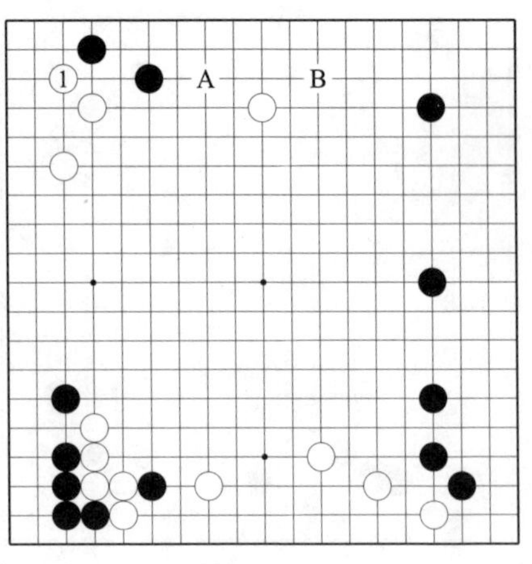

习题12

以下各图均为黑先，请在A和B中选择正确下法。

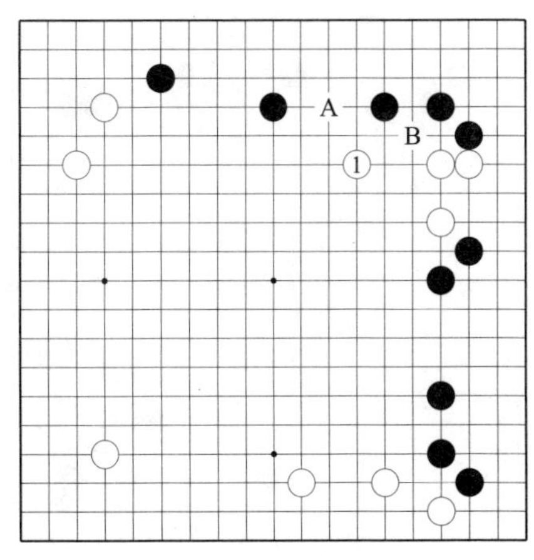

习题13

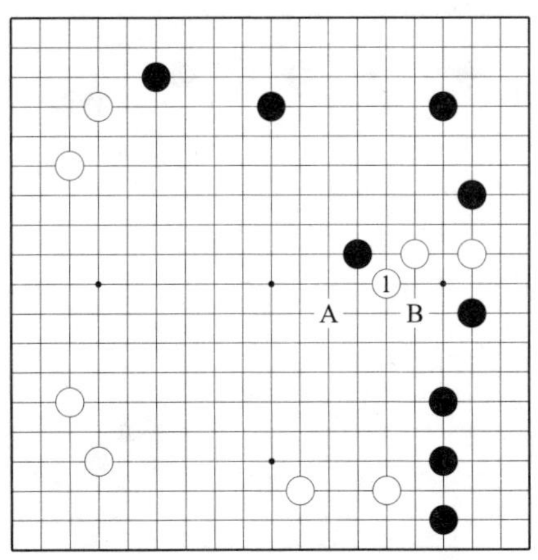

习题14

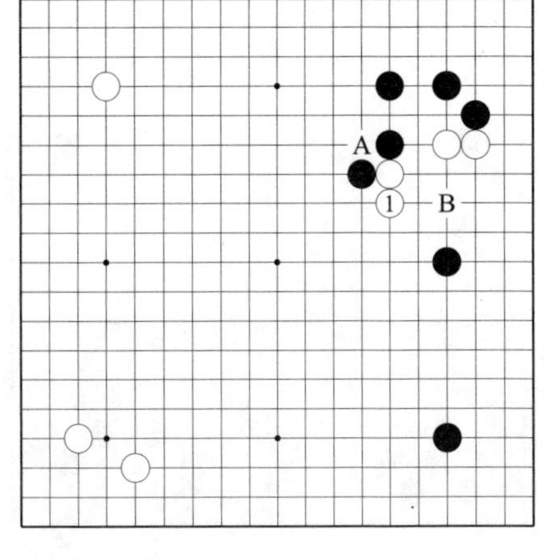

习题15

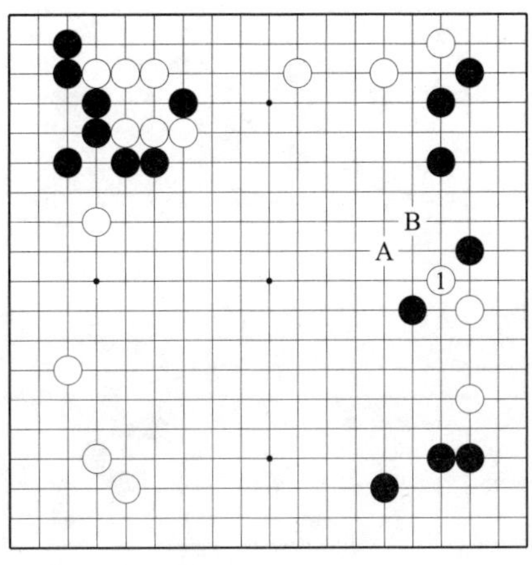

习题16

以下各图均为黑先，请在A和B中选择正确下法。

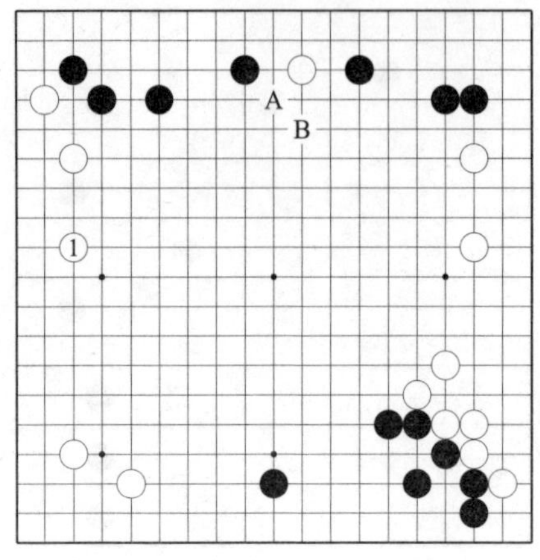

习题17

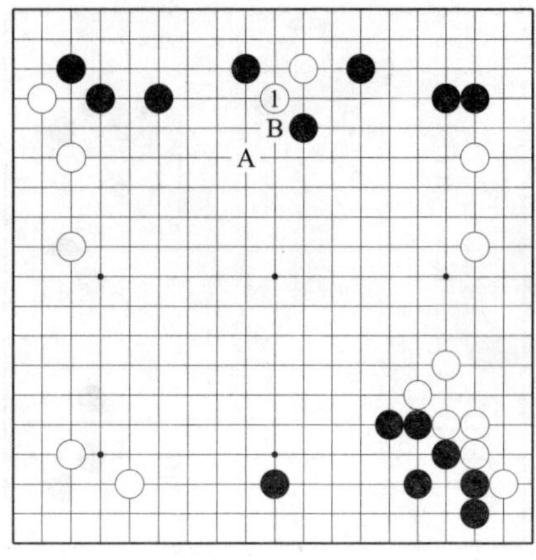

习题18

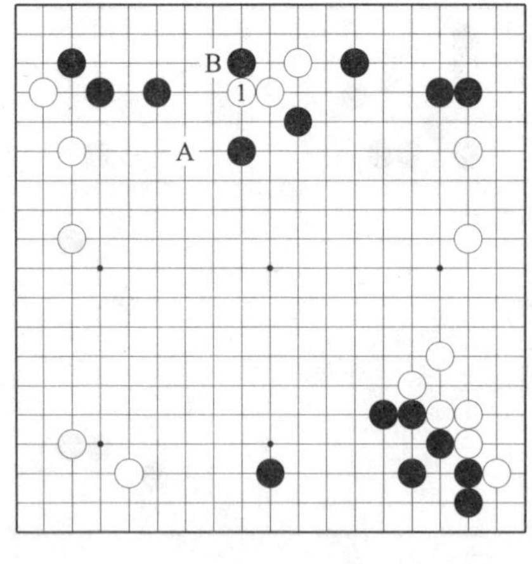

习题19

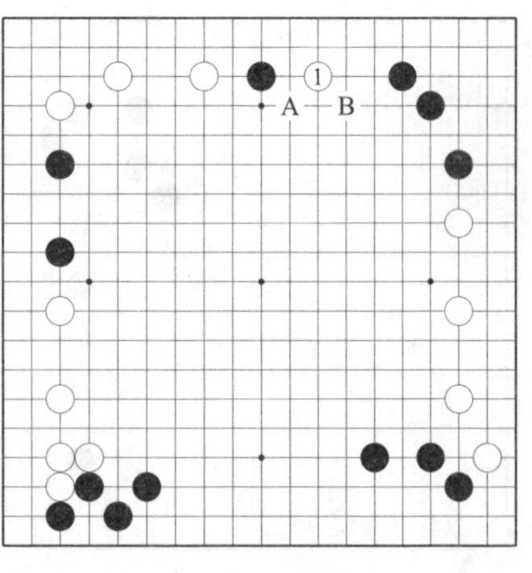

习题20

以下各图均为黑先，请在A和B中选择正确下法。

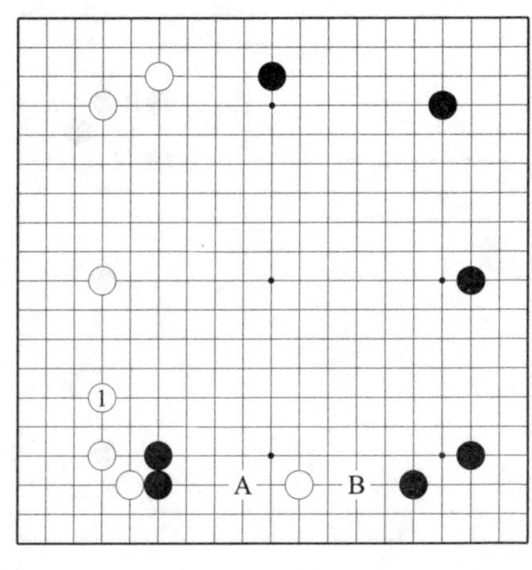

习题21

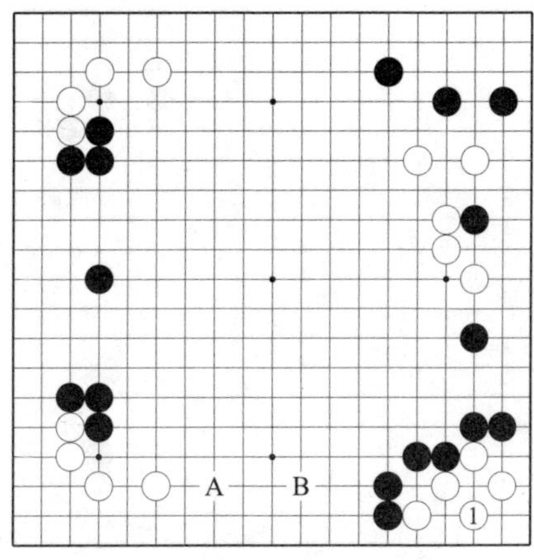

习题22

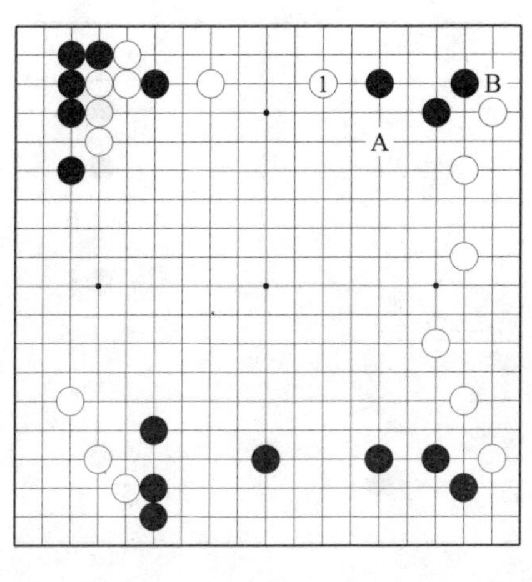

习题23

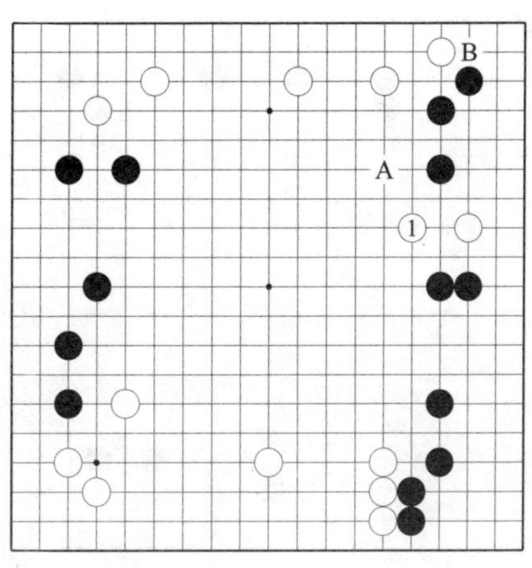

习题24

以下各图均为黑先，请在A和B中选择正确下法。

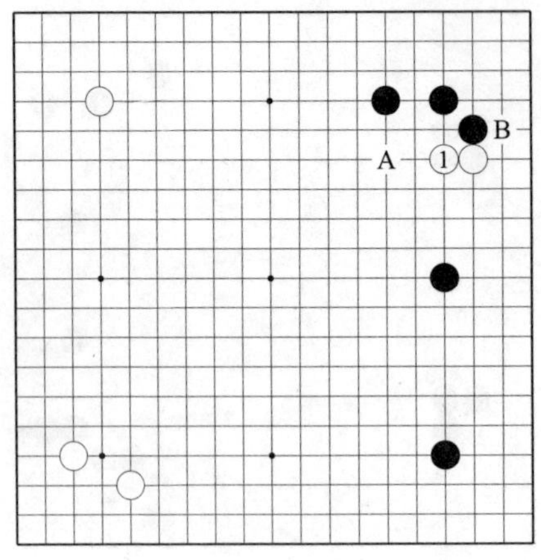

习题25

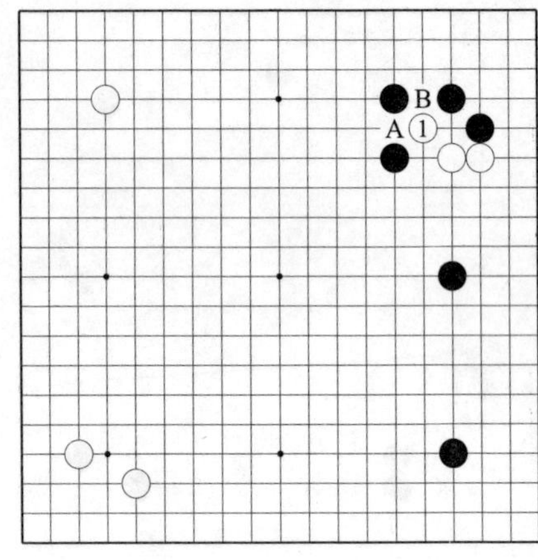

习题26

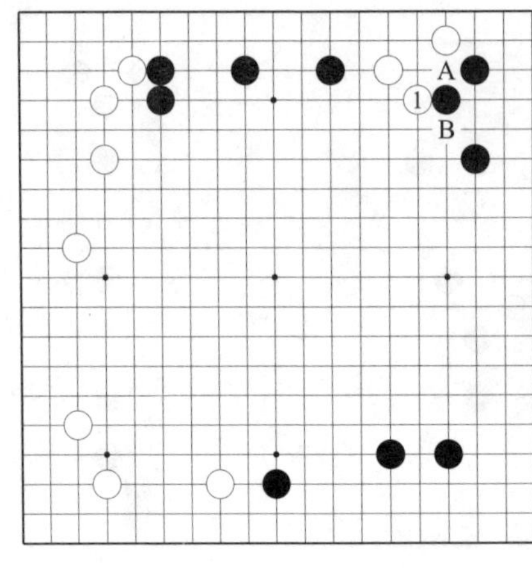

习题27

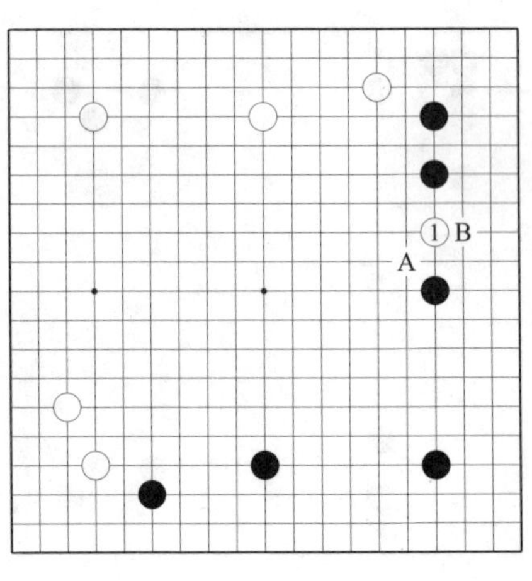

习题28

以下各图均为黑先，请在A和B中选择正确下法。

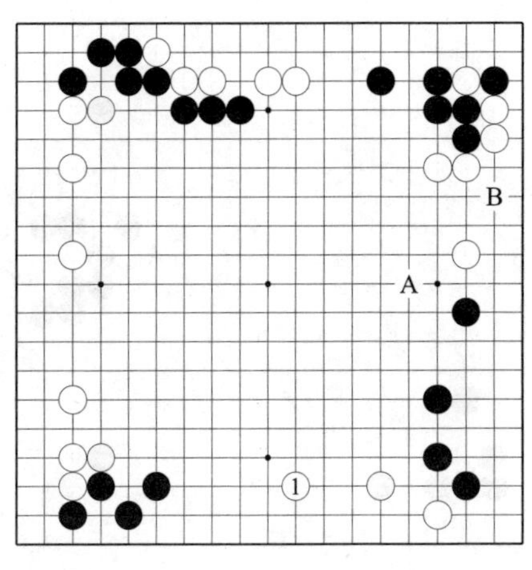

习题29

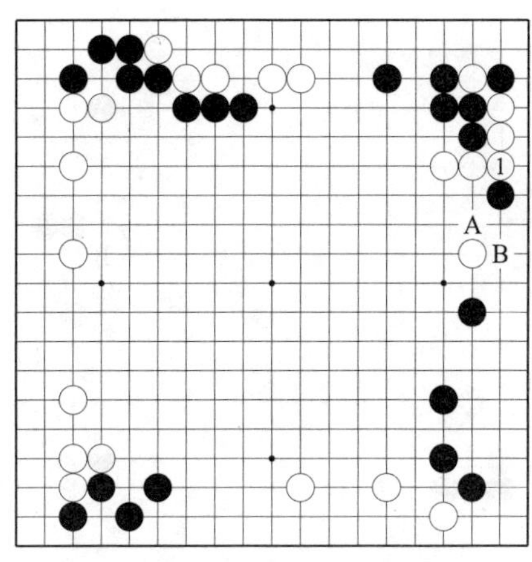

习题30

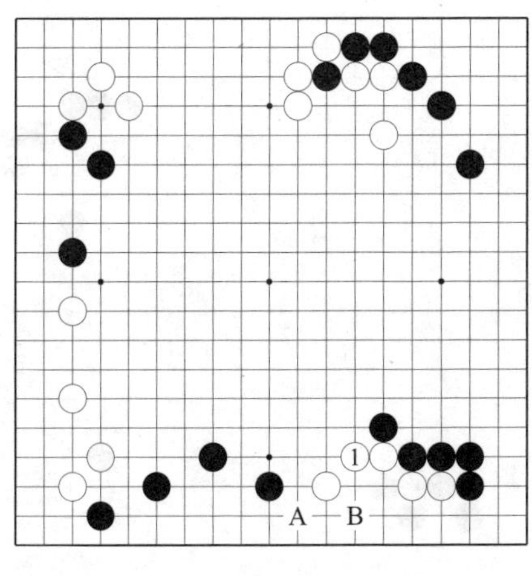

习题31

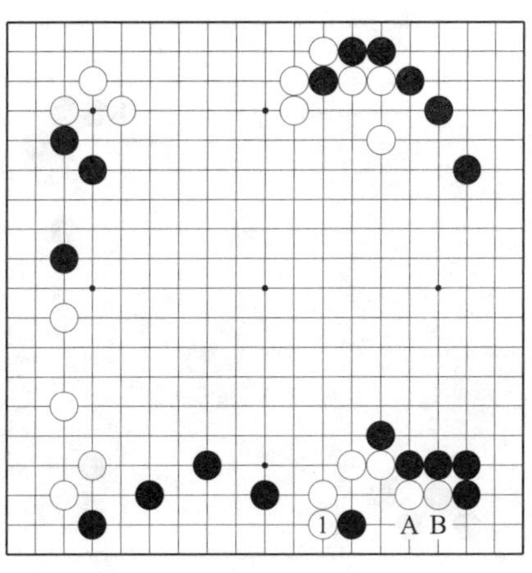

习题32

以下各图均为黑先，请在A和B中选择正确下法。

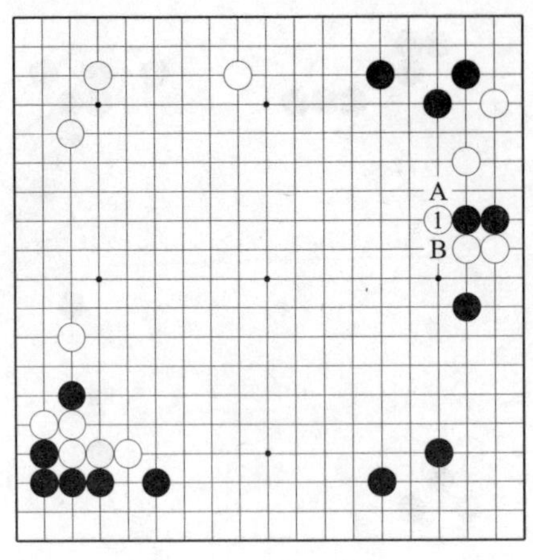

习题33

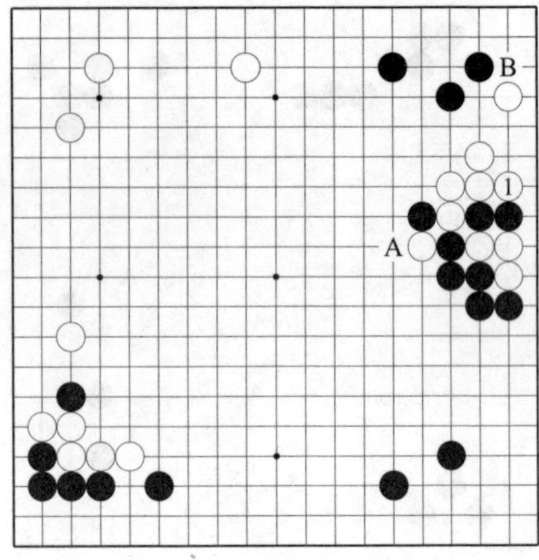

习题34

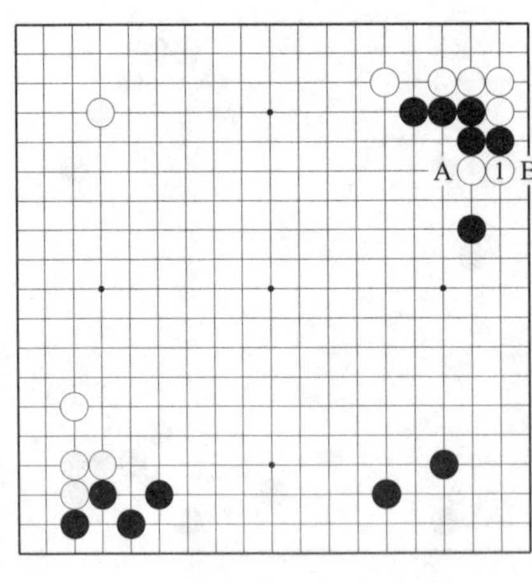

习题35

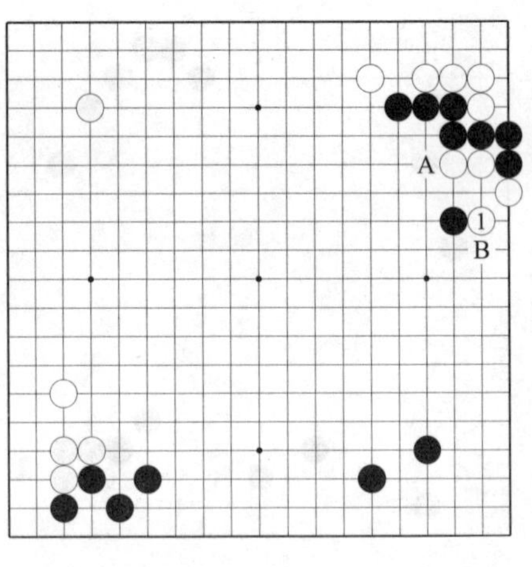

习题36

以下各图均为黑先，请在A和B中选择正确下法。

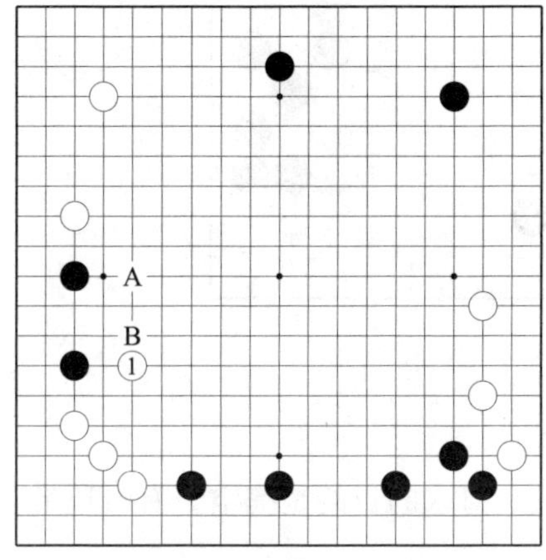

习题37

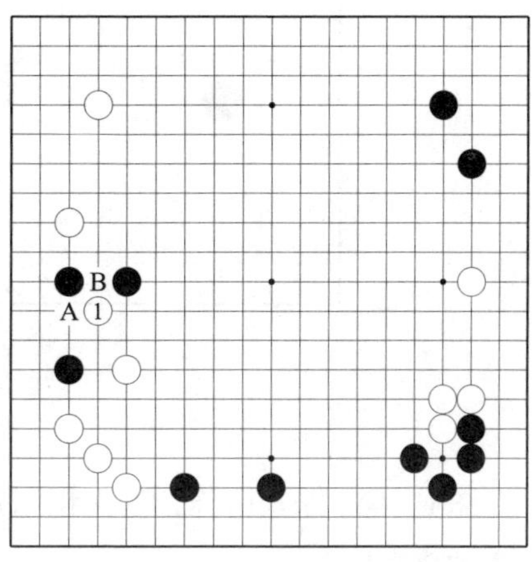

习题38

练习题解答

习题 1 ~习题 4 解答：B，B，B，B

习题 5 ~习题 8 解答：B，B，B，B

习题 9 ~习题12解答：A，B，B，A

习题13~习题16解答：A，A，B，A

习题17~习题20解答：B，A，B，A

习题21~习题24解答：A，A，B，A

习题25~习题28解答：A，B，A，A

习题29~习题32解答：B，B，B，A

习题33~习题36解答：B，A，B，A

习题37~习题38解答：A，A

第二十三讲　打入与浅削训练

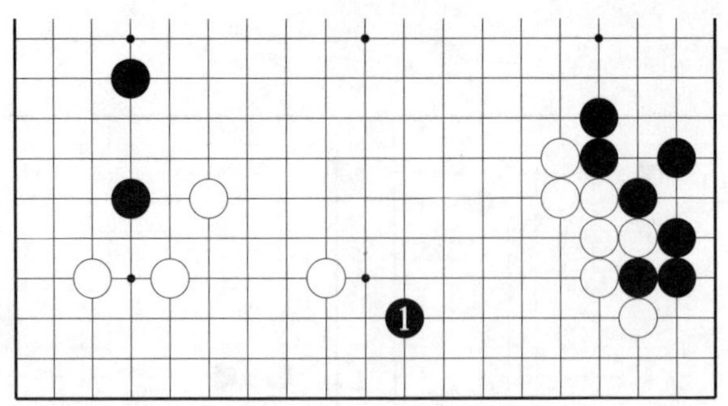

图1

图1　黑1深入白阵，这手棋叫打入。打入的目的是掏空，有时还带有一定的攻击性。

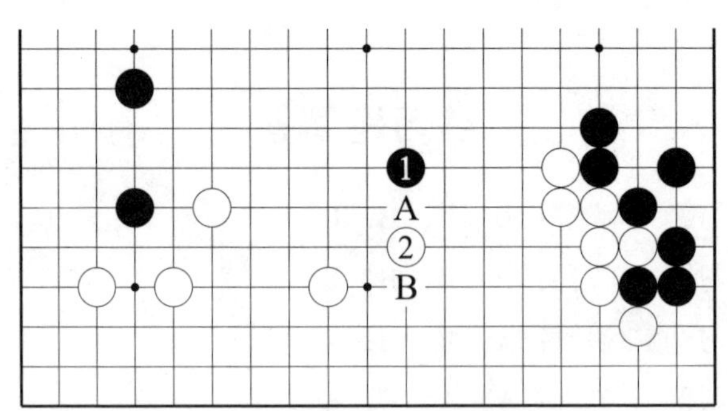

图2

图2　黑1在上方轻吊，让白2守，黑1这手棋叫浅削。如果黑认为这样下压缩白空还不够，黑1也可进一路在A位吊，让白B位守。浅削的目的是压缩敌势，把对方的空限制在一定的范围内，有时还带有扩张自己势力的意图。

打入和浅削相比，打入比较凶，恨不得一下子就把对方的空掏光，当然，打入比浅削的危险性也大些。浅削也可称作侵消，都是一个意思，但从字面上看，应理解为程度略有不同。侵消带有侵蚀和消除的意味，而浅削只是薄薄地削去一层。不少棋手和书刊习惯于用侵消这个词，其实在大多数场合就是这里说的浅削。

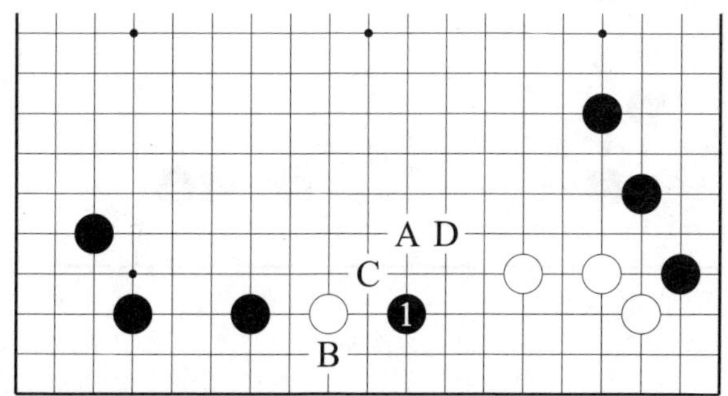

图3

图3　应根据具体情况，正确地运用打入或浅削。例如本图，黑1打入就恰到好处，接下来可A位跳出或B位托过，白若C位尖黑可D位飞，总之白拿黑没办法。黑1的打入，不光破白空，而且将白左右一分为二，还带有很强的攻击性。

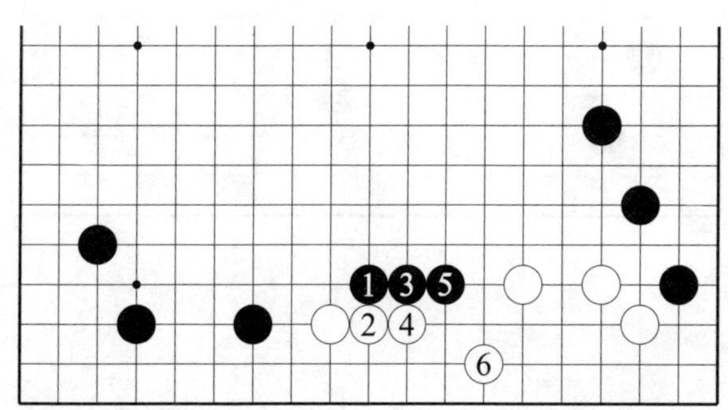

图4

图4　如果这个场合，黑1只是采用尖冲法浅削，就没把握住战机。我们可以简单地看到，至白6，白棋得到了加强，黑让白把原本很虚的地方走成了实地。

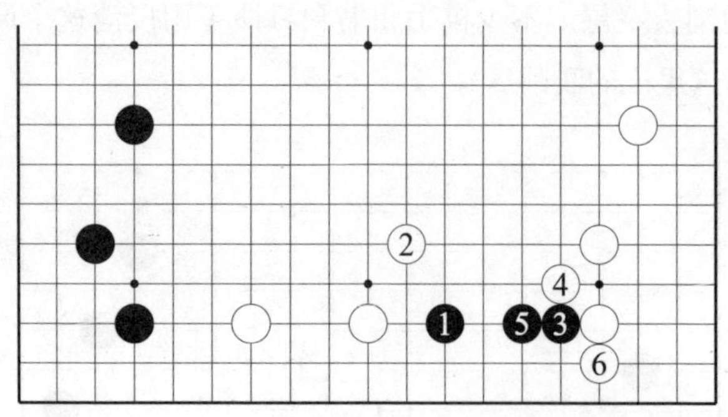

图5

图5　再来看本图，现在白左侧是拆二，黑1若仍打入，则过于冒险。至白6，黑遭到整体攻击，至少战斗的主动权掌握在白棋手里。黑1如此深入，破白地却有限，无此必要。

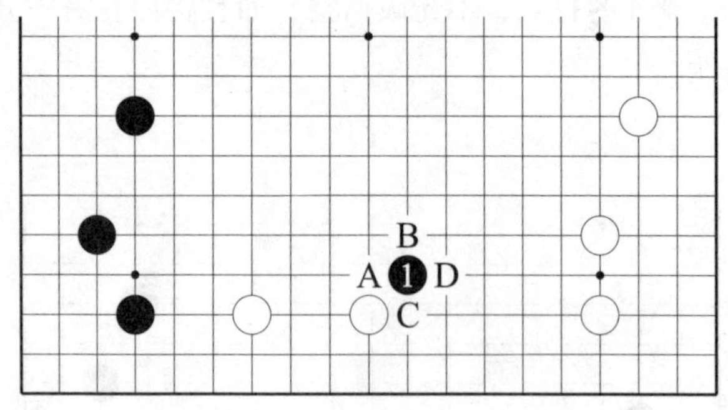

图6

图6　此时黑1尖冲就颇为合适，接下来白A则黑B，白C则黑D，黑有效地将白空压低。

在适合于打入的场合，也要正确地选择打入点；在适合于浅削的场合，也要正确地选择浅削点。而且，当面对打入还是浅削尚举棋不定时，不仅要看具体的场合，还需判断当前的局面。如明显局势不利，则可冒险打入，以求一搏；如明显局势有利，则可选择浅削，以安全运转为上。

第二十四讲　收官训练

不擅长官子的围棋爱好者，往往对后续官子的计算感到困惑，甚至抱一种无所谓的态度。但是，如果不上好后续官子这一课，你的收官技术就不可能达到高水平。

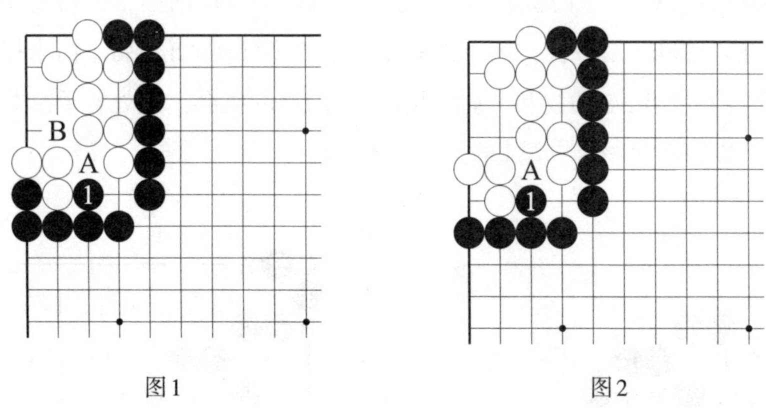

图1　　　　图2

图1　黑1后手破白1目，但由于有后续手段，故价值要提高。A位是黑1的后续官子，而且以后黑A是先手，白须B位接，这样可判定黑1的实际价值是2目。

图2　本图黑1后A位不是先手，以后占A位的可能性双方各半，A位的价值只能算半目，故黑1的实际价值是1目半。

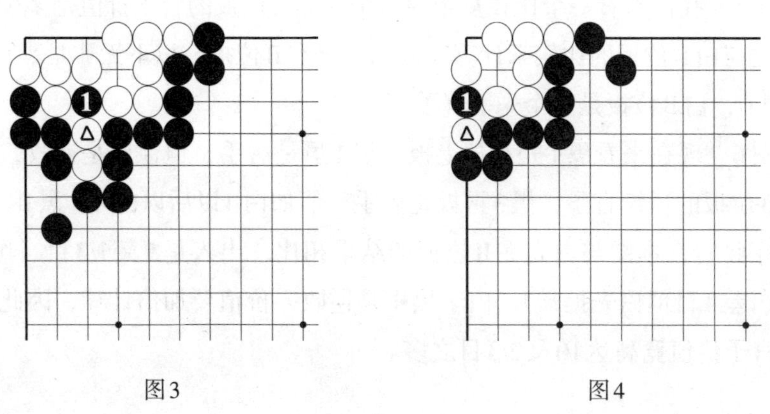

图3　　　　图4

图3　黑1提两子，这手棋的价值是几目？黑1提后，若白打二还一在△位回提一子，则黑1得1目是先手，先手官子加倍计算价值就是2目。以后若黑△位粘，此处黑共得3目，但黑后续多得的2目是后手，黑只有一半权利。不管怎么算，黑1的价值都是2目。

图4　黑1提白一子，这手棋的价值是多少？判断这种“半个劫”的价值的确有些为难。黑1提后，白还有一半的机会再提回去，但白要劫胜还需两手棋（提劫、粘劫），而黑则只需一手棋了（在△位粘）。白未提回之前，黑占△位有2/3的权利，而白粘劫只有1/3的机会。此处官子总共不过1目，所以答案应该是：黑1的价值是2/3目。

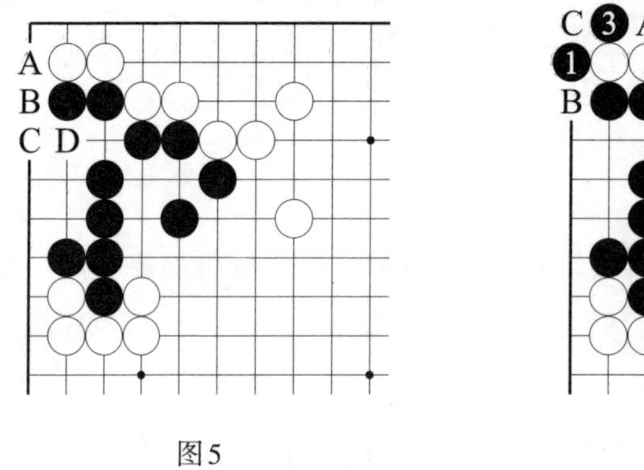

图5

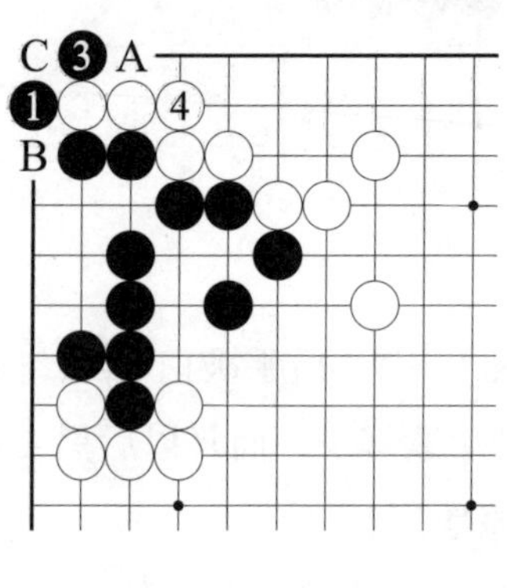

图6

图5　我们来看一个比较复杂的官子。黑A位扳的官子价值是多少？这要通过与白B位扳的比较来计算。假如白先在B位扳，以下无非是黑C、白A、黑D，白B位扳是一个先手官子。

图6　现在来看黑1先在角上扳。黑1虽是后手，但性质是逆收，况且还有3位扳的后续官子，黑3再扳是先手。假如白4以后以白A、黑B、白C的顺序收官，本图与白先在B位扳的结果相比，出入是5又1/3目（黑差2目、白差4目但白先提劫）。由于黑棋是逆收，价值要加倍计算，因此，这里的官子价值竟高达10又2/3目之多。

初学者收官时，往往容易产生认为吃子大的错觉，而忽视边角上的官子。其实，“金角银边草肚皮”这句棋谚，也同样适用于收官阶段。很多边角上的官子，看似很小，实则很大。不重视这些官子，当然会吃亏。

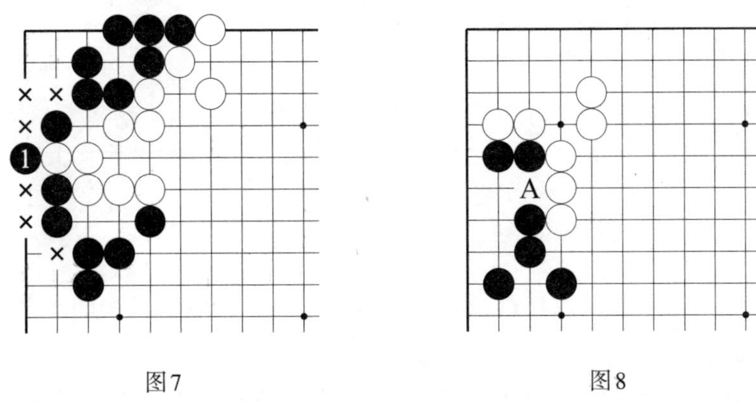

图7　　　　图8

图7　不要小看了在边线上的渡，此时黑1渡的价值有6目。若被白1位立下，带有“×”标记的6目全无。

图8　现在轮黑棋走，或许你觉得在A位挡这手棋不值一提，其实其价值之大会令你始料不及。

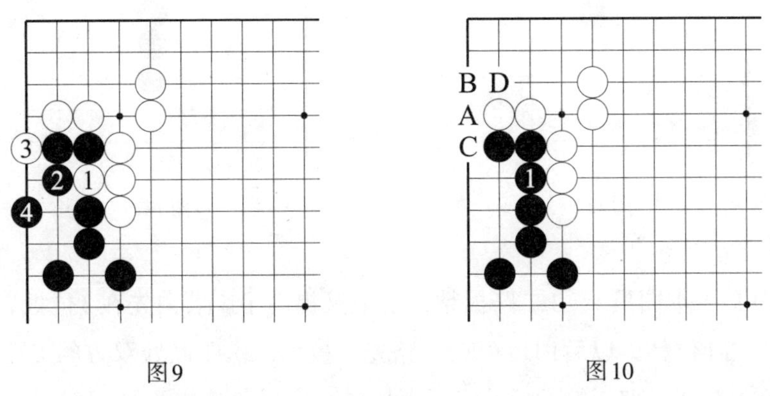

图9　　　　图10

图9　若让白1冲、3扳，白先手得3目。

图10　黑1挡住，以后黑A、白B、黑C、白D是先手，黑1逆收得3目，后续官子先手2目，实际是逆收5目，相当于后手10目的官子。

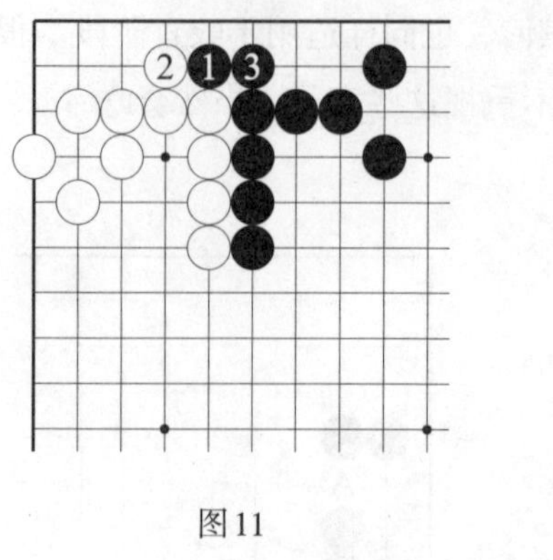

图11

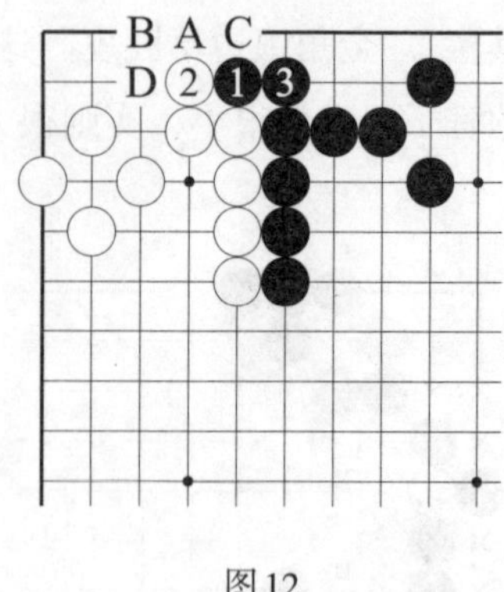

图12

图11　通常二路扳粘都是很大的官子。本图是价值最小的二路扳粘，出入是6目。

图12　本图黑1、3二路扳粘的价值有所提高。由于存在着黑A、白B、黑C、白D的后续先手官子，故合计有8目价值。

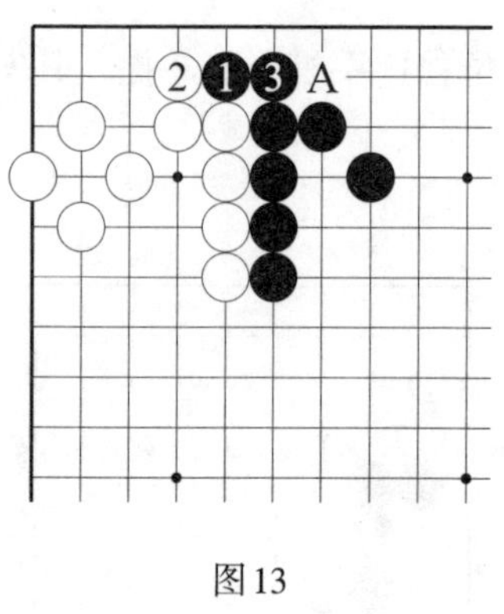

图13

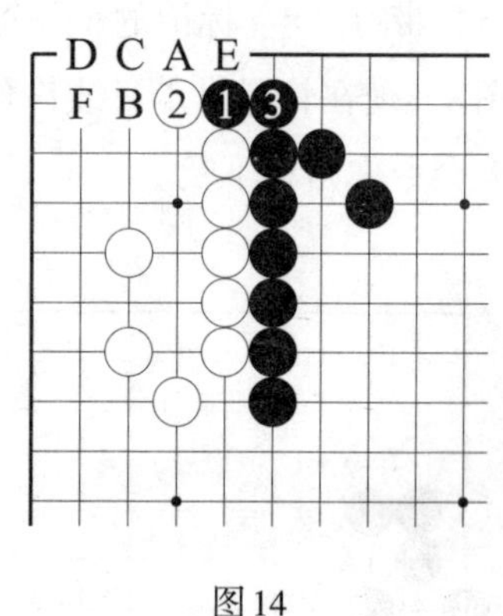

图14

图13　本图黑1、3二路扳粘的价值又提高了。若白先在3位扳，黑A位挡，白1位粘，以后白也可在一路先手扳粘。由于此处双方的二路扳粘都存在着先手一路扳粘的后续官子，故黑1、3的价值成了10目。

图14　本图黑1、3二路扳粘的价值再次提高。由于黑有黑A、白B、黑C、白D、黑E、白F的后续官子，白地又被多破2目，故黑1、3的价值高至12目。同样，若被白抢到3位扳，价值也是12目。

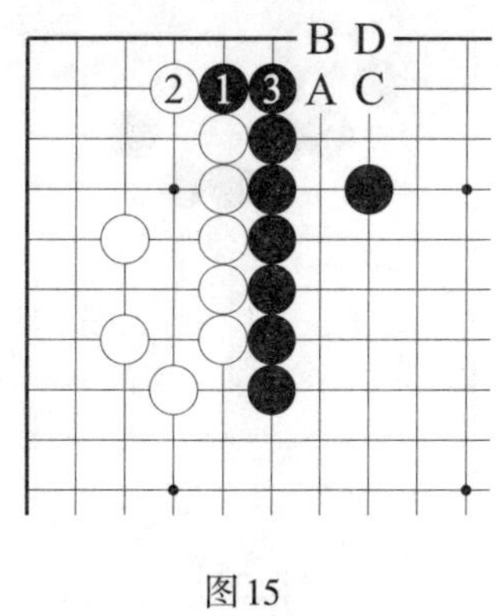

图15

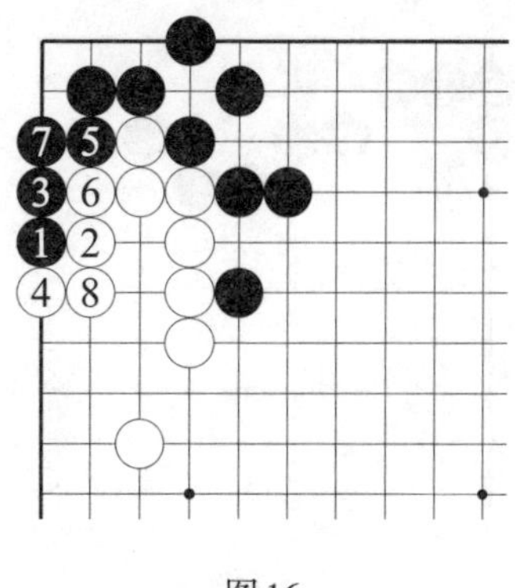

图16

图15　本图黑1、3二路扳粘的价值又进一步提高。若白抢先在3位扳，黑A位挡，白1位粘，以后白B位扳时，黑也只能C位退，于是白也可在D位再先手爬一手。由于此处二路扳粘后，双方都有先手在一路扳、爬的很大的后续官子，故而这里双方的出入高达14目。

图16　黑1大飞，这样收官叫“伸腿”，也叫“大伸腿”，是很大的一手棋，实战中经常遇得着。与白5位逆收相比，黑1大致先手7目。

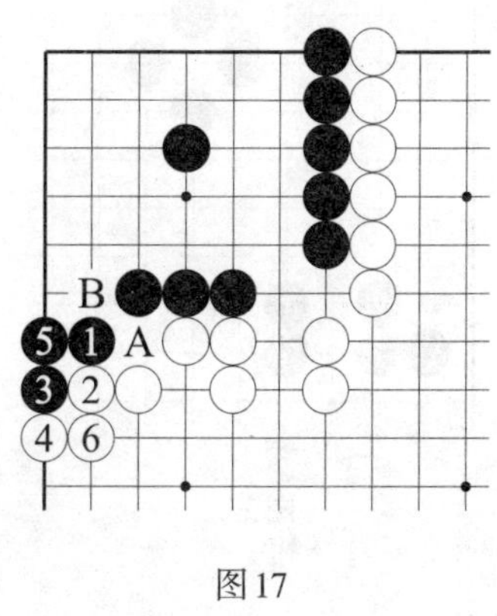

图17

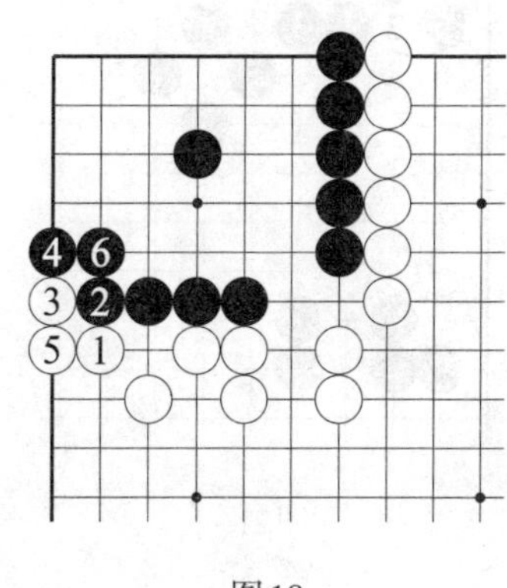

图18

图17　当中盘战告一段落时，首先应考虑的官子多推二线上的小尖。黑1小尖后，黑3、5又先手便宜，今后白A、黑B应看作白的权利。

图18　若白1抢先小尖，白3、5也可再先手便宜。本图与上图相较，抢先占到1位二路小尖的一方，等于顺手白捡了6目的便宜。

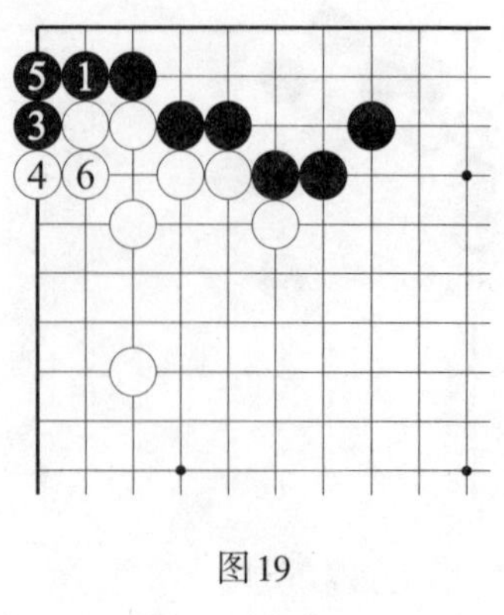

图19

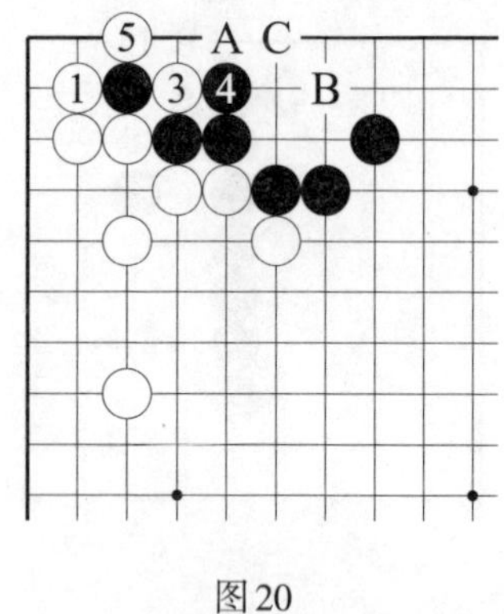

图20

图19　收官时，角上二二这一点通常都很大。本图黑1进二二，白2若脱先，黑3、5扳粘是先手。

图20　若白1在二二位置上拐，黑2脱先的话，白3、5可打拔一子。以下白A、黑B是白的权利，C位的官子大致上双方各有一半权益。省略计算过程，本图与上图的出入（即此处占二二的价值）是13目强。

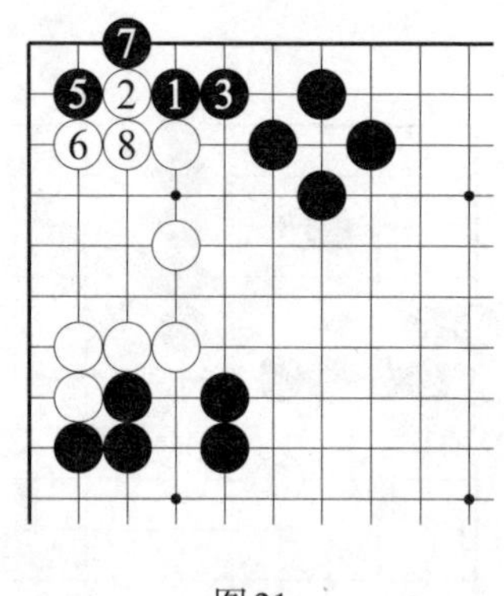

图21

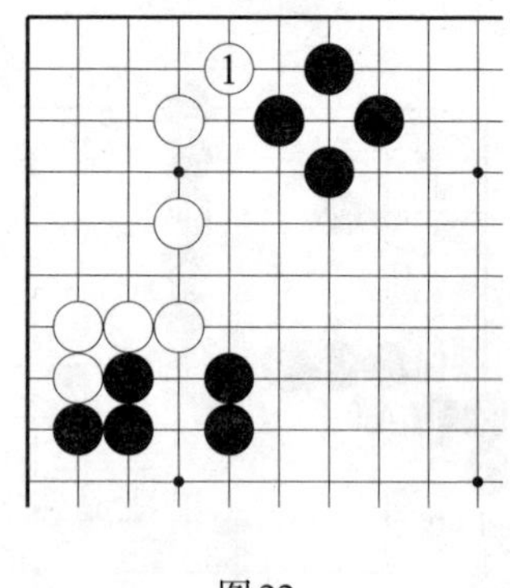

图22

图21　二线上托退的手法也常被运用于收官。黑1、3托退很大，白4若脱先，黑有5、7的后续手段，先手破白角空。黑3后，白4若于6位补，则有被黑纯粹先手便宜之嫌。

图22　所以，白1争补一手实利很大，与上图相比，出入有13目。像这样的大官子，收官时当然应首先考虑。